enVision Matemáticas

Volumen 2 Temas 9 a 15

Autores

Randall I. Charles
Professor Emeritus
Department of Mathematics
San Jose State University
San Jose, California

Jennifer Bay-Williams
Professor of Mathematics Education
College of Education and Human Development
University of Louisville
Louisville, Kentucky

Robert Q. Berry, III
Professor of Mathematics Education
Department of Curriculum, Instruction and Special Education
University of Virginia
Charlottesville, Virginia

Janet H. Caldwell
Professor Emerita
Department of Mathematics
Rowan University
Glassboro, New Jersey

Zachary Champagne
Assistant in Research
Florida Center for Research in Science, Technology, Engineering, and Mathematics (FCR-STEM)
Jacksonville, Florida

Juanita Copley
Professor Emerita, College of Education
University of Houston
Houston, Texas

Warren Crown
Professor Emeritus of Mathematics Education
Graduate School of Education
Rutgers University
New Brunswick, New Jersey

Francis (Skip) Fennell
Professor Emeritus of Education and Graduate and Professional Studies
McDaniel College
Westminster, Maryland

Karen Karp
Professor of Mathematics Education
School of Education
Johns Hopkins University
Baltimore, Maryland

Stuart J. Murphy
Visual Learning Specialist
Boston, Massachusetts

Jane F. Schielack
Professor Emerita
Department of Mathematics
Texas A&M University
College Station, Texas

Jennifer M. Suh
Associate Professor for Mathematics Education
George Mason University
Fairfax, Virginia

Jonathan A. Wray
Mathematics Supervisor
Howard County Public Schools
Ellicott City, Maryland

Matemáticos

Roger Howe
Professor of Mathematics
Yale University
New Haven, Connecticut

Gary Lippman
Professor of Mathematics and Computer Science
California State University, East Bay
Hayward, California

Consultores ELL

Janice R. Corona
Independent Education Consultant
Dallas, Texas

Jim Cummins
Professor
The University of Toronto
Toronto, Canada

Revisores

Katina Arnold
Teacher
Liberty Public School District
Kansas City, Missouri

Christy Bennett
Elementary Math and Science Specialist
DeSoto County Schools
Hernando, Mississippi

Shauna Bostick
Elementary Math Specialist
Lee County School District
Tupelo, Mississippi

Samantha Brant
Teacher
Platte County School District
Platte City, Missouri

Jamie Clark
Elementary Math Coach
Allegany County Public Schools
Cumberland, Maryland

Shauna Gardner
Math and Science Instructional Coach
DeSoto County Schools
Hernando, Mississippi

Kathy Graham
Educational Consultant
Twin Falls, Idaho

Andrea Hamilton
K-5 Math Specialist
Lake Forest School District
Felton, Delaware

Susan Hankins
Instructional Coach
Tupelo Public School District
Tupelo, Mississippi

Barb Jamison
Teacher
Excelsior Springs School District
Excelsior Springs, Missouri

Pam Jones
Elementary Math Coach
Lake Region School District
Bridgton, Maine

Sherri Kane
Secondary Mathematics Curriculum Specialist
Lee's Summit R7 School District
Lee's Summit, Missouri

Jessica Leonard
ESOL Teacher
Volusia County Schools
DeLand, Florida

Jill K. Milton
Elementary Math Coordinator
Norwood Public Schools
Norwood, Massachusetts

Jamie Pickett
Teacher
Platte County School District
Kansas City, Missouri

Mandy Schall
Math Coach
Allegany County Public Schools
Cumberland, Maryland

Marjorie Stevens
Math Consultant
Utica Community Schools
Shelby Township, Michigan

Shyree Stevenson
ELL Teacher
Penns Grove-Carneys Point Regional School District
Penns Grove, New Jersey

Kayla Stone
Teacher
Excelsior Springs School District
Excelsior Springs, Missouri

Sara Sultan
PD Academic Trainer, Math
Tucson Unified School District
Tucson, Arizona

Angela Waltrup
Elementary Math Content Specialist
Washington County Public Schools
Hagerstown, Maryland

Savvas Learning Company LLC, 15 East Midland Avenue, Paramus, NJ 07652

ISBN-13: 978-0-13-496279-5
ISBN-10: 0-13-496279-6
6 23

¡Usarás estos recursos digitales a lo largo del año escolar!

Recursos digitales

Visita SavvasRealize.com

Libro del estudiante

Tienes acceso en línea y fuera de línea.

Aprendizaje visual

Interactúa con el aprendizaje visual animado.

Evaluación

Muestra lo que aprendiste.

Cuaderno de práctica adicional

Tienes acceso en línea y fuera de línea.

Amigo de práctica

Haz prácticas interactivas en línea.

Herramientas matemáticas

Explora las matemáticas con herramientas digitales.

Glosario

Lee y escucha en inglés y en español.

SAVVAS realize. Todo lo que necesitas para las matemáticas a toda hora y en cualquier lugar.

¡Hola! Estamos aquí para ayudarte.
¡Que tengas un buen año escolar!

Contenido

Recursos digitales en SavvasRealize.com

TEMAS

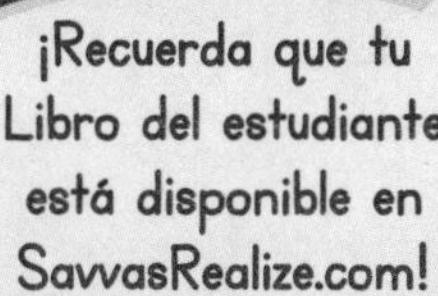

¡Recuerda que tu Libro del estudiante está disponible en SavvasRealize.com!

SavvasRealize.com

TEMA 1 en Volumen 1
Sumar y restar con fluidez hasta el 20

TEMA 2 en Volumen 1
Trabajar con grupos iguales

TEMA 3 en Volumen 1
Usar estrategias para sumar hasta 100

TEMA 4 en Volumen 1
Sumar hasta 100 con fluidez

TEMA 5 en Volumen 1

Usar estrategias para restar hasta 100

TEMA 6 en Volumen 1

Restar hasta 100 con fluidez

TEMA 7 en Volumen 1

Más resolución de problemas de suma y resta

TEMA 8 en Volumen 1

Trabajar con la hora y el dinero

SavvasRealize.com

Aquí se muestra
cómo puedes formar 259
usando bloques de valor
de posición.

TEMA 9
Números hasta 1,000

Aquí se muestra cómo puedes usar el cálculo mental y bloques de valor de posición para hallar 243 + 100.
243 + 100 = ?
Sumar 1 centena

TEMA 10
Sumar hasta 1,000 usando modelos y estrategias

SavvasRealize.com

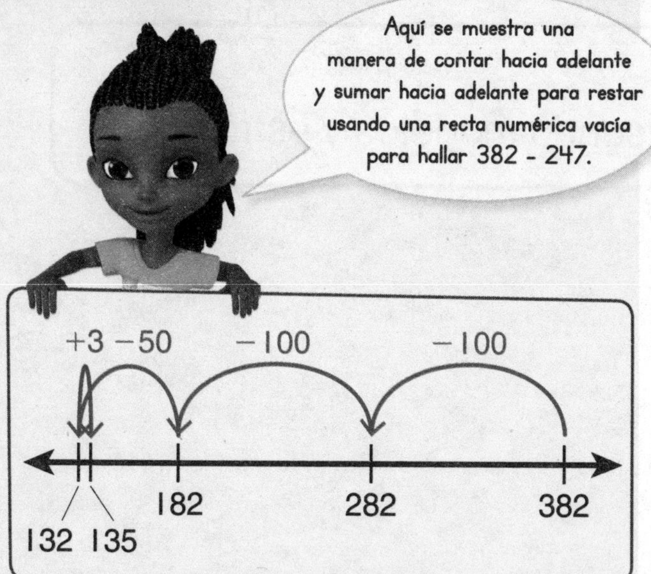
Aquí se muestra una manera de contar hacia adelante y sumar hacia adelante para restar usando una recta numérica vacía para hallar 382 - 247.
+3 −50
− 100
− 100
182
282
382
132 135

TEMA 11
Restar hasta 1,000 usando modelos y estrategias

Aquí se muestra cómo medir a la pulgada más cercana. El borrador mide aproximadamente 2 pulgadas de longitud.

0
1
2
PULGADAS
marca de la mitad

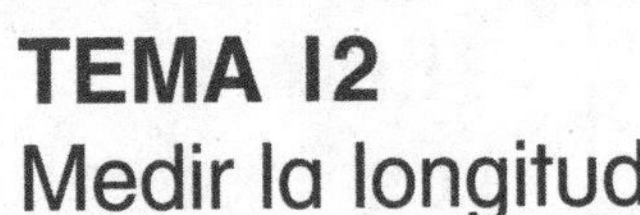
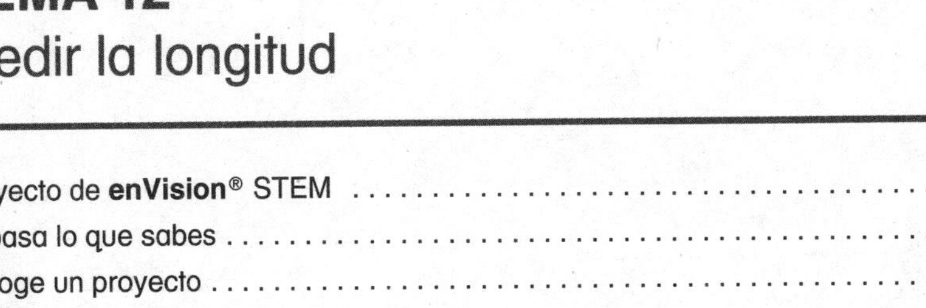

TEMA 12
Medir la longitud

Aquí se muestra cómo puedes dibujar un cubo.

TEMA 13
Las figuras y sus atributos

Aquí se muestra cómo puedes representar números enteros como longitudes en una recta numérica.

Amelia compra 17 pies de cuerda. Corta 8 pies para hacer una cuerda para saltar.

¿Cuántos pies de cuerda le quedan?

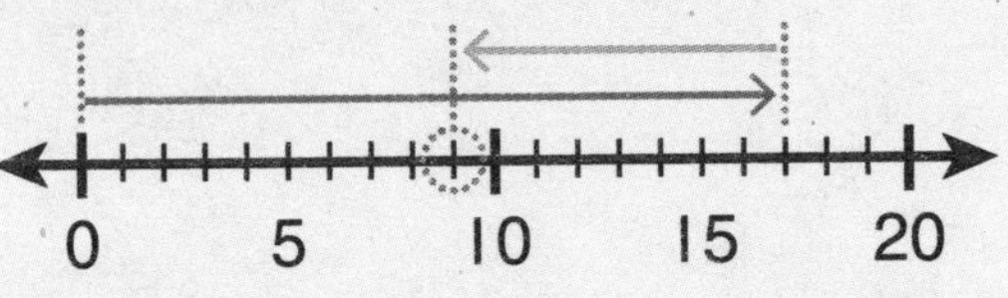

TEMA 14
Más suma, resta y longitud

SavvasRealize.com

Esta pictografía muestra datos y se puede usar para resolver problemas.

Juegos de pelota favoritos	
Béisbol	🯅🯅
Fútbol	🯅🯅🯅🯅🯅🯅🯅🯅
Tenis	🯅🯅🯅🯅

Cada 🯅 = 1 estudiante

TEMA 15
Gráficas y datos

Manual de Prácticas matemáticas y resolución de problemas

El **Manual de Prácticas matemáticas y resolución de problemas** está disponible en SavvasRealize.com.

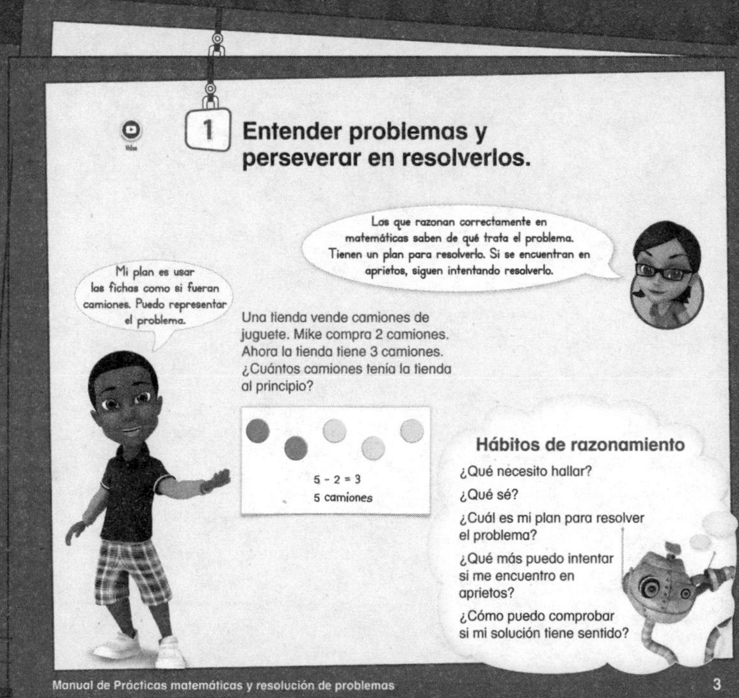

Prácticas matemáticas

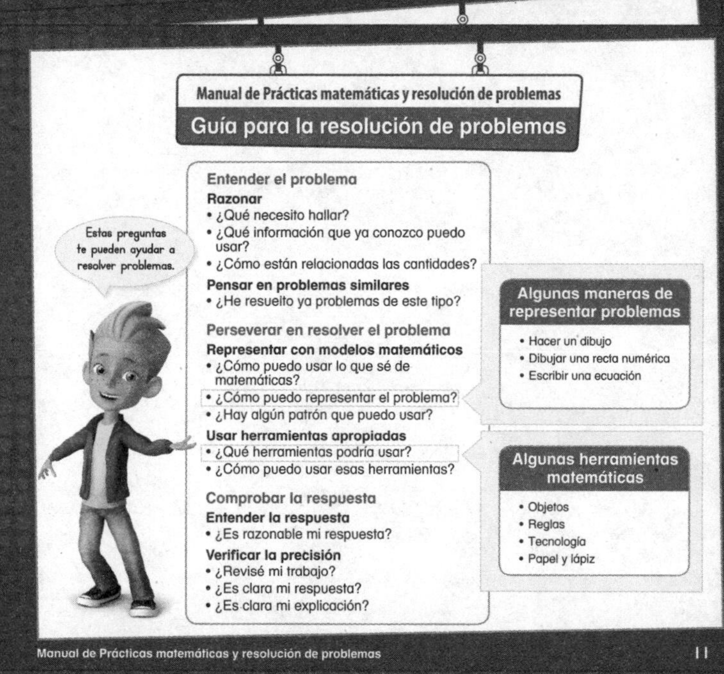

Guía para la resolución de problemas

Resolución de problemas: Hoja de anotaciones

TEMA 9 Números hasta 1,000

Pregunta esencial: ¿Cómo puedes contar, leer y mostrar números hasta 1,000?

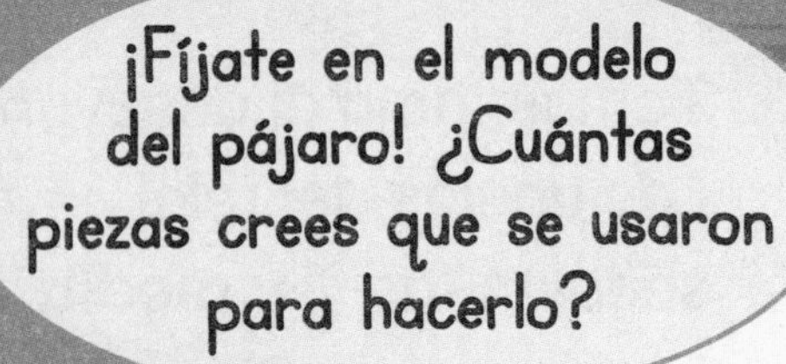

¡Fíjate en el modelo del pájaro! ¿Cuántas piezas crees que se usaron para hacerlo?

¿Qué otras cosas puedes hacer con las mismas piezas?

¡Vamos! Hagamos este proyecto y aprendamos más.

Proyecto de enVision® STEM: Descomponer y juntar

Investigar Necesitas un juego de bloques de construir. Trabaja con un compañero y túrnense para construir un modelo. Una vez terminado el modelo, deben deshacerlo y usar los mismos bloques para construir otro modelo diferente.

Diario: Hacer un libro Muestra tus modelos en un libro. En tu libro, también:

- di cuántas piezas usaste para construir tus modelos.
- muestra cómo usar bloques de valor de posición para representar diferentes nombres para el mismo número.

Nombre ______________________________

Vocabulario

1. Encierra en un círculo la moneda con el **menor valor**. Encierra en un cuadrado la moneda con el **mayor valor**.

2. Encierra en un círculo el número que tiene 5 **unidades** y 4 **decenas**.

54

45

40

5

3. Tomás toma el desayuno. Las agujas del reloj señalan **las** 7 **y media**. Encierra en un círculo la hora en el reloj.

7:15 *a. m.*

7:30 *a. m.*

7:15 *p. m.*

7:30 *p. m.*

Contar dinero

4. Encierra en un círculo las monedas que suman 37¢.

Descomponer números

5. Descompón los números en decenas y unidades.

23 = ______ + ______

47 = ______ + ______

96 = ______ + ______

Cuento de matemáticas

6. Javier tiene $13. Una mochila cuesta $30. ¿Cuánto más dinero le hace falta a Javier para comprar la mochila?

$ ______

Nombre ______________________________

Escoge un proyecto

PROYECTO 9A

¿Cuáles son los planetas más calientes de nuestro sistema solar?

Proyecto: Haz un cartel sobre los planetas

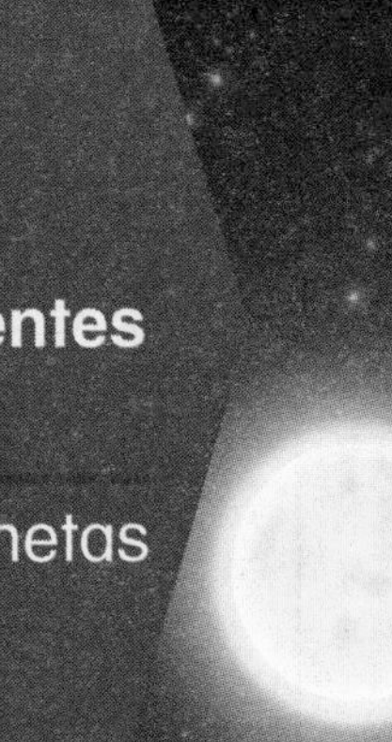

PROYECTO 9B

¿Cuál es la altura de la cascada más alta del mundo?

Proyecto: Diseña una guía de cascadas

PROYECTO 9C

¿Cuánto pesan los animales grandes?

Proyecto: Crea un cuaderno de acertijos sobre animales

MATEMÁTICAS EN 3 ACTOS: VISTAZO

Representación matemática

Tener centavos

Video

Antes de ver el video, piensa:

¿Cómo puedes ahorrar el dinero que ganas o encuentras? ¿Cuáles son algunos buenos lugares para poner tu dinero? ¿Cuáles son algunas buenas maneras de agrupar tu dinero?

Puedo...
representar con modelos matemáticos para resolver problemas relacionados con contar salteado de 5 en 5, de 10 en 10 y de 100 en 100.

Nombre Amalia

Resuélvelo y coméntalo ¿De qué otra manera puedes mostrar 100? Haz un dibujo y explícalo.

Lección 9-1

Las centenas

entender el valor de posición y contar de cien en cien hasta 1,000.

También puedo usar herramientas matemáticas correctamente.

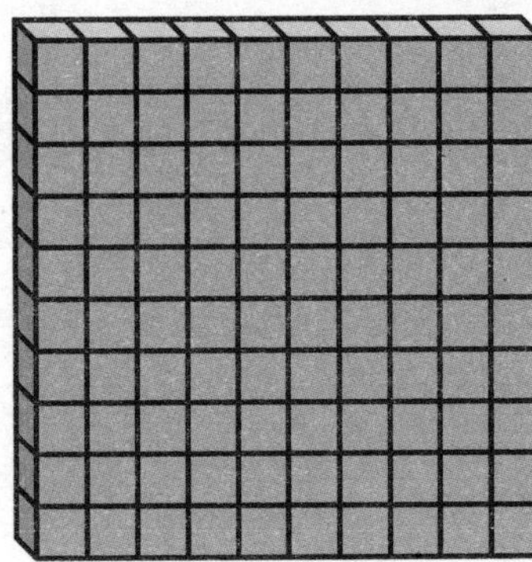

Aprendizaje visual A-Z Glosario

10 unidades forman 1 decena.

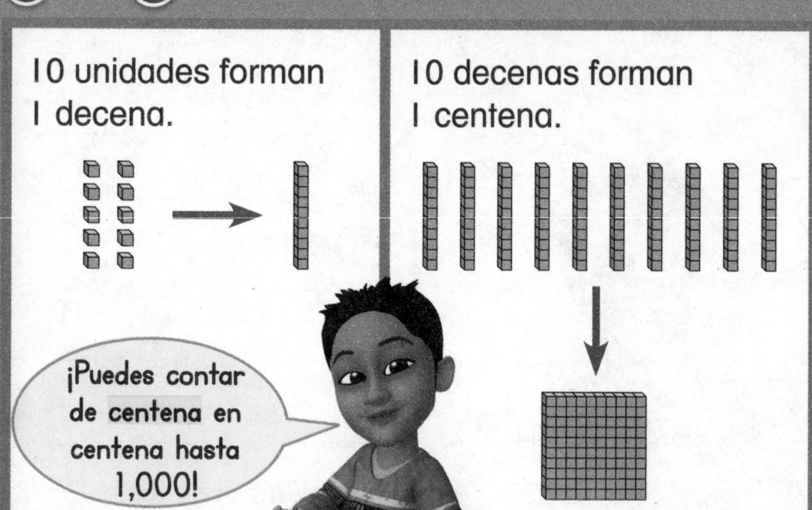

¡Puedes contar de centena en centena hasta 1,000!

10 decenas forman 1 centena.

10 centenas forman 1 **millar**.

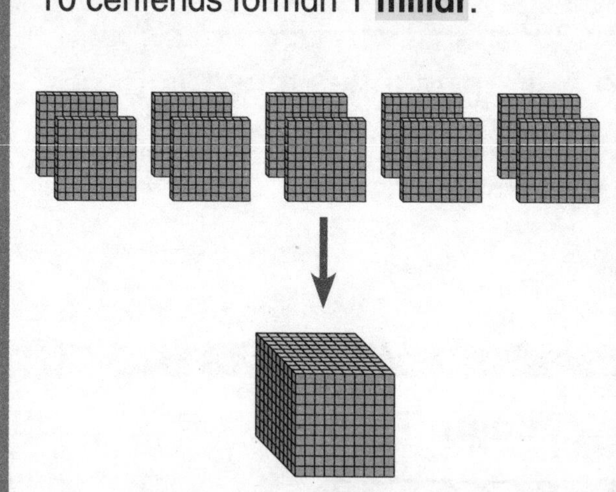

¿Qué número es?

900 es igual a 9 centenas, 0 decenas y 0 unidades.

¡Convénceme! 10 unidades forman 1 decena. 10 decenas forman 1 centena. 10 centenas forman 1 millar. ¿Puedes ver un patrón? Explícalo.

Práctica guiada

Completa cada oración. Usa bloques de valor de posición y tu tablero como ayuda.

1. 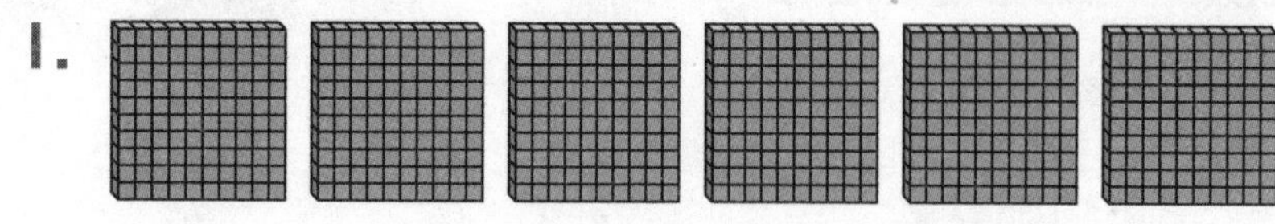

600 es igual a 6 centenas, 0 decenas y 0 unidades.

2. 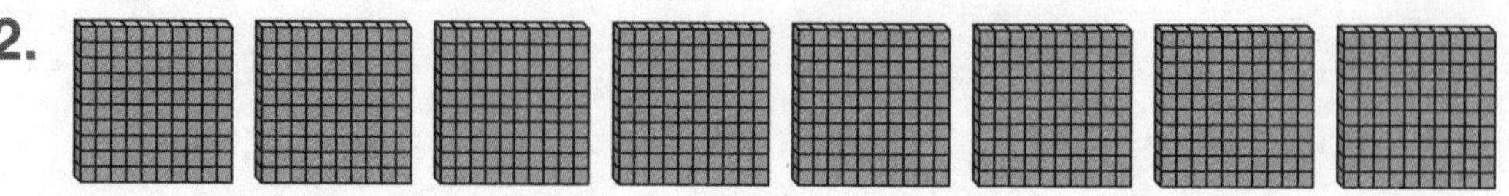

_____ es igual a _____ centenas, _____ decenas y _____ unidades.

Nombre ______________________

Práctica independiente

Completa cada oración. Usa modelos si es necesario.

3. 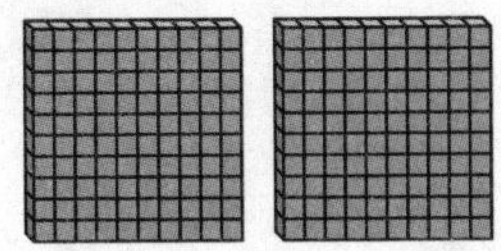

_______ es igual a _______ centenas, _______ decenas y _______ unidades.

4. 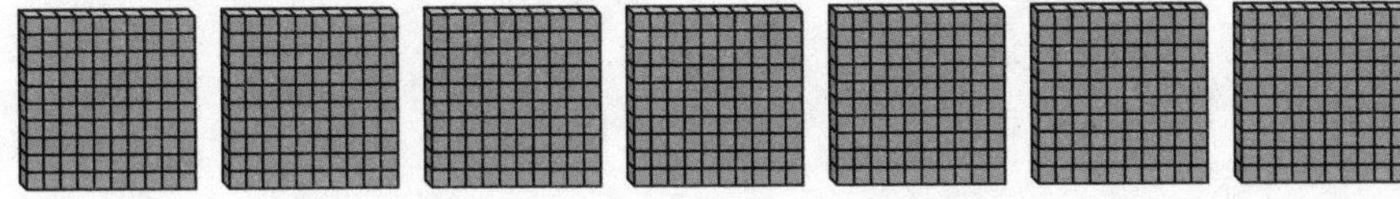

_______ es igual a _______ centenas, _______ decenas y _______ unidades.

5. 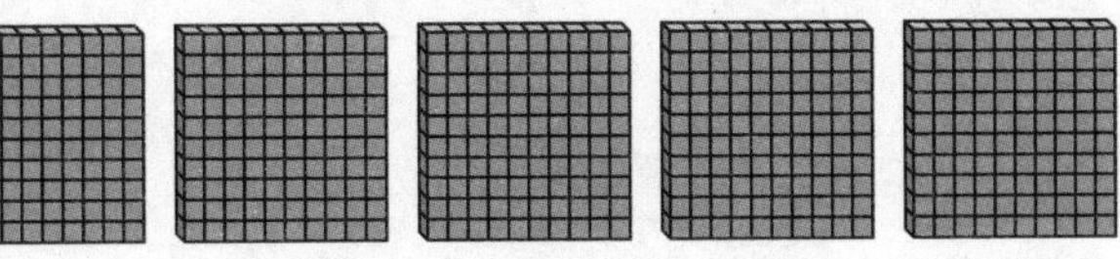

_______ es igual a _______ centenas, _______ decenas y _______ unidades.

6. 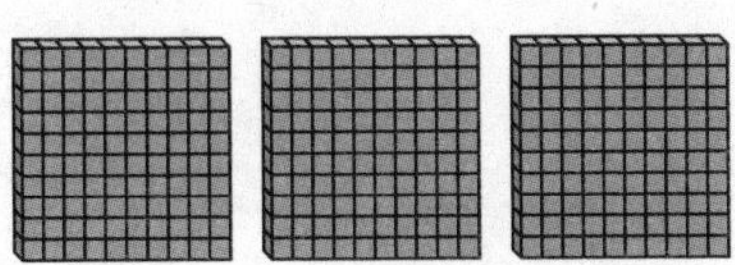

_______ es igual a _______ centenas, _______ decenas y _______ unidades.

7. **Sentido numérico** Completa el patrón.

100	200	300		500		700	800	900	

Resolución de problemas Resuelve cada problema. Usa modelos si es necesario.

8. Usar herramientas Lucía escogió un número. Dice que su número tiene 8 centenas, 0 decenas y 0 unidades.

¿Cuál es el número de Lucía?

_____

9. **Vocabulario** Completa las oraciones con las siguientes palabras.

centena **decenas** **unidades**

Hay 100 __________ en una centena.

Hay 10 __________ en una __________.

Razonamiento de orden superior Laura y Javier juegan a tirar un saquito de frijoles. Encierra en un círculo los dos números que se necesitan para que cada uno de ellos anote 1,000 puntos.

10. Laura tiene 300 puntos.

200 500 600 300

11. Javier tiene 500 puntos.

100 200 400 700

12. **Práctica para la evaluación** Cada caja contiene 100 lápices. Cuenta de cien en cien para hallar el total. ¿Qué número indica cuántos lápices hay en las cajas?

Ⓐ 170 Ⓒ 800

Ⓑ 700 Ⓓ 900

Nombre ______________________

Resuélvelo y coméntalo ¿Cómo puedes usar bloques de valor de posición para mostrar 125? Explícalo.

Dibuja tus bloques para mostrar lo que hiciste.

Lección 9-2

Modelos y números de 3 dígitos

Puedo...
usar bloques de valor de posición y dibujos para representar y escribir números de 3 dígitos.

También puedo usar herramientas matemáticas correctamente.

1 2 5

¿Qué número muestra el modelo?

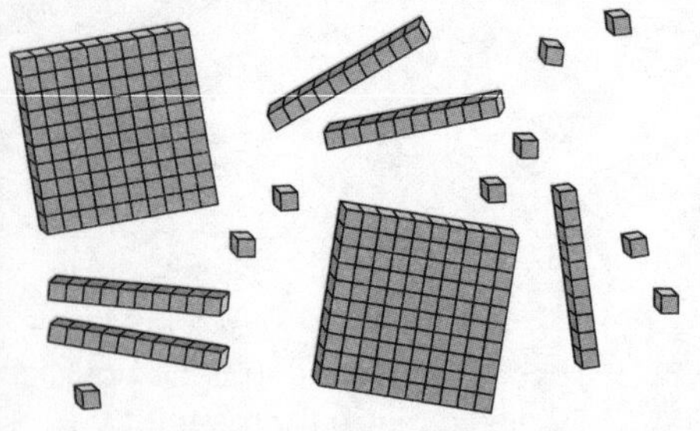

Recuerda: 10 unidades forman 1 decena.
10 decenas forman 1 centena.

Primero, cuenta las centenas.

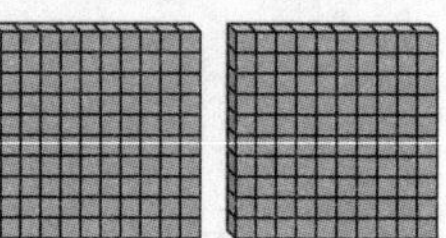

Usa una tabla **de valor de posición** para mostrar el valor de cada **dígito**.

Centenas	Decenas	Unidades
2		

Luego, cuenta las decenas.

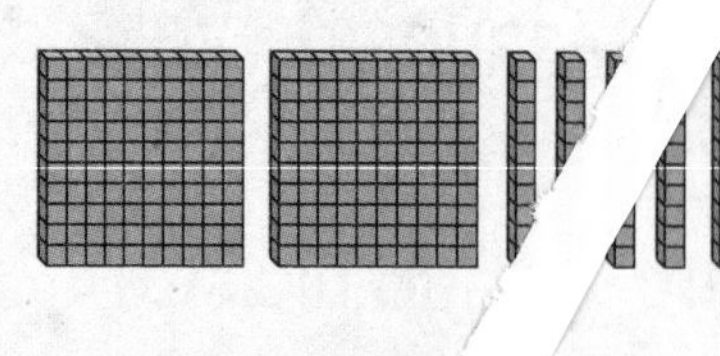

Centenas	Decenas	Unidades
2	5	

Luego, cuenta las unidades.

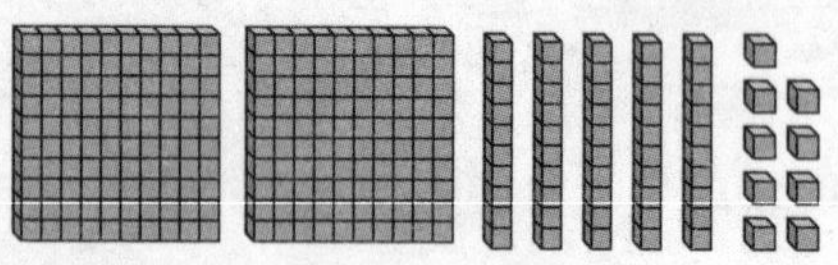

Centenas	Decenas	Unidades
2	5	9

El modelo muestra 259.
259 tiene 3 dígitos.

¡Convénceme! ¿Cuántas centenas hay en 395? ¿Cuántas decenas? ¿Cuántas unidades?

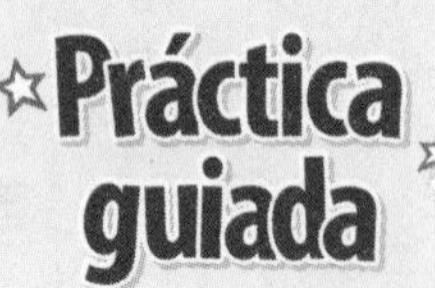

Escribe los números que se muestran. Usa bloques de valor de posición y tu tablero si es necesario.

1.

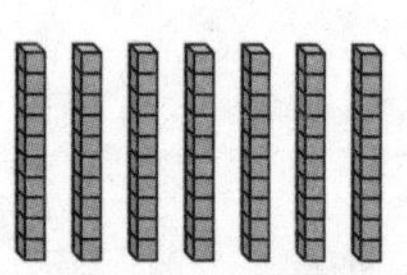

Centenas	Decenas	Unidades
	7	0

70

2.

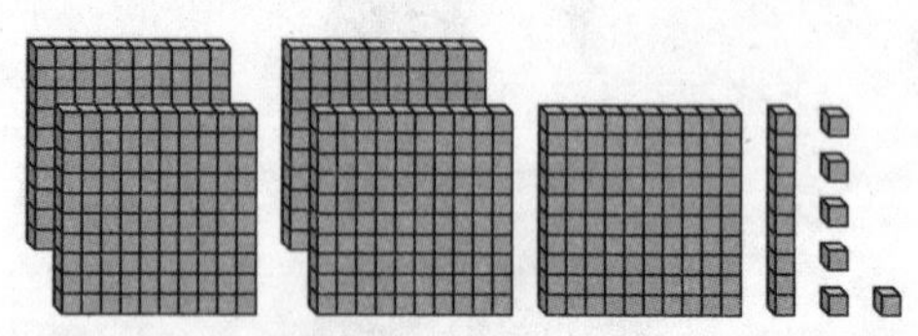

Centenas	Decenas	Unidades

_____

Nombre ______________________

Herramientas Evaluación

Práctica independiente

Escribe los números que se muestran. Usa modelos y tu tablero si es necesario.

3.

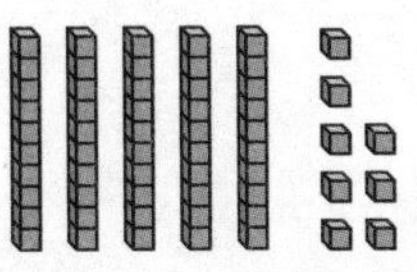

Centenas	Decenas	Unidades

______

4.

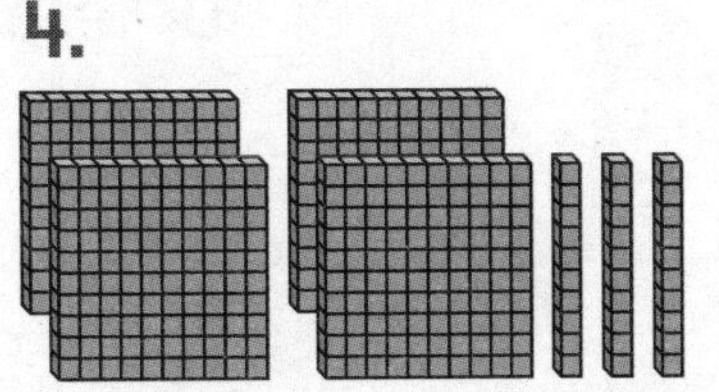

Centenas	Decenas	Unidades

______

5.

Centenas	Decenas	Unidades

______

6.

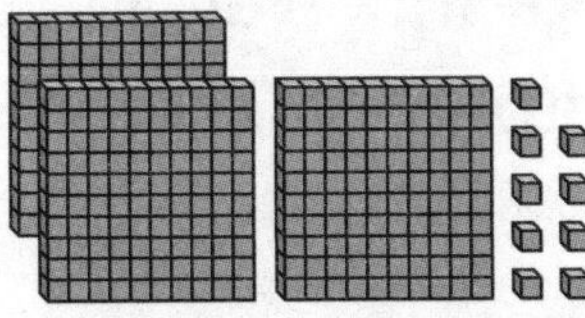

Centenas	Decenas	Unidades

______

7.

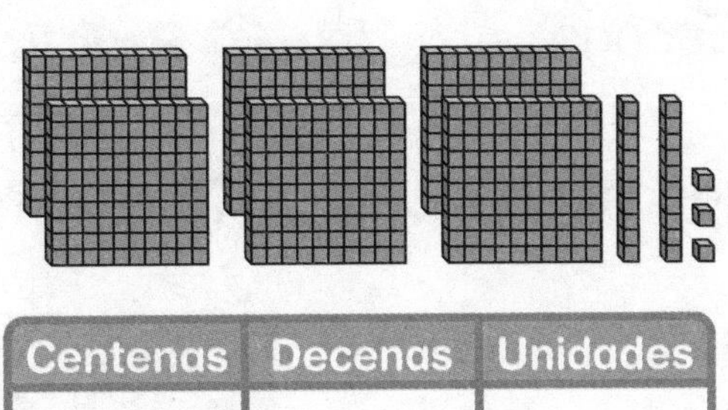

Centenas	Decenas	Unidades

______

8.

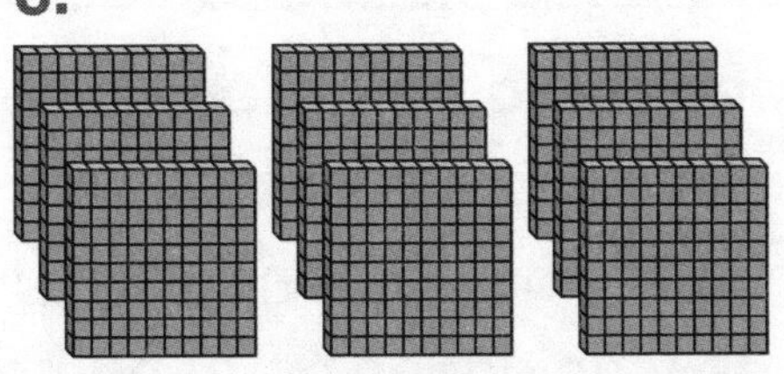

Centenas	Decenas	Unidades

______

9. Razonamiento de orden superior Halla el número. Tiene 5 centenas. El dígito en el lugar de las decenas está entre 5 y 7. La cantidad de unidades es 2 menos que 4. ______

Resolución de problemas Resuelve los siguientes problemas.

10. Entender Completa la tabla. Un número tiene un 8 en el lugar de las centenas.
No tiene decenas.
Tiene un 3 en el lugar de las unidades.
Comprueba tu respuesta para averiguar si tiene sentido.

Centenas	Decenas	Unidades

¿Qué número es? ______

11. Dibuja modelos para mostrar 1 centena, 4 decenas y 3 unidades. Luego, escribe el número en la tabla.

Centenas	Decenas	Unidades

12. Razonamiento de orden superior Escoge un número de tres dígitos.
Dibuja modelos para mostrar las centenas, decenas y unidades de tu número.
Escribe el número a continuación.

______

13. Práctica para la evaluación Natalia usó este modelo para mostrar un número. ¿Qué número se muestra?

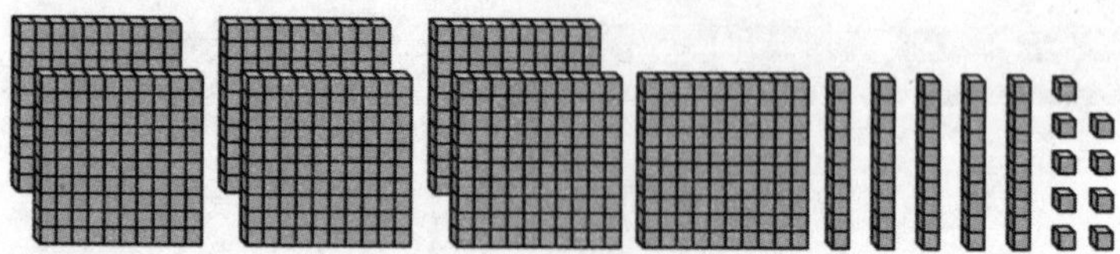

Ⓐ 759

Ⓑ 768

Ⓒ 858

Ⓓ 859

Nombre ____________________

Lección 9-3

Nombrar valores de posición

Puedo...
saber el valor de un dígito por su posición en un número.

También puedo representar con modelos matemáticos.

Resuélvelo y coméntalo Joaquín dice que el 3 en 738 tiene un valor de 3. Muestra esto usando 3 bloques de unidades. ¿Estás de acuerdo con Joaquín? Explícalo. Usa la tabla para ayudarte.

Centenas	Decenas	Unidades

____

____

____

____

 Aprendizaje visual  Glosario

¿Cuál es el valor de cada dígito en 354?

Puedes usar bloques para formar el número.

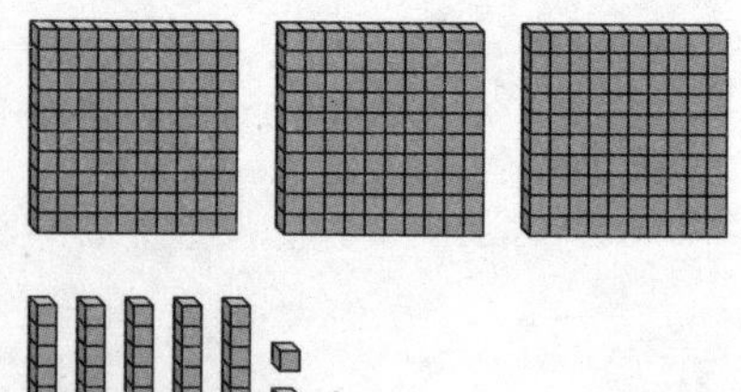

Recuerda que puedes usar una tabla de valor de posición para mostrar el valor de cada dígito.

Centenas	Decenas	Unidades
3	5	4

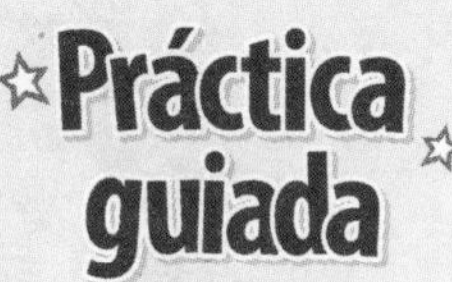

La posición de un dígito indica su valor.

354

El 3 tiene un valor de 3 centenas o 300.

El 5 tiene un valor de 5 decenas o 50.

El 4 tiene un valor de 4 unidades o 4.

¡Convénceme! ¿Cómo puedes hallar el valor de un dígito usando una tabla de valor de posición?

Práctica guiada Usa bloques de valor de posición para mostrar el número. A continuación, completa la tabla de valor de posición. Luego, escribe el valor de cada dígito.

1. 348

Centenas	Decenas	Unidades
3	4	8

El 3 tiene un valor de 3 centenas o 300.

El 4 tiene un valor de 4 decenas o 40.

El 8 tiene un valor de 8 unidades o 8.

Nombre ______________________

Práctica independiente

Encierra en un círculo los valores correctos para el dígito subrayado de cada número.

2.	17<u>3</u>	3	30	3 centenas	3 unidades	3 decenas
3.	<u>4</u>39	4 decenas	4 centenas	4	40	400
4.	6<u>6</u>1	6 centenas	60	6 decenas	600	6 unidades
5.	<u>5</u>18	500	5 decenas	5 centenas	5	50
6.	74<u>2</u>	20	200	2	2 decenas	2 unidades

7. Usa el número para responder a cada pregunta.

902

¿Cuál es el valor del 9?

____

¿Cuál es el valor del 0?

____

¿Cuál es el valor del 2?

____

8. Razonamiento de orden superior Escribe el número que tenga los siguientes valores.

- El dígito de las decenas tiene un valor de 70.
- El dígito de las unidades tiene un valor de 5 unidades.
- El dígito de las centenas tiene un valor de 8 centenas.

______

Resolución de problemas Usa el valor de posición para resolver cada problema.

9. Completa la tabla para hallar el número.

El número tiene 9 centenas.
Tiene 5 decenas.
Tiene 8 unidades.

Centenas	Decenas	Unidades

¿Qué número es? ______

10. **Representar** Camila dibujó bloques de valor de posición para representar el número 793. Dibuja los bloques para mostrar lo que Camila pudo haber dibujado.

11. **Razonamiento de orden superior** Una clase debe formar el número 123 con bloques de valor de posición, pero **NO** tiene bloques de centenas. ¿Qué otros bloques de valor de posición pueden usar para formar 123?

______

______

______

______

12. **Práctica para la evaluación** ¿Cuál es el valor del 6 en el número 862?

Ⓐ 6
Ⓑ 10
Ⓒ 60
Ⓓ 600

Nombre ____________________

Lección 9-4

Leer y escribir números de 3 dígitos

Puedo...
leer y escribir números de 3 dígitos en forma desarrollada, forma estándar y en palabras.

También puedo representar con modelos matemáticos.

Resuélvelo y coméntalo ¿De qué otra manera puedes escribir el número 231? Explícalo.

Manera 1

231

Manera 2

¿Qué número muestra el modelo?

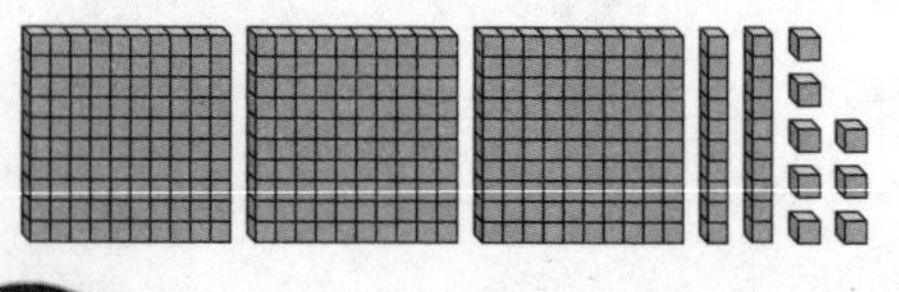

Manera 1
Escribe el número en **forma desarrollada**.

300 + 20 + 8

Manera 2
Escribe el número en **forma estándar**.

328

Manera 3
Escribe el número **en palabras**.

trescientos veintiocho

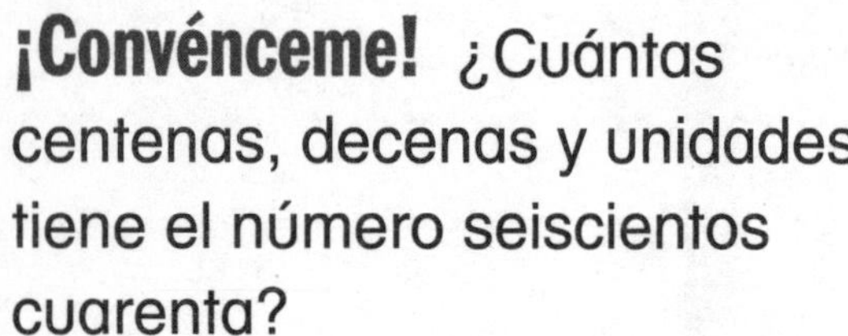

Primero, escribe las centenas, luego, escribe las decenas y por último, escribe las unidades.

Las tres maneras muestran el mismo número.

328 = 300 + 20 + 8

¡Convénceme! ¿Cuántas centenas, decenas y unidades tiene el número seiscientos cuarenta?

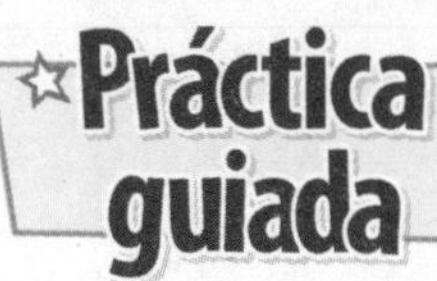

Usa los modelos para resolver cada problema.

1. Escribe el número en forma desarrollada. Luego, escríbelo en forma estándar.

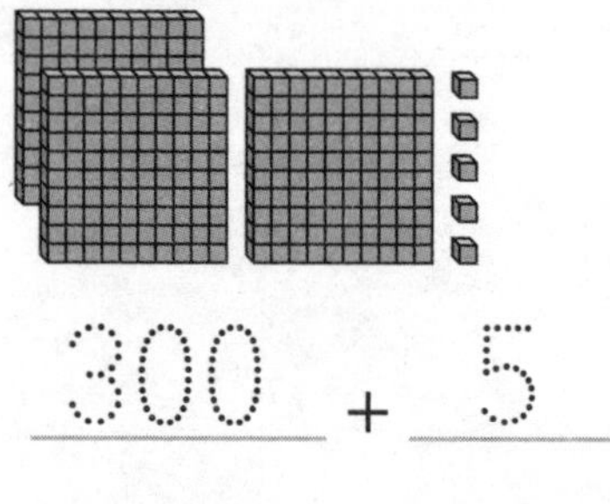

300 + 5

305

2. Escribe el número en forma desarrollada. Luego, escríbelo en palabras.

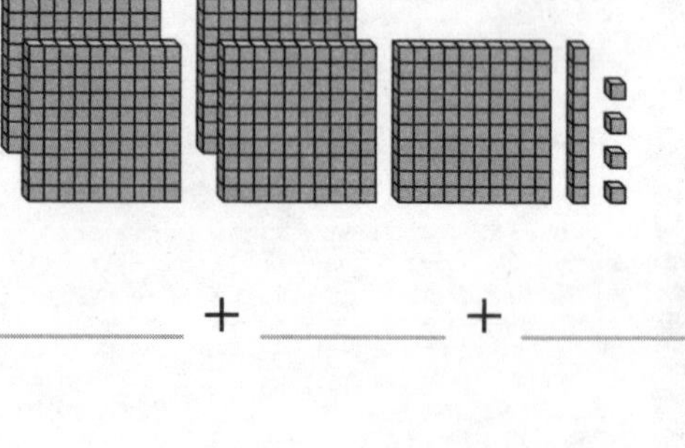

____ + ____ + ____

____

____

Nombre ______________________

Herramientas Evaluación

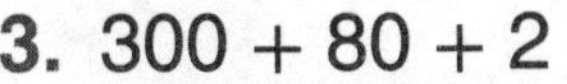

Práctica independiente

Escribe el número en palabras y en forma estándar.

3. 300 + 80 + 2

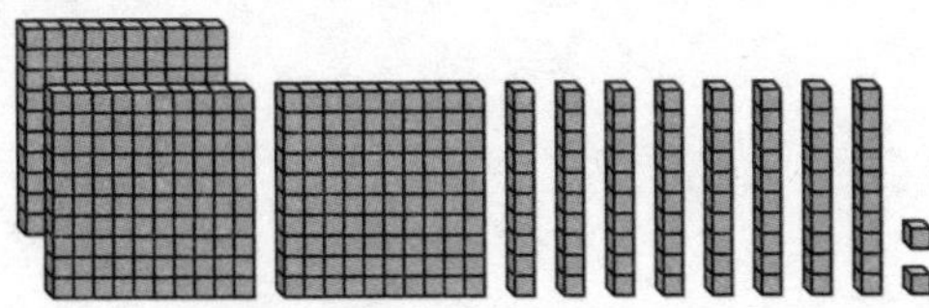

____

______

4. 200 + 6

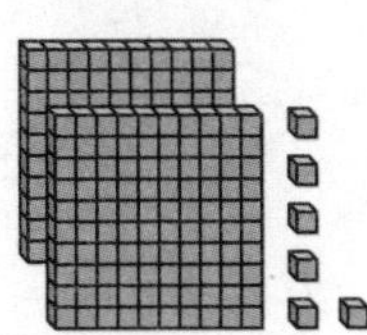

____

______

¡Puedes usar los bloques de valor de posición como ayuda!

5. 600 + 90 + 5

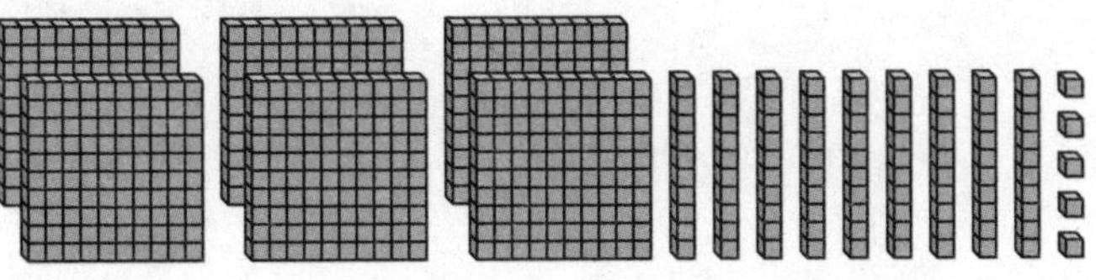

____

______

6. 500 + 30 + 3

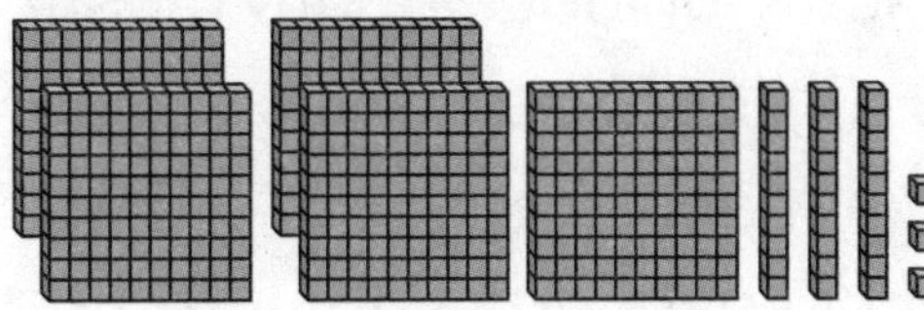

____

______

7. Escribe ochocientos setenta y cuatro en forma desarrollada y en forma estándar.

____

______

8. Escribe 478 en forma desarrollada y en palabras.

____

____

9. Razonamiento de orden superior Escribe el número de dos maneras. Tiene 5 centenas. El dígito de las decenas es 1 menos que el dígito de las centenas. El dígito de las unidades es 2 más que el dígito de las centenas.

Forma estándar: ______ Forma desarrollada: ______________________

Resolución de problemas

Usa modelos de valor de posición para ayudarte a resolver los siguientes problemas.

10. **Vocabulario** Hay 493 páginas en un libro.

Escribe el número 493 en **forma desarrollada**.

______ + ______ + ______

Escribe el número 493 **en palabras**.

____

11. **Razonamiento de orden superior** Dibuja centenas, decenas y unidades para mostrar un número de 3 dígitos. Luego, escribe el número en forma desarrollada. Por último, escribe una oración usando el número en palabras.

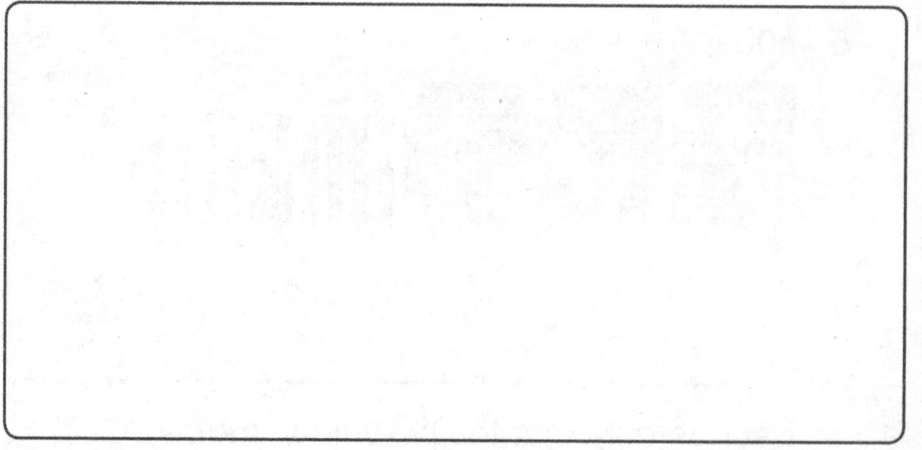

12. **Práctica para la evaluación** El modelo muestra un número de tres dígitos. ¿Cuál es la forma estándar del número?

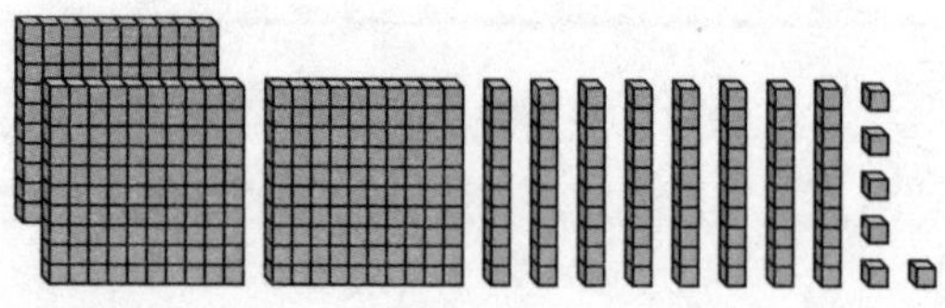

Ⓐ 300 + 80 + 6 Ⓑ 386 Ⓒ 300 + 90 + 7 Ⓓ 397

Nombre ______________________

Herramientas Evaluación

Práctica independiente

Usa bloques de valor de posición para contar las centenas, las decenas y las unidades. Luego, muestra otras dos maneras de formar el número.

2.

Centenas	Decenas	Unidades

418 = ______________________

418 = ______________________

418 = ______________________

3.

Centenas	Decenas	Unidades

163 = ______________________

163 = ______________________

163 = ______________________

4.

Centenas	Decenas	Unidades

225 = ______________________

225 = ______________________

225 = ______________________

Álgebra Escribe el número que falta.

5. 698 = 500 + ______ + 8

6. 939 = 900 + 20 + ______

Resolución de problemas Resuelve los siguientes problemas.

7. Carlos hizo este modelo para mostrar un número.

Centenas	Decenas	Unidades

¿Qué número se muestra? ______

Dibuja modelos para mostrar de qué otra manera Carlos podría formar este número.

8. **Explicar** Rosa quiere formar el mismo número de diferentes maneras. Dice que 300 + 130 + 9 es igual a 500 + 30 + 9. ¿Estás de acuerdo con Rosa? Explícalo.

______

______

______

Recuerda que puedes mostrar el mismo número de diferentes maneras.

9. **Razonamiento de orden superior** Forma 572 como centenas, decenas y unidades. Escríbelo de tantas maneras como puedas.

______

______

______

______

10. **Práctica para la evaluación** ¿Cuál es una manera de mostrar 687? Escoge todas las que apliquen.

- ☐ 600 + 70 + 17
- ☐ 600 + 80 + 7
- ☐ 600 + 180 + 7
- ☐ 500 + 180 + 7

Nombre ______________________________

Lección 9-6

Patrones de valor de posición en los números

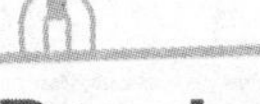

Puedo...
usar los patrones de valor de posición para contar mentalmente de 1 en 1 y de 10 en 10 desde un número dado.

También puedo buscar patrones.

Resuélvelo y coméntalo Escribe los números que faltan en la tabla. Debes estar listo para explicar cómo hallaste los números que faltan.

51	52	53	54	55	56	57	58	59	60
61	62	63	64	65	66	67	68	69	70
71	72	73	74	75	76	77	78	79	80
	82	83		85				89	
91			94		96	97	98		100
101	102	103	104	105	106	107	108	109	110
111	112	113	114	115	116	117	118	119	120
	122	123		125				129	
131			134				138		

Puedes usar patrones de valor de posición y el cálculo mental para contar de 1 en 1 y de 10 en 10 hasta 100.

31	32	33	34	35	36	37
41	42	43	44	45	46	47
51	52	53	54	55	56	57

Los dígitos de las unidades aumentan en 1 de izquierda a derecha.
Los dígitos de las decenas aumentan en 1 de arriba hacia abajo.

También puedes usar ambos métodos para contar de 1 en 1 y de 10 en 10 hasta 1,000.

¡537, 547, 557, 567!

531	532	533	534	535	536	537
541	542	543	544	545	546	547
551	552	553	554	555	556	557

Los dígitos de las unidades aumentan en 1 de izquierda a derecha.
Los dígitos de las decenas aumentan en 1 de arriba hacia abajo.

¡Convénceme! Usa el cálculo mental y los patrones de valor de posición para escribir cada número que falta.

538, 539, ______, 541, 542

481, 491, ______, 511, 521

Práctica guiada

Usa los patrones de valor de posición y el cálculo mental para hallar los números que faltan.

1.

784	785	786	787	788	789	790
794	795	796	797	798	799	800
804	805	806	807	808	809	810

2.

412		414		416		418
422			425		427	
432	433		435	436	437	

Nombre ______________________________ Herramientas Evaluación

Práctica independiente

Usa los patrones de valor de posición y el cálculo mental para hallar los números que faltan.

3.

884			887		889
	895			898	
904	905		907	908	

4.

	146	147			150
155				159	
	166	167		169	170

5. 456, 457, 458, ______, ______,
461, 462, ______, ______, ______

6. 620, 630, 640, ______, 660, ______,
680, 690, ______, 710, ______

7. 232, 242, ______, 262, ______,
______, 292, 302, ______, ______

8. 991, 992, ______, ______, 995,
______, 997, ______, 999, ______

Sentido numérico Describe cada patrón numérico.

9. 130 → 230 → 330 → 430 → 530

____

____

10. 320 → 330 → 340 → 350 → 360

____

____

Resolución de problemas Resuelve cada problema.

11. Buscar patrones Sara ve un patrón en estos números. Describe el patrón.

995, 996, 997, 998, 999, 1,000

____

____

____

12. Buscar patrones Manolo ve un patrón en estos números. Describe el patrón.

341, 351, 361, 371, 381, 391

____

____

____

13. Razonamiento de orden superior Escribe tus propios números de tres dígitos. Describe el patrón numérico para tus números.

_____, _____, _____, _____, _____

____

____

____

14. Práctica para la evaluación Usa los números de las tarjetas. Escribe los números que faltan en la tabla numérica.

222 214 224 231

210	211	212	213		215
220	221		223		225
230		232	233	234	235

Nombre ____________________

Lección 9-7

Contar de 5, de 10 y de 100 en 100 hasta 1,000

Resuélvelo y coméntalo Cuenta de 5 en 5 en la recta numérica, empezando en el 0. Escribe los dos números que faltan. Describe cualquier patrón que veas.

Puedo...
contar salteado de 5 en 5, de 10 en 10 y de 100 en 100 usando una recta numérica.

También puedo razonar sobre las matemáticas.

0 5 10 15 20 ☐ ☐

Puente de aprendizaje visual

Esta recta numérica muestra cómo contar salteado de 5 en 5.

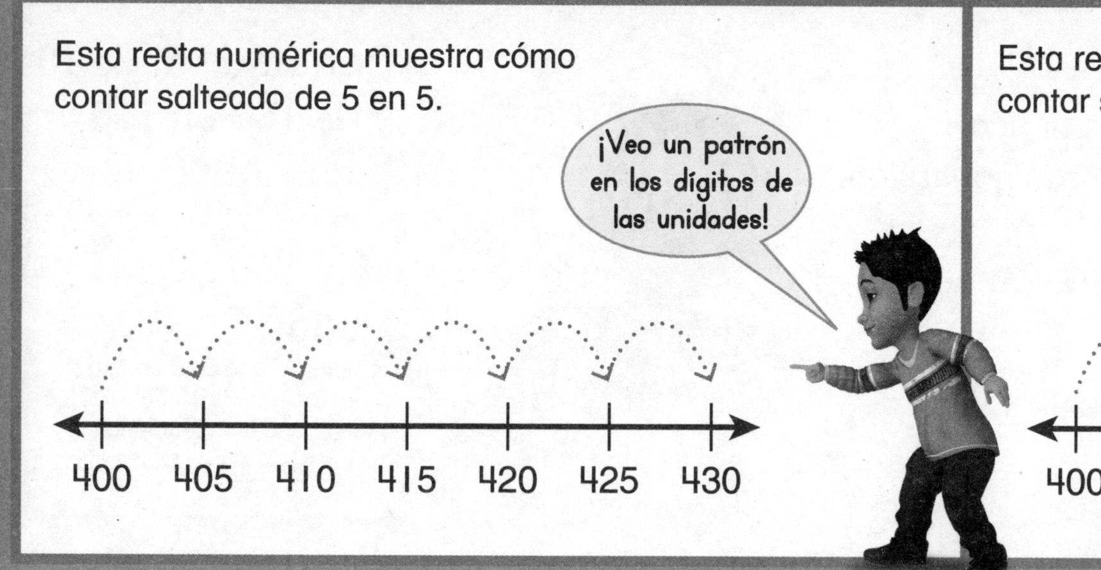

Esta recta numérica muestra cómo contar salteado de 100 en 100.

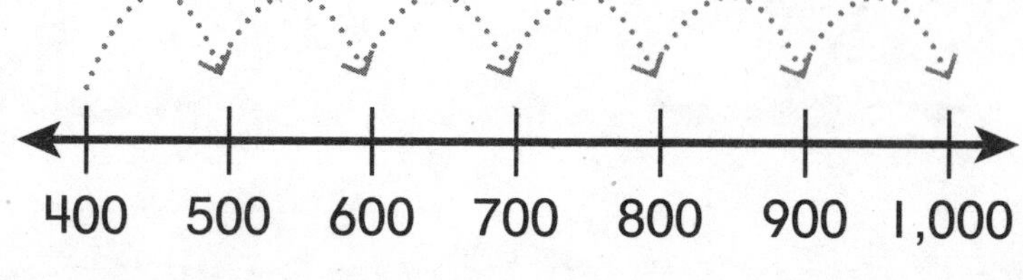

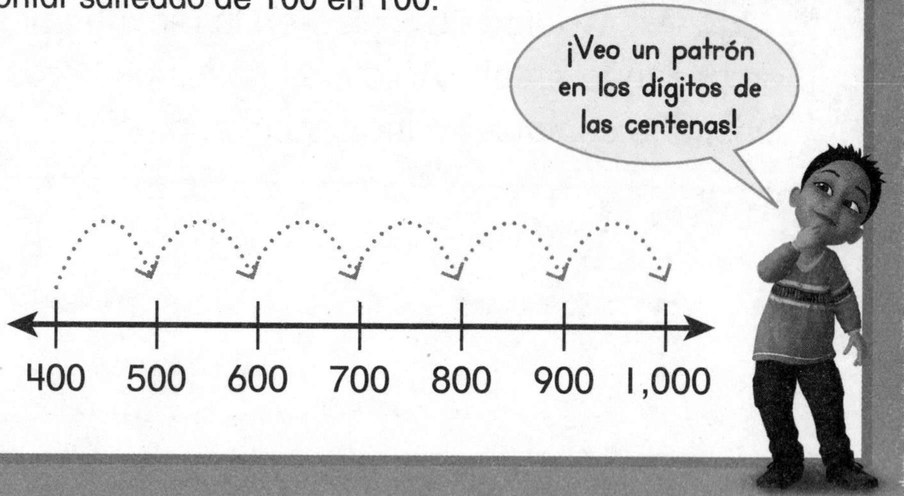

¡Convénceme! ¿Cómo puedes usar la recta numérica del primer recuadro para contar de 10 en 10, empezando en 400?

Práctica guiada Cuenta salteado en la recta numérica. Escribe los números que faltan.

1.

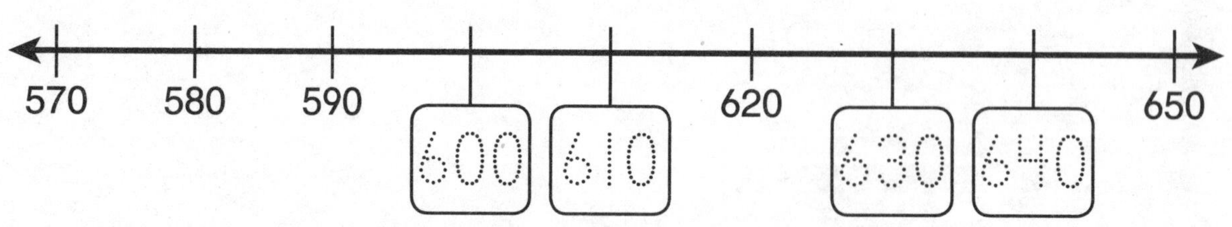

2.

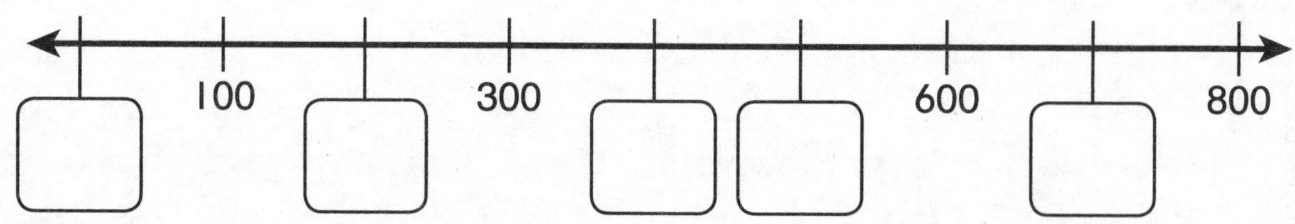

Nombre ____________________

Práctica independiente

Cuenta salteado en la recta numérica. Escribe los números que faltan.

3.

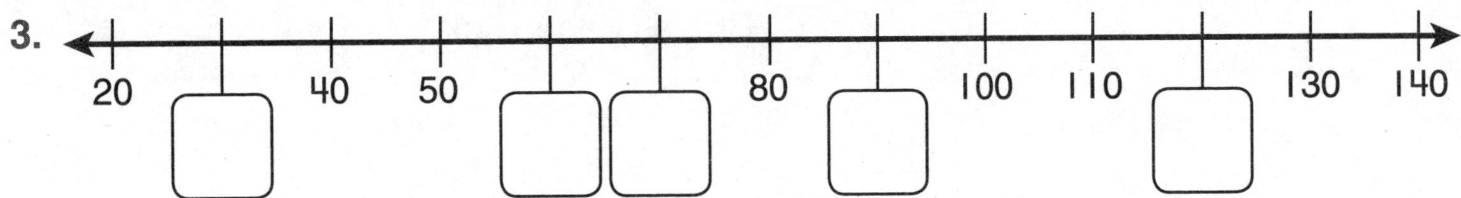

4.

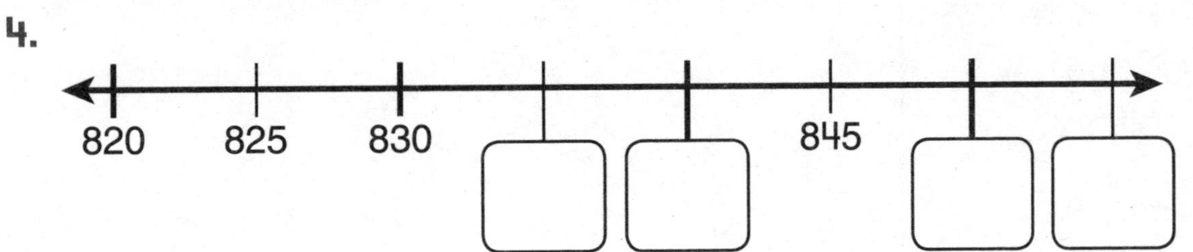

Puedes contar de 5 en 5, de 10 en 10 o de 100 en 100.

Mira el patrón del conteo salteado. Escribe los números que faltan.

5. 100, 200, 300, 400, ______, ______

6. 950, 960, ______, 980, 990, ______

7. 480, 490, 500, ______, ______, 530

8. 745, 750, ______, ______, 765, ______

9. Álgebra Escribe los números que faltan.

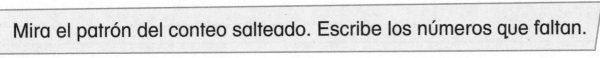

300 + ______ = 400

85 + ______ = 90

990 + ______ = 1,000

Resolución de problemas Resuelve los siguientes problemas.

10. Razonar Gregorio cuenta salteado. Él escribe 430, 435, 440 en una hoja de papel. Quiere escribir 3 números más después de 440. ¿Cuáles deben ser?

_____, _____, _____

11. Razonar Eva cuenta salteado. Ella escribe 500, 600, 700 en una hoja de papel. Quiere escribir 3 números más después de 700. ¿Cuáles deben ser?

_____, _____, _____

12. Razonamiento de orden superior ¿Qué número se usa para contar salteado en esta recta numérica? ¿Cómo lo sabes? ¿A qué números llegaron las flechas en los saltos?

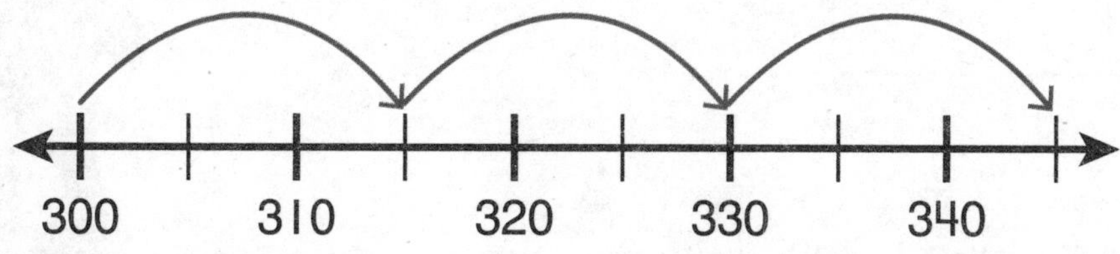

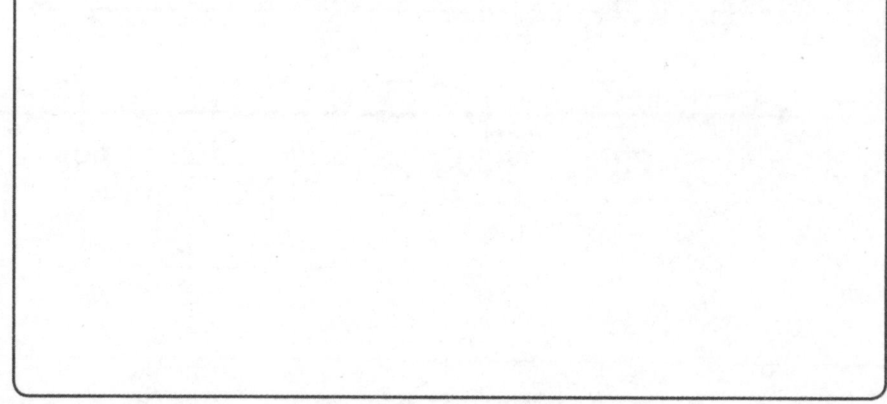

13. Práctica para la evaluación Juan jugó a 4 videojuegos. Anotó 110, 115, 120 y 125 puntos.

¿Qué número se usa para contar salteado desde 110 hasta 125 en la recta numérica?

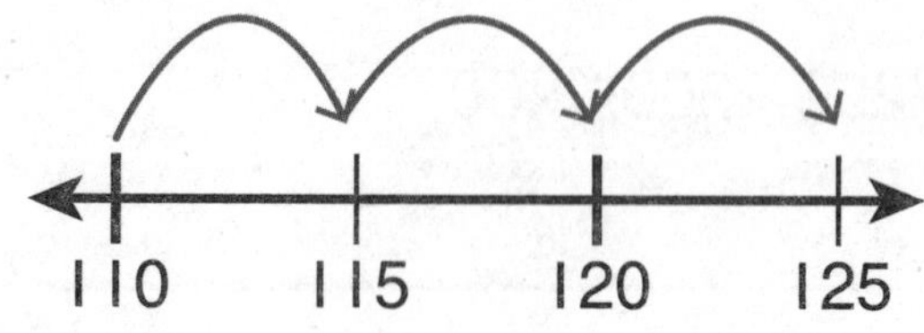

Ⓐ 2 Ⓑ 5 Ⓒ 10 Ⓓ 100

Nombre ______________________________

Lección 9-8

Comparar números usando el valor de posición

Puedo...
comparar números usando el valor de posición.

También puedo usar el razonamiento repetido.

Resuélvelo y coméntalo Juana y Roberto voltearon tres tarjetas numéricas. Luego, cada uno formó un número. Juana formó 501 y Roberto formó 510.

¿Quién formó el número más grande? ¿Cómo lo sabes? Usa bloques de valor de posición como ayuda para resolver el problema.

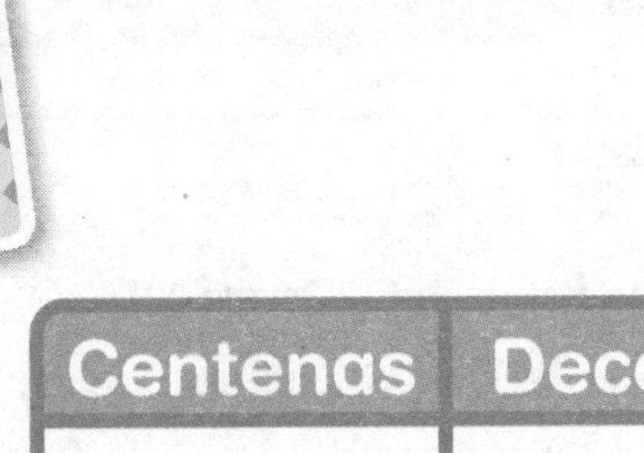

Centenas	Decenas	Unidades

______ es mayor que ______.

Usa bloques de valor de posición para mostrar cada número. Para comparar los números, empieza con el dígito que tiene el mayor valor de posición.

Compara 325 y 225.

Centenas	Decenas	Unidades
3	2	5
2	2	5

Primero, compara las centenas.
300 es **mayor que** 200.

Por tanto, 325 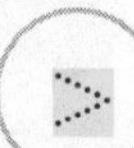

225.

Compara 736 y 756.

Centenas	Decenas	Unidades
7	3	6
7	5	6

Si las centenas son iguales, compara las decenas.
30 es **menor que** 50.

Por tanto, 736 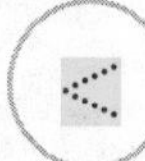

756.

Compara 897 y 897.

Centenas	Decenas	Unidades
8	9	7
8	9	7

Las centenas, las decenas y las unidades son **iguales**.
897 es igual a 897.

Por tanto, 897 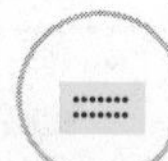

897.

¡Convénceme! ¿Cómo compararías 995 y 890? Explícalo.

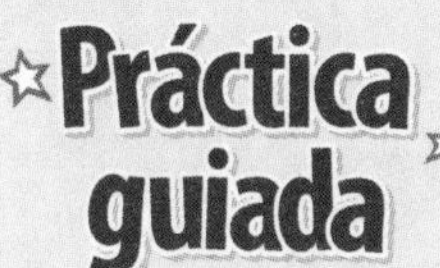

Usa bloques de valor de posición para mostrar cada número. Compara. Escribe *mayor que*, *menor que* o *igual a*. Luego, escribe >, < o =.

1. 264 es mayor que 178.

264 (>) 178

Centenas	Decenas	Unidades
2	6	4
1	7	8

2. 816 es ______ 819.

816 ( ) 819

Centenas	Decenas	Unidades

Nombre ______________________________

Herramientas Evaluación

Práctica independiente

Usa bloques de valor de posición para mostrar cada número. Compara. Escribe *mayor que*, *menor que* o *igual a*. Luego, escribe $>$, $<$ o $=$.

3. 572 es ______________ 577.

572 ◯ 577

4. 256 es ______________ 243.

256 ◯ 243

5. 837 es ______________ 837.

837 ◯ 837

6. 486 es ______________ 468.

486 ◯ 468

7. 208 es ______________ 208.

208 ◯ 208

8. 936 es ______________ 836.

936 ◯ 836

9. 821 es ______________ 821.

821 ◯ 821

10. 347 es ______________ 437.

347 ◯ 437

11. 286 es ______________ 189.

286 ◯ 189

12. Razonamiento de orden superior Busca el número que haga verdaderas todas las comparaciones.

______ < 111 ______ > 109 ______ $= 110$

Resolución de problemas

Compara. Escribe >, < o =
Luego, responde a la pregunta.

13. Razonar Mateo vende 319 boletos. Betina vende 315 boletos. ¿Quién vende más boletos?

¿Cómo puedes relacionar los números usando símbolos?

319 ◯ 315

_______ vende más boletos.

14. Razonar Javier ganó 189 monedas de 1¢ haciendo tareas domésticas.
Laura ganó 200 monedas de 1¢ haciendo tareas domésticas.
¿Quién ganó más monedas?

189 ◯ 200

_______ ganó más monedas de 1¢.

15. Razonamiento de orden superior Compara los números 298 y 289. Escribe la comparación de dos maneras. Luego, explica tu razonamiento.

_____ ◯ _____

_____ ◯ _____

____

____

____

____

____

16. Práctica para la evaluación Resuelve el acertijo para hallar cuántas monedas hay en el segundo cofre. Luego, compara los números.

Los dos números tienen los mismos dígitos.
Los dígitos de las centenas son iguales.
Los digitos de las decenas y de las unidades están en orden diferente.

556 monedas

? monedas

Ⓐ 556 < 665

Ⓑ 556 > 565

Ⓒ 556 = 565

Ⓓ 556 < 565

Nombre ____________________

Resuélvelo y coméntalo Esta recta numérica muestra solo un número. Escribe un número que sea mayor que 256. Luego, escribe un número que sea menor que 256. Muestra tus números en la recta numérica y explica por qué tienes razón.

Lección 9-9

Comparar números en una recta numérica

Puedo...
comparar y escribir un número de tres dígitos que es mayor que o menor que otro número de tres dígitos.

También puedo razonar sobre las matemáticas.

256

_____ es mayor que 256.

_____ es menor que 256.

Puedes escribir números mayores que o menores que otros números usando una recta numérica.

324 < 325

En una recta numérica, los números que están a la izquierda son menores. 323 y 324 son menores que 325.

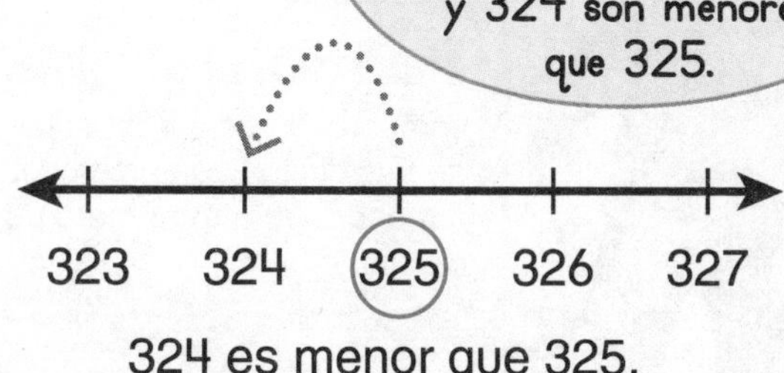

324 es menor que 325.

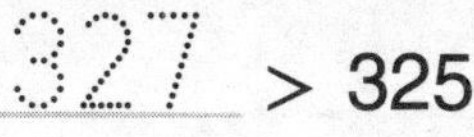

327 > 325

En una recta numérica, los números que están a la derecha son mayores. 326 y 327 son mayores que 325.

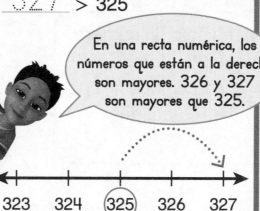

327 es mayor que 325.

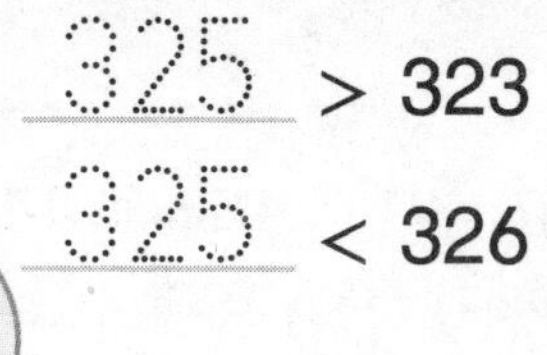

325 > 323

325 < 326

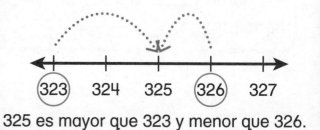

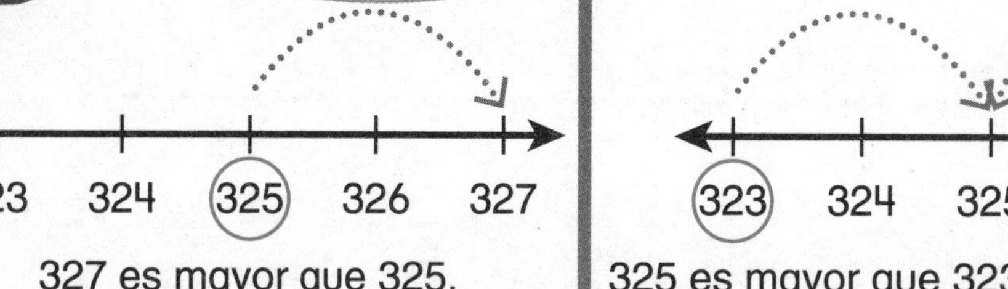

325 es mayor que 323 y menor que 326.

¡Convénceme! ¿Puedes escribir un número que sea menor que 325 y que no se muestre en la recta numérica anterior? Explícalo.

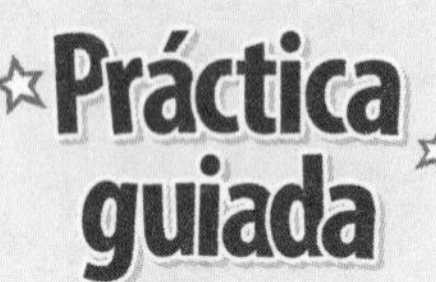

Escribe un número para que cada comparación sea correcta. Dibuja una recta numérica como ayuda, si es necesario.

1. 461 < 467

2. ______ < 470

3. 132 < ______

4. 263 < ______

5. 675 > ______

6. 684 = ______

Nombre ______________________________

Herramientas Evaluación

Práctica independiente

Escribe un número para que cada comparación sea correcta. Dibuja una recta numérica como ayuda, si es necesario.

7. 421 > ______

8. ______ < 884

9. 959 < ______

10. ______ < 619

11. 103 = ______

12. 566 > ______

13. 394 < ______

14. ______ < 417

15. ______ > 789

Escribe <, > o = para que cada comparación sea correcta.

16. 107 ◯ 106

17. 630 ◯ 629

18. 832 ◯ 832

19. **Razonamiento de orden superior** Escribe un número para que cada comparación sea correcta. Sitúa los números en las rectas numéricas.

______ < 780 < ______

______ > 457 > ______

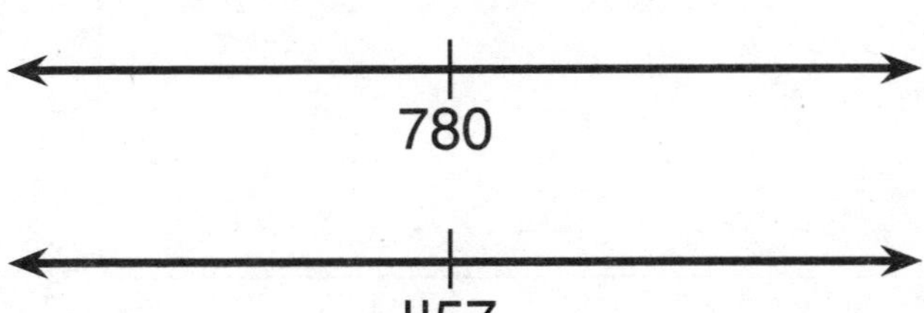

Resolución de problemas Resuelve los siguientes problemas.

20. **Razonar** Lucía está pensando en un número.
Es mayor que 447.
Es menor que 635.
¿Qué número puede ser?

______

21. **Razonar** Antonio está pensando en un número.
Es menor que 982.
Es mayor que 950.
¿Qué número puede ser?

Piensa en cómo se relacionan los números.

______

22. **Razonamiento de orden superior** Martín escogió una tarjeta numérica. El número es mayor que 282. Es menor que 284. ¿Cuál es el número? ______

Explica cómo lo sabes.

23. **Práctica para la evaluación** ¿Qué número no es mayor que ni menor que el número que se muestra?

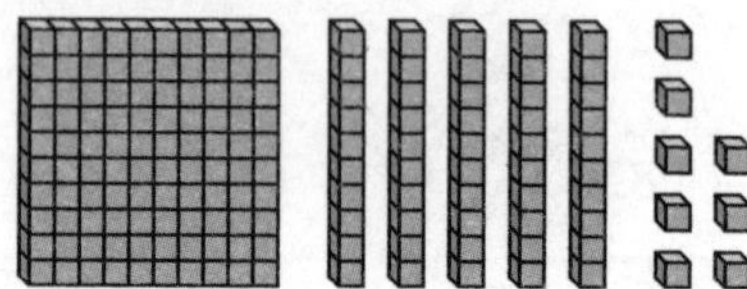

Ⓐ 157
Ⓑ 158
Ⓒ 159
Ⓓ 168

Nombre ______________________

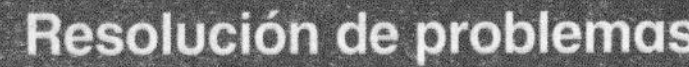

Resolución de problemas

Lección 9-10

Buscar y usar la estructura

Resuélvelo y coméntalo Ordena los números 500, 800, 600, 400 y 700 de menor a mayor.

Describe los patrones numéricos que veas.
¿Hay otros números que sigan el patrón?

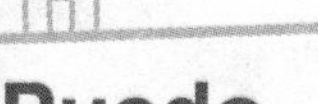

Patrones numéricos

Puedo...
buscar patrones para ayudarme a resolver problemas.

También puedo describir patrones de números.

Hábitos de razonamiento

¿Hay cosas que tienen algo en común que puedan ayudarme?
¿Hay un patrón?
¿Cómo me ayuda?

En línea | SavvasRealize.com

El equipo rojo ordena de menor a mayor los números de sus uniformes. ¿Qué número tiene la siguiente camiseta?

Primero, ordena los números. Luego, busca un patrón numérico.

¿Cómo puedo usar patrones como ayuda para resolver el problema?

Puedo ver si los números tienen algo en común.
224
324
424
524
?

Los dígitos de las decenas y de las unidades no cambian. Las centenas aumentan en 100 cada vez.

La regla del patrón es incrementar en 100. El siguiente número del uniforme es 624.

El patrón va a disminuir si el equipo ordena los números de mayor a menor.

224
324
424
524
624

¡Convénceme! ¿Cómo puedes usar el patrón para hallar los números de las tres camisetas rojas siguientes?

Práctica guiada Busca un patrón numérico para resolver los problemas.

1. El equipo amarillo ordena los números de sus uniformes.

Ordena los primeros cuatro números de las camisetas de menor a mayor.

_____, _____, _____, _____

2. Busca un patrón en los números que se ordenaron. ¿Cuál es la regla del patrón?

_____

3. ¿Cuál es el número de la siguiente camiseta amarilla? _____

Nombre ______________________________

☆ Práctica independiente ☆

Descompón el problema en partes más sencillas para resolverlo. Usa una tabla de 100, una recta numérica o una tabla de valor de posición, si es necesario.

4. El equipo azul quiere ordenar los números de sus camisetas de mayor a menor. Después de ordenar los números, ¿cuál sería el siguiente número?

Escribe los números de las camisetas de mayor a menor.

_______, _______, _______, _______

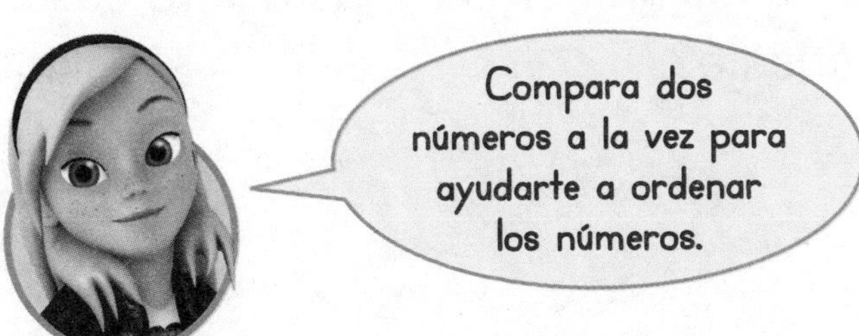

Compara dos números a la vez para ayudarte a ordenar los números.

Busca un patrón en los números de las camisetas que se ordenaron. ¿Cuál es la regla del patrón?

____

¿Qué número tiene la camiseta que sigue en el patrón?

____

5. Un bibliotecario ordenó los números de estos libros. Halla el número que falta. _______

Describe un patrón que observes.

____

____

____

Tarea de rendimiento

Entrega del correo

Eduardo repartió el correo en cuatro casas, numeradas 115, 120, 110 y 105. Empezó con la casa con el número más pequeño y continuó en orden hacia la casa con el número más grande.

Si el patrón numérico continúa, ¿cuáles son los números de las siguientes tres casas en las que Eduardo repartirá el correo?

6. **Razonar** Ordena las primeras cuatro casas de menor a mayor. Luego, escribe esos números en las casas de la primera fila.

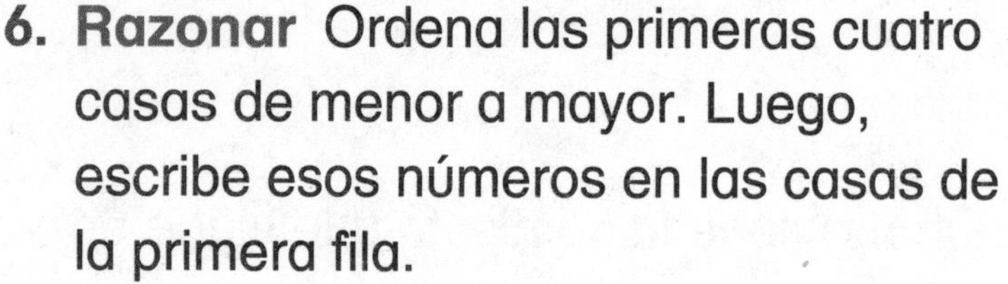

7. **Buscar patrones** ¿Cuál es la regla del patrón para los números de las cuatro casas que ordenaste?

¿Cuáles son los números de las siguientes tres casas?

Escribe los números de las casas de la segunda fila.

8. **Explicar** ¿Por qué ordenas los números antes de buscar un patrón? Explícalo.

Nombre ____________________

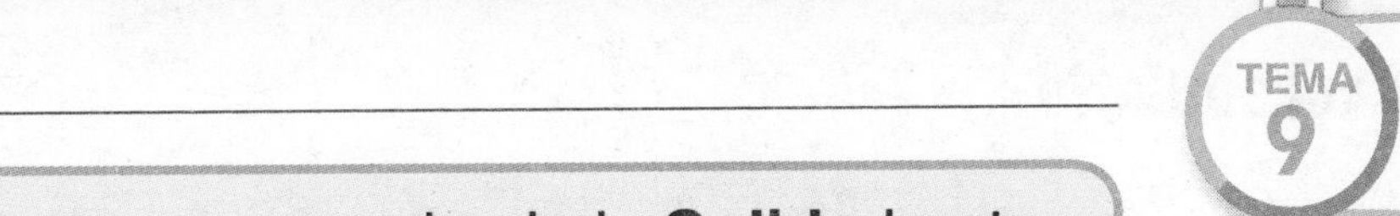

Sigue la ruta

Sombrea una ruta que vaya desde la **Salida** hasta la **Meta**. Sigue las sumas y diferencias que son números pares. Solo te puedes mover hacia arriba, hacia abajo, hacia la derecha o hacia la izquierda.

Puedo...
sumar y restar hasta 100.

También puedo hacer mi trabajo con precisión.

Salida

66 − 28	15 + 12	64 − 27	57 + 36	99 − 66	53 − 14	23 + 46	75 − 22	52 + 13
15 + 35	59 − 28	57 + 22	87 − 74	56 − 12	78 − 52	61 + 15	42 − 29	29 + 16
53 + 43	44 + 39	90 − 18	47 − 23	61 + 39	61 − 36	24 + 38	15 + 58	73 − 52
85 − 39	56 + 17	43 − 11	25 + 26	81 − 28	61 + 14	53 − 37	33 + 38	45 − 18
33 + 57	78 − 52	56 + 12	87 − 32	16 + 45	93 − 24	63 + 15	26 + 44	27 − 19

Meta

TEMA 9 Repaso del vocabulario

Lista de palabras

- centena
- comparar
- decenas
- dígitos
- disminuir
- es igual a (=)
- forma desarrollada
- forma estándar
- incrementar
- mayor que (>)
- menor que (<)
- millar
- número en palabras
- tabla de valor de posición
- unidades

Comprender el vocabulario

Escribe *forma estándar, forma desarrollada* o *número en palabras.*

1. 400 + 30 + 7 ____________

2. cuatrocientos treinta y siete ____________

3. 437 ____________

Rotula cada dibujo. Usa términos de la Lista de palabras.

4. 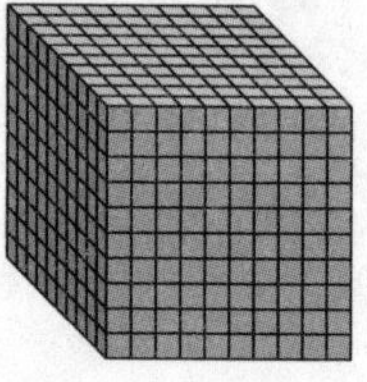 ____________

5. 

____

6. 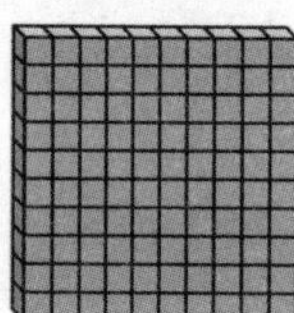 ____________

Compara. Completa cada oración.

7. 901 es ____________ 910.

8. 429 ____________ 400 + 20 + 9.

Usar el vocabulario al escribir

9. ¿Cuál es el siguiente número del patrón?
911, 921, 931, 941, ______

Explica cómo resolviste el problema.
Usa términos de la Lista de palabras.

Nombre ______

TEMA 9

Refuerzo

Grupo A

10 decenas forman 1 centena.
Puedes contar de cien en cien.

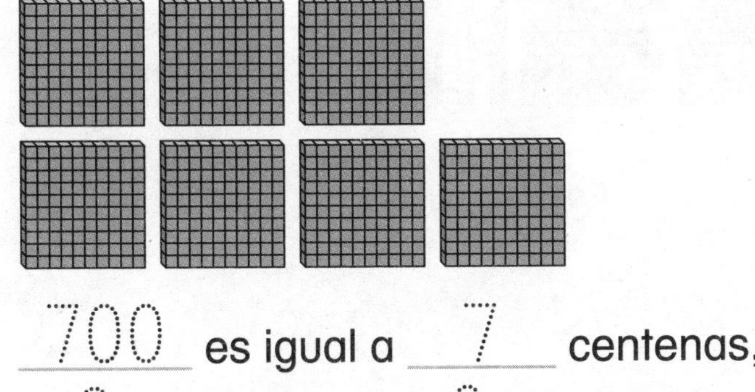

700 es igual a 7 centenas,
0 decenas y 0 unidades.

Completa la oración.
Usa modelos si es necesario.

1. 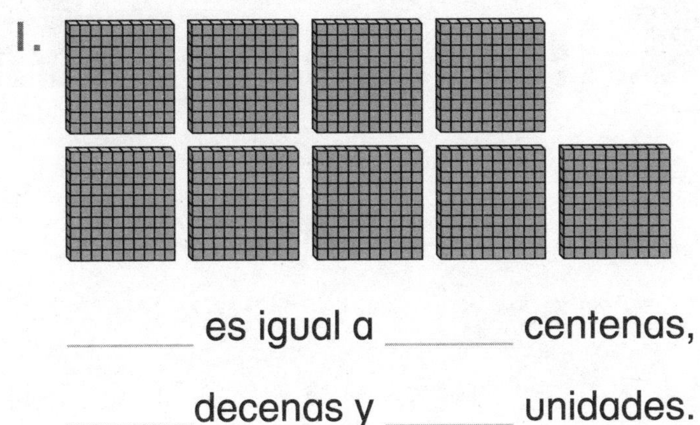

______ es igual a ______ centenas,
______ decenas y ______ unidades.

Grupo B

Puedes usar el valor de posición como ayuda para escribir números.

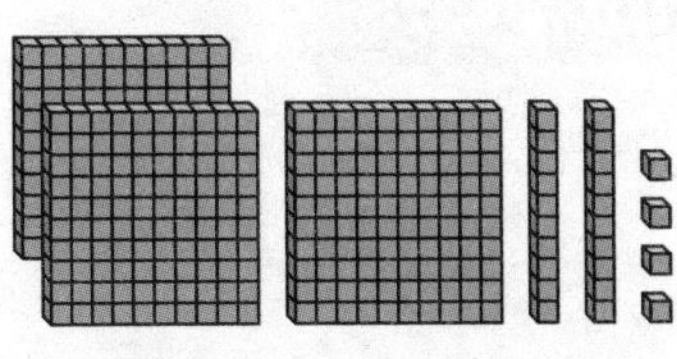

Centenas	Decenas	Unidades
3	2	4

324

Hay 3 centenas, 2 decenas y 4 unidades en 324.

Escribe los números. Usa modelos y tu tablero si es necesario.

2. 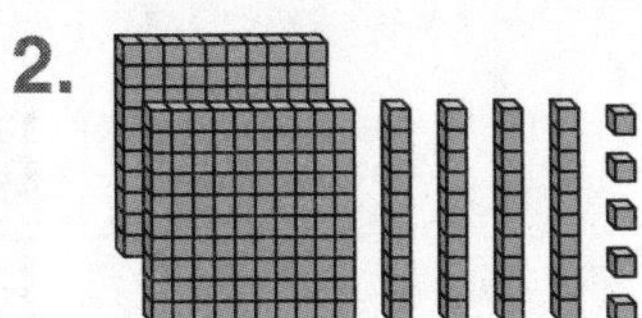

Centenas	Decenas	Unidades

______

3. 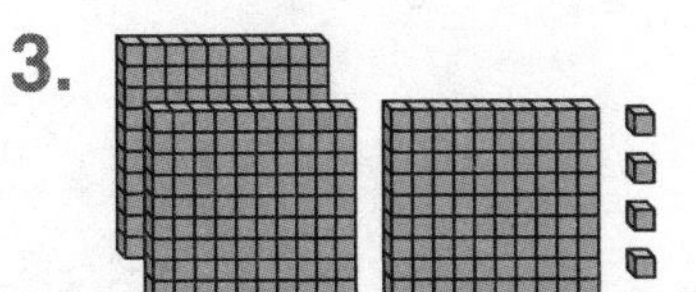

Centenas	Decenas	Unidades

______

Grupo C

Puedes escribir un número en forma estándar, en forma desarrollada y en palabras.

215

200 + 10 + 5

doscientos quince

Escribe el número en forma estándar, en forma desarrollada y en palabras.

4. 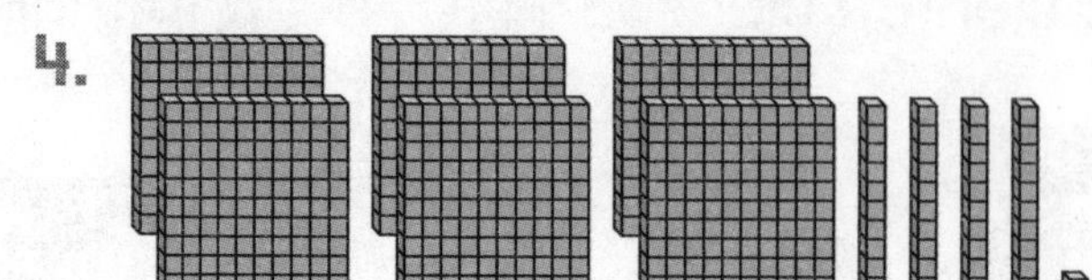

______

______ + ______ + ______

____

Grupo D

Puedes mostrar diferentes maneras de formar números.

Centenas	Decenas	Unidades

238 = 200 + 30 + 8

238 = 200 + 20 + 18

238 = 230 + 8

Mira los modelos en la tabla.
Muestra tres maneras de formar el número.

5. 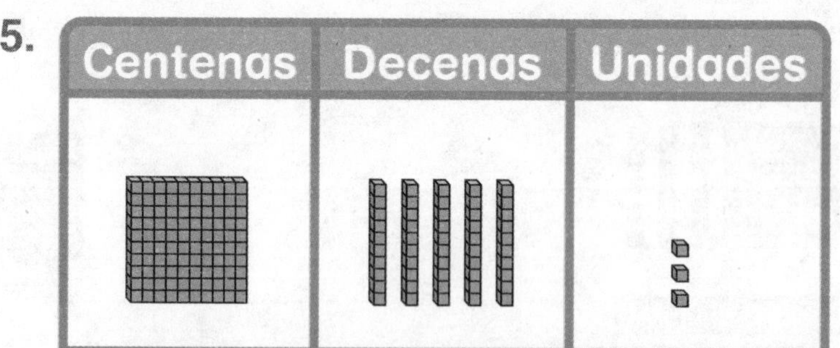

Centenas	Decenas	Unidades

153 = ______ + ______ + ______

153 = ______ + ______ + ______

153 = ______ + ______

Nombre ______________________________

Grupo E

Puedes buscar patrones numéricos en una tabla de 100.

342	343	344	345	346	347
352	353	354	355	356	357
362	363	364	365	366	367

De izquierda a derecha, el dígito de las unidades aumenta en 1.

De arriba hacia abajo, el dígito de las decenas aumenta en 1.

Usa los patrones de valor de posición para hallar los números que faltan.

6.

574		576	577	578	
584		586		588	589
	595	596	597		

7.

	222		224	225	
	232		234	235	236
241	242		244		246

Grupo F

Puedes contar de 5 en 5, de 10 en 10 y de 100 en 100 en una recta numérica.

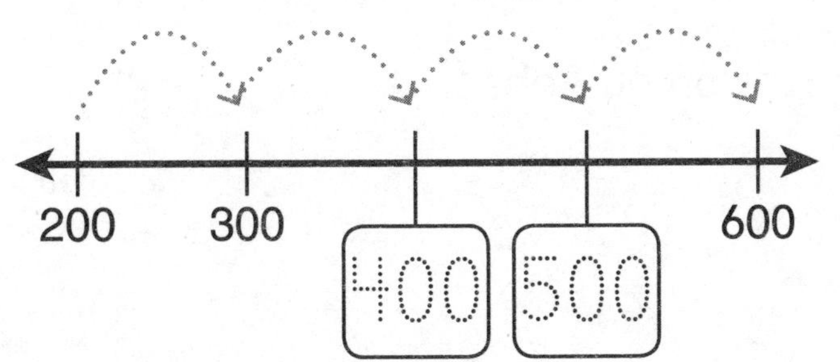

Cuenta salteado en la recta numérica. Escribe los números que faltan.

8.

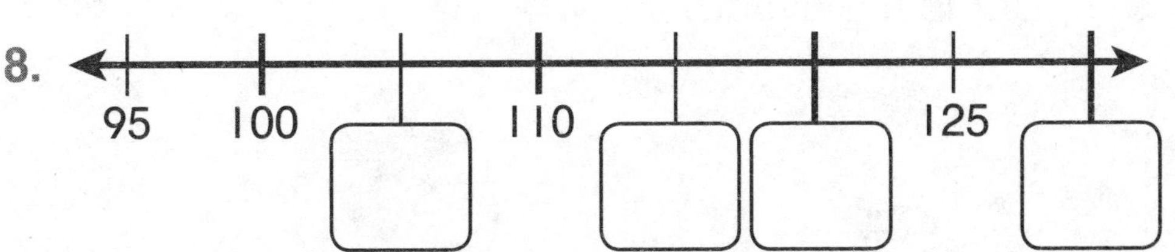

Grupo G

Puedes usar el valor de posición para comparar números.

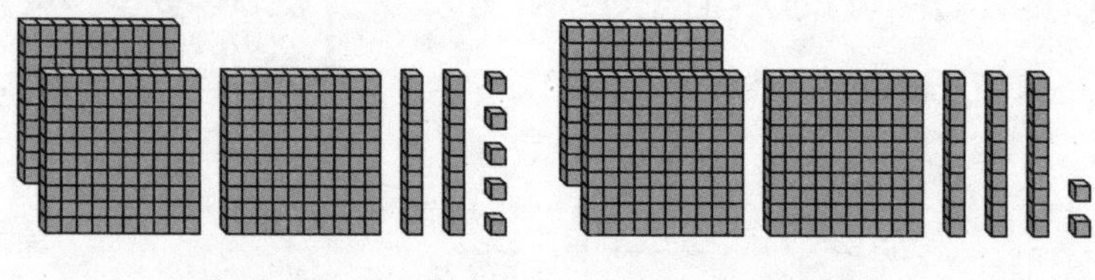

325 332

Las centenas son iguales; por tanto, compara las decenas. 20 es menor que 30.

Por tanto, 325 < 332.

Compara cada par de números. Escribe >, < o =.

9. 785 ◯ 793
10. 199 ◯ 198
11. 452 ◯ 452
12. 805 ◯ 810
13. 902 ◯ 897
14. 451 ◯ 516
15. 636 ◯ 629
16. 754 ◯ 754

Grupo H

Hábitos de razonamiento

Buscar y usar la estructura

¿Hay cosas que tienen algo en común que puedan ayudarme?

¿Hay un patrón?
¿Cómo me ayuda?

Busca un patrón para resolver el problema.

17. Estas etiquetas están en una gaveta.

Describe un patrón que observes.

____

____

¿Cuál es el número que falta? ______

Nombre ______________________________

1. Cada caja contiene 100 crayones. Cuenta de 100 en 100 para hallar el total. ¿Cuántos crayones hay en todas las cajas? Explícalo.

____

____

____

____

____

2. Alberto hizo este modelo. Escribe el número de tres maneras.

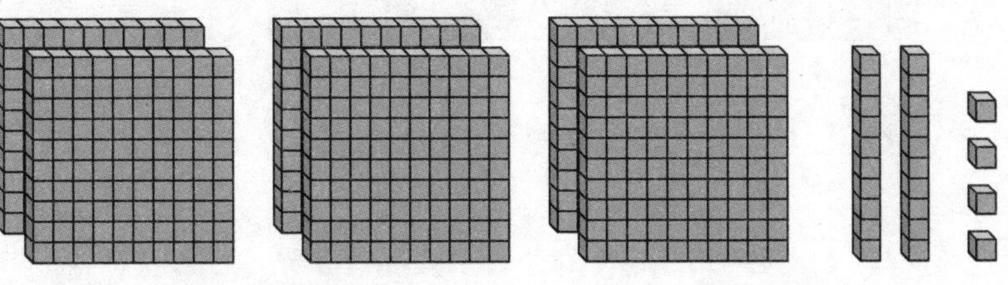

Forma estándar ________

Forma desarrollada ______________________

Número en palabras ______________________

____

3. Escribe el número que muestra el modelo. Usa la tabla.

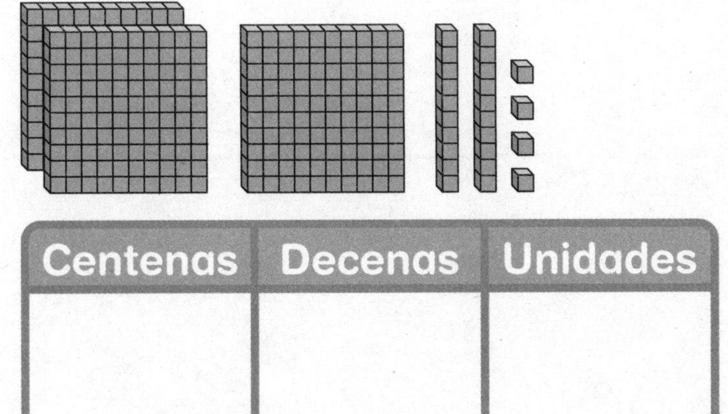

Centenas	Decenas	Unidades

4. ¿Cuál es el valor del 8 en el número 789? ¿Cuál es la forma desarrollada de 789?

____

____

____

5. ¿Cuál es el número en palabras que muestran los bloques?

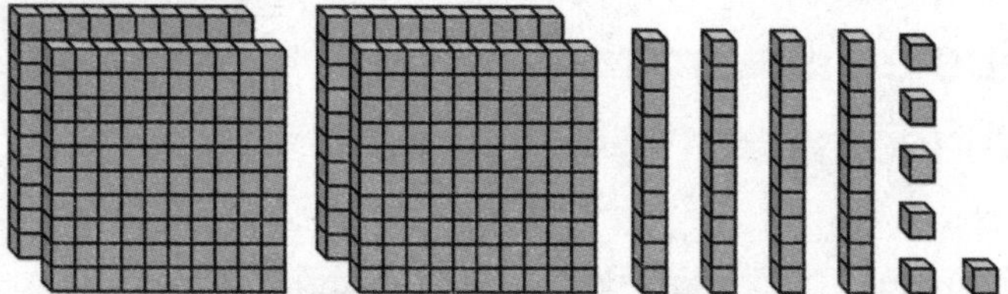

Ⓐ Cuatrocientos cincuenta y seis

Ⓑ Cuatrocientos cuarenta y seis

Ⓒ 400 + 40 + 6

Ⓓ 446

6. ¿Cuál es la forma estándar del número que muestran los bloques?

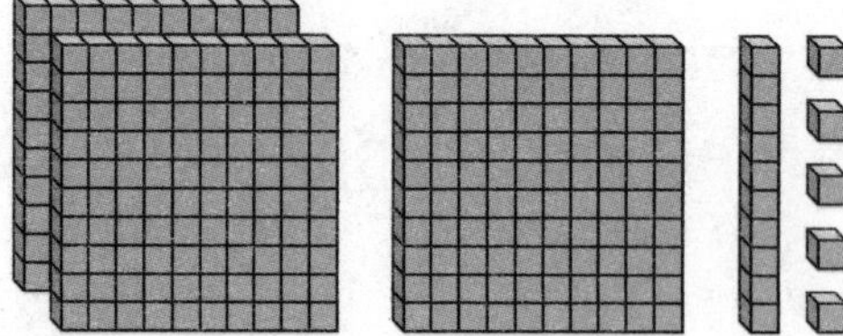

Ⓐ 315

Ⓑ Trescientos quince

Ⓒ 300 + 10 + 5

Ⓓ 351

7. Traza una línea de cada forma del número al ejemplo que le corresponda.

número en palabras	forma estándar	forma desarrollada
100 + 20 + 1	ciento veintiuno	121

8. Carmen hizo este modelo. ¿Qué número muestra? Escribe el número y completa la oración.

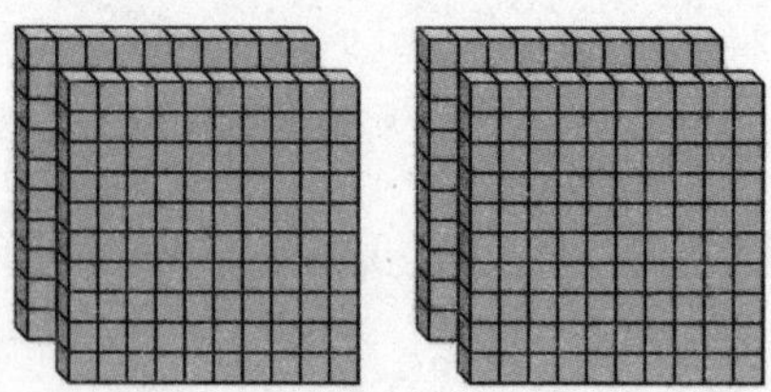

_____ es igual a _____ centenas, _____ decenas y _____ unidades.

Nombre ______________________________

TEMA 9

Práctica para la evaluación (continuación)

9. Luis y María coleccionan monedas de 1¢.
Luis tiene 248 monedas de 1¢.
María tiene 253 monedas de 1¢.
¿Quién tiene más monedas?

____

Escribe <, = o > para comparar la cantidad de monedas de 1¢.

248 ◯ 253

10. José está pensando en un número. El número tiene 2 centenas. Tiene más unidades que decenas. Tiene 7 decenas.

¿Cuál podría ser el número?
Marca todos los que apliquen.

- ☐ 276
- ☐ 279
- ☐ 267
- ☐ 278
- ☐ 289

11. Compara. Escribe <, = o >.

429 ◯ 294   849 ◯ 984

12. Escribe un número para que la comparación sea correcta.

327 < ____   716 > ____

13. Hay 326 niños en una escuela. ¿Cuál es la forma desarrollada de la cantidad de niños?

Ⓐ 200 + 30 + 6   Ⓑ 300 + 20 + 6   Ⓒ 300 + 60 + 2   Ⓓ 300 + 60 + 7

14. ¿Cuál es una manera de mostrar 576? Escoge todas las que apliquen.

- ☐ 500 + 60 + 16
- ☐ 500 + 70 + 6
- ☐ 500 + 6
- ☐ 400 + 170 + 6
- ☐ 500 + 60 + 7

15. Usa los números de las tarjetas. Escribe los números que faltan en la tabla numérica.

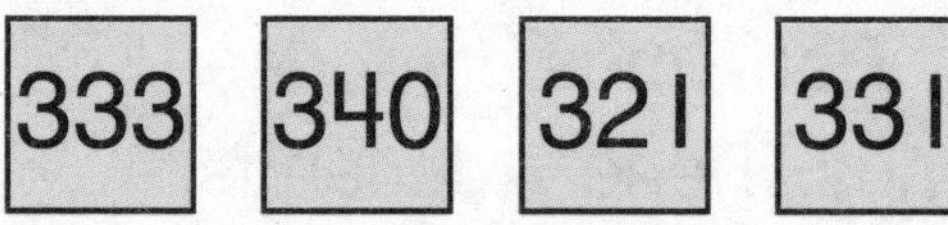

320		322	323	324
330		332		334
	341	342	343	344

16. Camila cuenta 405, 410, 415, 420, 425, 430. ¿Qué número usa Camila para contar salteado?

Ⓐ 2

Ⓑ 5

Ⓒ 10

Ⓓ 100

17. Cuenta salteado en la recta numérica. Escribe los números que faltan.

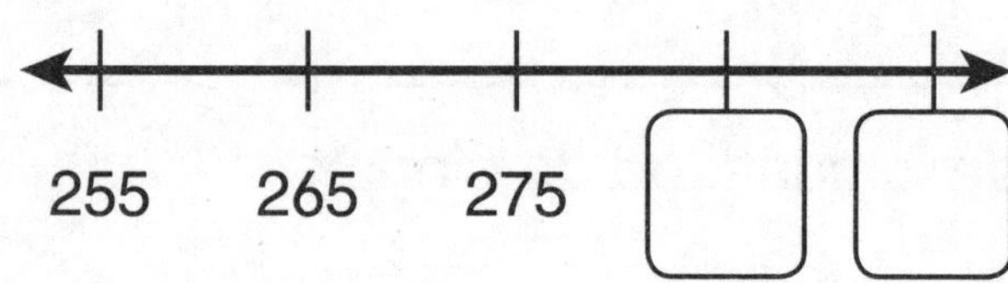

18. Marca todas las comparaciones que sean correctas.

☐ 576 < 675

☐ 899 < 799

☐ 435 > 354

☐ 698 < 896

☐ 856 > 859

Nombre ______________________________

TEMA 9

Tarea de rendimiento

Registro de lectura

¡A estos estudiantes les encanta leer! Estos libros muestran cuántas páginas ha leído cada estudiante este año.

1. Escribe en forma desarrollada cuántas páginas leyó Tomás.

_____ + _____ + _____

Escribe el número en palabras.

____

2. Completa la tabla de valor de posición para mostrar cuántas páginas leyó Rosa.

Centenas	Decenas	Unidades

Muestra otras dos maneras de escribir el número.

_____ + _____ + _____

_____ + _____ + _____

3. Muestra dos maneras de comparar la cantidad de páginas que leyó Luisa con la cantidad de páginas que leyó Rosa. Usa > y <.

_____ ◯ _____

_____ ◯ _____

4. Esta recta numérica muestra el total de minutos que Diana leyó por semana durante 3 semanas.

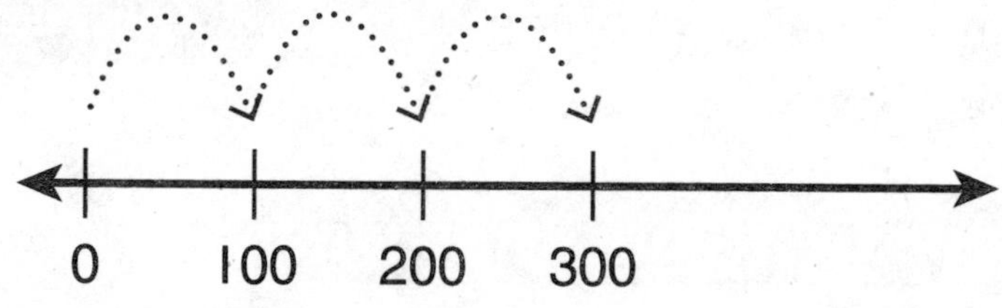

¿Cuántos minutos leyó después de la primera semana? _______ minutos

¿Después de la segunda semana? _______ minutos

¿Después de la tercera semana? _______ minutos

¿Cuántos minutos leyó por semana? Explica cómo lo sabes.

5. Diana lee la misma cantidad de minutos por semana. ¿Cuántos minutos leyó después de 4 semanas? ¿Después de 5 semanas? Cuenta salteado en la recta numérica anterior para hallar las respuestas.

Después de 4 semanas: _______ minutos

Después de 5 semanas: _______ minutos

6. La tabla muestra cuántas páginas leyó Jaime en tres meses. Si sigue el patrón, ¿cuántas páginas leerá en abril y en mayo?

Cantidad de páginas que leyó	
Enero	210
Febrero	220
Marzo	230
Abril	?
Mayo	?

Parte A

¿Qué patrón ves en la tabla?

Parte B

¿Cuántas páginas leerá Jaime en abril y en mayo?

TEMA 10

Sumar hasta 1,000 usando modelos y estrategias

Pregunta esencial: ¿Cuáles son algunas estrategias para sumar números hasta 1,000?

Recursos digitales

Libro del estudiante

Aprendizaje visual

Práctica

Evaluación

Herramientas

Glosario

¡Mira todos estos edificios tan altos!

Se necesita mucha planificación para construir edificios así de altos. ¿Te gustaría intentarlo?

¡Qué interesante! Hagamos este proyecto y aprendamos más.

Proyecto de enVision® STEM: Edificar hasta 1,000

Investigar Usa pajillas de refresco y cinta adhesiva. El total de ambos materiales no debe ser más de 1,000. Primero, decide cuántos de cada uno vas a usar. Intercambia ideas y construye el edificio más alto que puedas.

Diario: Hacer un libro Describe tu edificio en un libro. En tu libro, también:

- di cuántas pajillas de refresco y pedazos de cinta adhesiva usaste.
- comenta qué harías mejor si hicieras el edificio de nuevo.

Nombre ________________________________

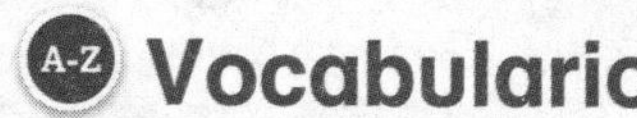

Vocabulario

1. Encierra en un círculo todos los **dígitos de las centenas** en los siguientes números.

502

58

1,000

2. Escribe la **forma desarrollada** del número.

846

____

3. Escribe el número **en palabras.**

265

____

____

Rectas numéricas vacías

4. Usa la recta numérica vacía para hallar la suma.

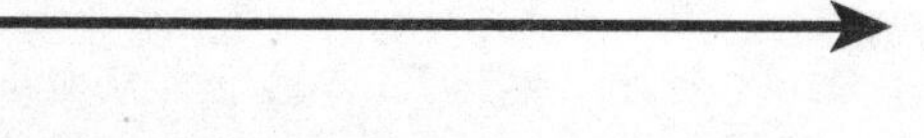

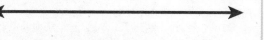

54 + 13 = ______

Cálculo mental

5. Usa el cálculo mental para hallar las sumas.

40 + 37 = ______

6 + 77 + 4 = ______

Sumas parciales

6. Usa sumas parciales para hallar la suma o total.

$$\begin{array}{r} 46 \\ +53 \\ \hline \end{array} \qquad \begin{array}{r} 29 \\ +61 \\ \hline \end{array}$$

Nombre ___

Escoge un proyecto

PROYECTO 10A

¿Cuánto duran dos de tus películas favoritas?

Proyecto: Escribe reseñas de películas

PROYECTO 10B

¿Cuántos tiros bloquea un equipo de básquetbol?

Proyecto: Haz un cartel sobre básquetbol

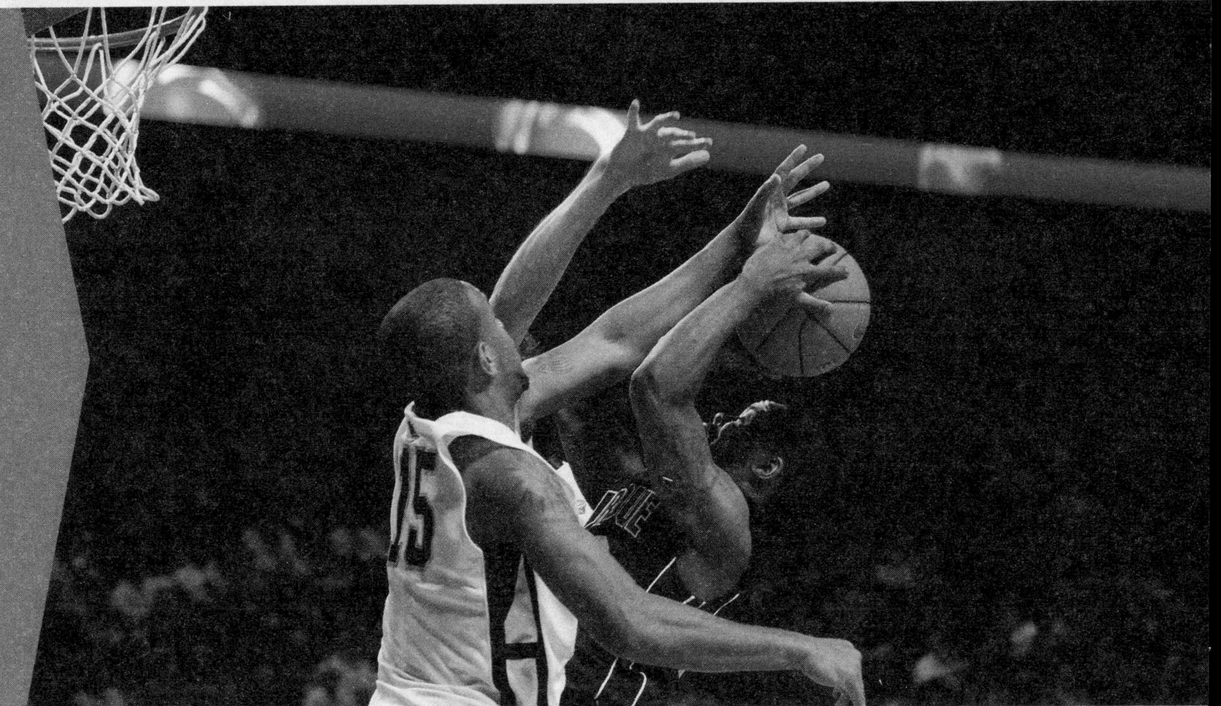

PROYECTO 10C

¿Cuántas millas hay entre la capital y otras ciudades?

Proyecto: Dibuja un mapa de un estado

PROYECTO 10D

¿Qué tan lejos se puede caminar en las montañas de Sierra Nevada?

Proyecto: Crea una guía para exploradores

Nombre ______________________________

Lección 10-1

Sumar 10 y 100

Puedo...
sumar mentalmente 10 o 100 usando lo que sé sobre el valor de posición.

También puedo buscar patrones.

Resuélvelo y coméntalo El vivero de Forest Park vende árboles.
Sally compra un arce por $125.
Un abeto cuesta $10 más que un arce.
Un olmo cuesta $100 más que un arce.
¿Cuánto cuesta un abeto? ¿Y un olmo?

Usa billetes, bloques de valor de posición o el cálculo mental para resolverlo. Debes estar listo para explicar cómo resolviste el problema.

Aprendizaje visual A-Z Glosario

Puente de aprendizaje visual

Puedes calcular mentalmente para sumar 10 o 100 a un número de tres dígitos.

Halla 243 + 10.
Halla 243 + 100.

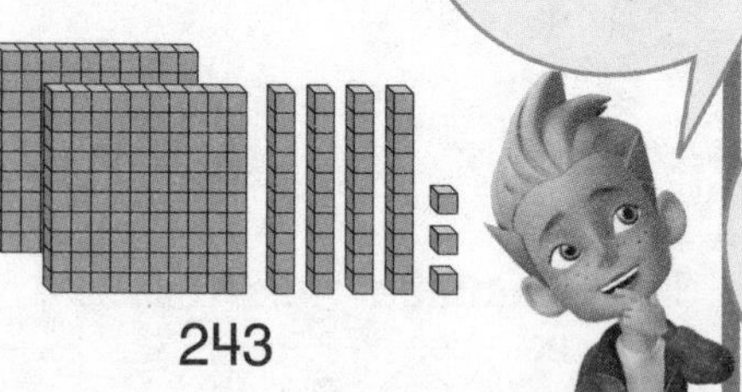
243

¿Cómo puedo sumar mentalmente 10 o 100?

243 + 10 = ?

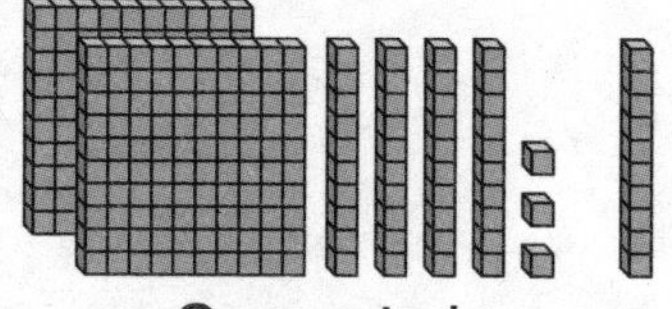

Suma 1 decena.

4 decenas más 1 decena es igual a 5 decenas.
Por tanto, 243 + 10 = 253.

243 + 100 = ?

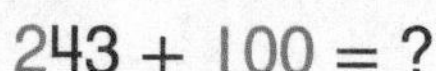

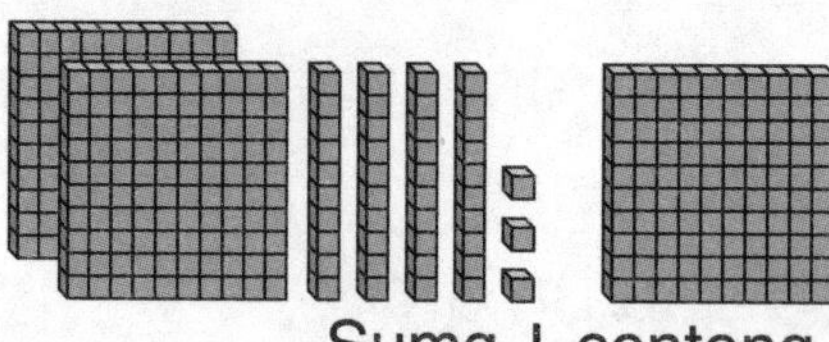

Suma 1 centena.

2 centenas más 1 centena es igual a 3 centenas.
Por tanto, 243 + 100 = 343.

A veces, al sumar 10, los dígitos de las decenas y de las centenas cambian.

Halla 290 + 10.

Sé que 290 = 29 decenas.
29 decenas más 1 decena es igual a 30 decenas o 300.
Por tanto, 290 + 10 = 300.

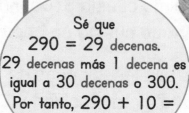

¡Convénceme! Usa el cálculo mental para hallar 567 + 10 y 567 + 100. Explica tu razonamiento.

Práctica guiada Suma. Usa bloques de valor de posición o el cálculo mental.

1. 325 + 10 = 335

2. 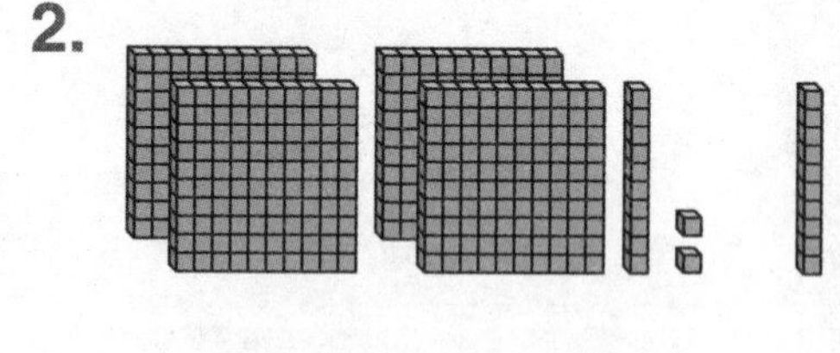
___ + ___ = ___

3. ___ + ___ = ___

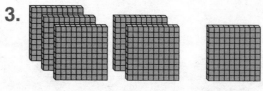

4. 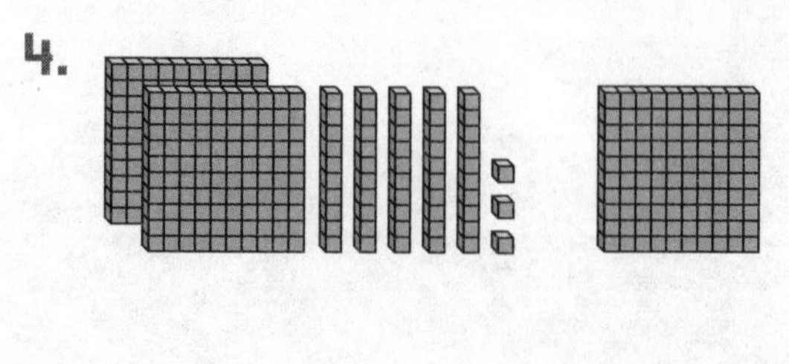
___ + ___ = ___

Nombre ______

Herramientas Evaluación

Práctica independiente

Suma. Usa bloques de valor de posición o el cálculo mental.

5. 164 + 100 = ______

6. \$837 + \$10 = ______

7. 329 + 100 = ______

8. 610 + 10 = ______

9. 295 + 10 = ______

10. \$497 + \$100 = ______

11. 790 + 10 = ______

12. 693 + 100 = ______

13. 900 + 100 = ______

14. 460 + 10 = ______

15. 185 + 10 = ______

16. 723 + 100 = ______

Álgebra Halla los números que faltan. Usa el cálculo mental para resolverlo.

17. 572 + ☐ = 672

18. 285 + ☐ = 385

19. 709 = 699 + ☐

20. 422 = 322 + ☐

21. 615 + ☐ = 625

22. 600 = ☐ + 590

Resolución de problemas Resuelve los problemas. Muestra tu trabajo.

23. **enVision® STEM** Los miembros del Club de ciencias entrevistaron a 178 personas sobre lo que opinan del reciclaje. Quieren entrevistar a 188 personas en total.

¿A cuántas personas más necesitan entrevistar?

_____ personas más

24. **Usar la estructura** Jordan tiene cuatro billetes de $100, tres billetes de $20, un billete de $10 y siete de $1. ¿Cuánto tendrá Jordan en total si Jayla le da un billete de $10 más? ¿Cuánto tendrá en total si ella le da un billete de $100 más?

_____

_____

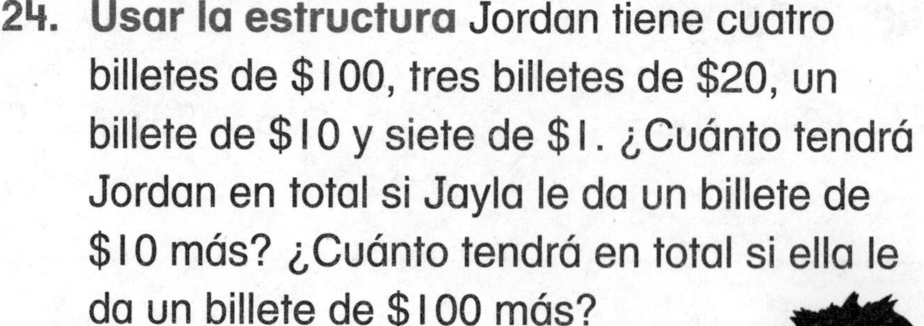
¿Hay un método corto que tenga sentido?

25. **Razonamiento de orden superior** Piensa en un número de 3 dígitos. Escribe un cuento en el que sumes 100 a tu número. Luego, escribe una ecuación para mostrar tu solución.

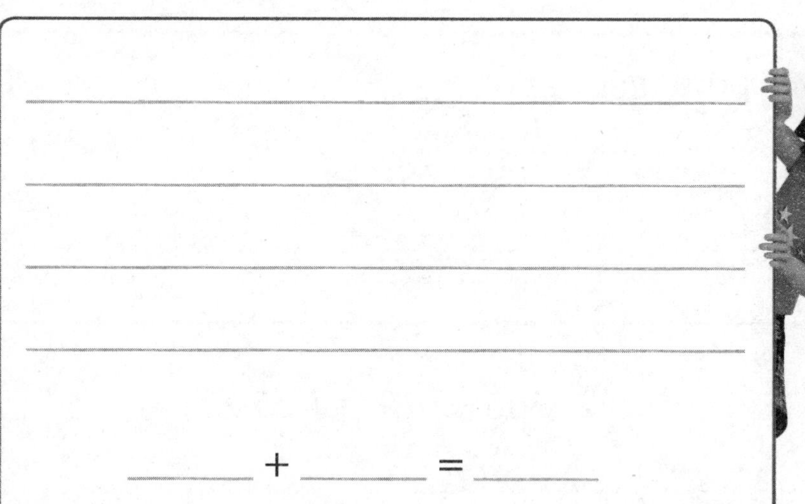

_____ + _____ = _____

26. **Práctica para la evaluación** ¿Qué ecuaciones son verdaderas? Escoge todas las que apliquen.

- ☐ $251 + $10 = $351
- ☐ 528 + 100 = 628
- ☐ 528 + 10 = 538
- ☐ $251 + $100 = $351

Nombre ______________________________

Resuélvelo y coméntalo Usa la recta numérica vacía para hallar 598 + 123. Explica tu trabajo.

Lección 10-2

Sumar en una recta numérica vacía

Puedo...
usar una recta numérica vacía para sumar números de 3 dígitos.

También puedo usar herramientas matemáticas correctamente.

_____ + _____ = _____

Halla 481 + 122. Usa una recta numérica vacía.

Una manera

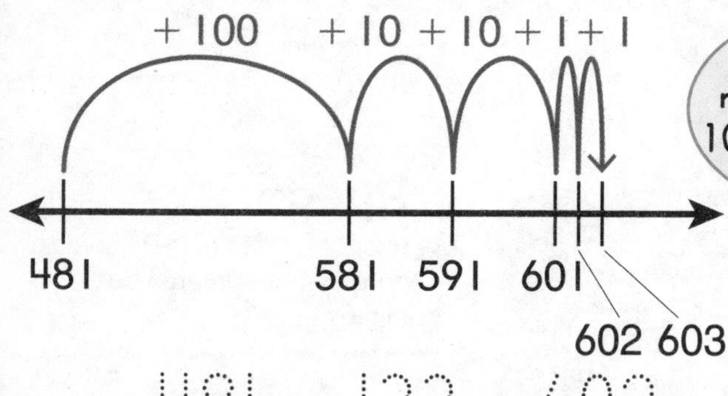

481 + 122 = 603

Esta manera muestra saltos de 100, de 10 y de 1.

Otra manera

Esta manera muestra cómo puedes hacer saltos más grandes.

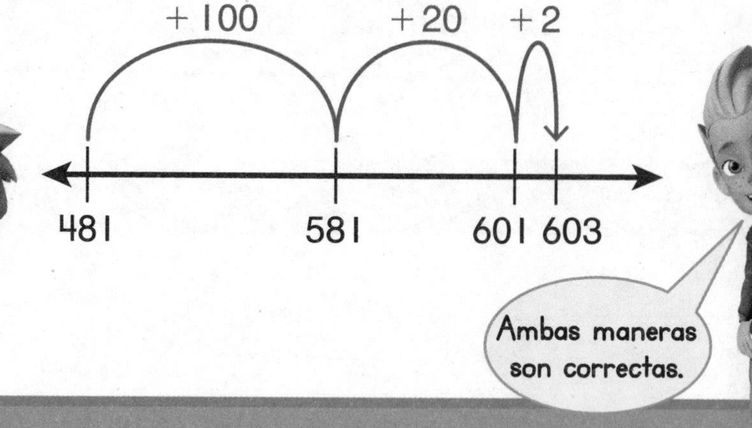

Ambas maneras son correctas.

¡Convénceme! Explica cómo puedes usar una recta numérica vacía para hallar 599 + 205.

Práctica guiada Usa una recta numérica vacía para hallar cada suma.

1. 375 + 118 = ____

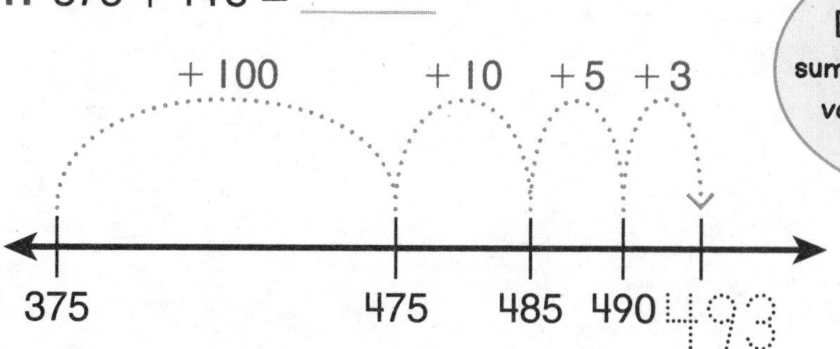

Descomponer un sumando no cambia el valor que se suma.

2. 670 + 232 = ____

Nombre ______________________

Herramientas Evaluación

Práctica independiente

Usa una recta numérica vacía para hallar cada suma.

3. 269 + 156 = ______

4. 637 + 242 = ______

5. 886 + 114 = ______

6. 208 + 598 = ______

7. Razonamiento de orden superior Lisa usa la siguiente recta numérica vacía para hallar 550 + 298 ¿Es correcto su trabajo? Explícalo.

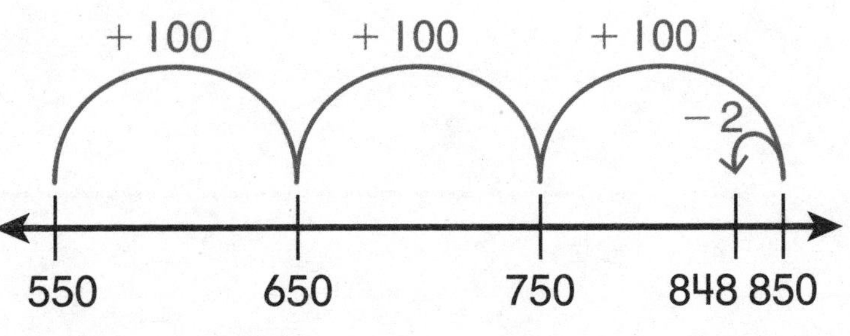

Resolución de problemas Usa una recta numérica vacía para hallar cada suma.

8. Razonar José tenía 181 tarjetas. Luego, reunió 132 más. ¿Cuántas tarjetas tiene ahora?

_____ tarjetas

9. Vocabulario Completa la oración usando dos de los siguientes términos.

sumar **decenas**
recta numérica vacía **regla**

Se puede usar una

____

para ____________________.

10. Razonamiento de orden superior Usa rectas numéricas vacías para hallar 446 + 215 de dos maneras.

446 + 215 = _____

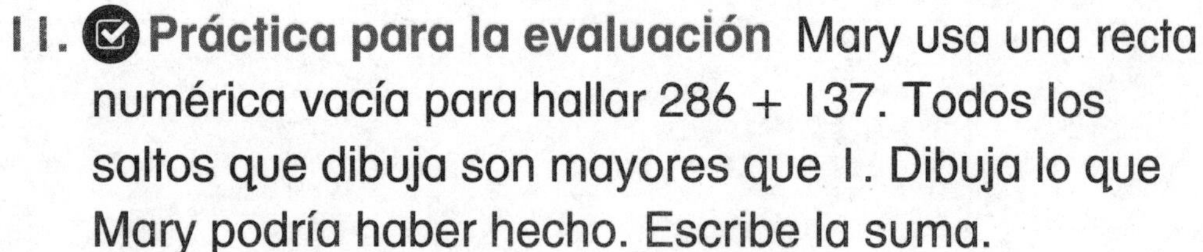

11. Práctica para la evaluación Mary usa una recta numérica vacía para hallar 286 + 137. Todos los saltos que dibuja son mayores que 1. Dibuja lo que Mary podría haber hecho. Escribe la suma.

286 + 137 = _____

Nombre ______________________________

Lección 10-3

Sumar usando modelos

Puedo...
usar modelos para sumar números de 3 dígitos y luego explicar mi trabajo.

También puedo usar herramientas matemáticas correctamente.

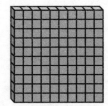

Resuélvelo y coméntalo Usa bloques de valor de posición para hallar 243 + 354. Comenta qué valor de posición sumaste primero y por qué. Luego, haz un dibujo para mostrar tu trabajo.

243 + 354 = ______

Halla 238 + 126.

Centenas	Decenas	Unidades
2 centenas	3 decenas	8 unidades
1 centena	2 decenas	6 unidades

Puedes mostrar los sumandos con bloques de valor de posición.

Une las centenas, las decenas y las unidades. Reagrupa si puedes.

Centenas	Decenas	Unidades
3 centenas	5 decenas	14 unidades o 1 decena y 4 unidades
3 centenas 300	6 decenas 60	4 unidades 4

Puedes reagrupar 10 unidades como 1 decena.

Por tanto, 238 + 126 = 364.

¡Convénceme! ¿Están reagrupadas las decenas en el ejemplo anterior? ¿Cómo lo sabes?

Práctica guiada

Usa bloques de valor de posición para hallar cada suma. Reagrupa, si es necesario.

1. 223 + 106 = ______

Centenas	Decenas	Unidades

2. 149 + 362 = ______

Centenas	Decenas	Unidades

Nombre ____________________

Herramientas Evaluación

Práctica independiente

Usa y dibuja bloques para hallar cada suma. Reagrupa, si es necesario.

3. 151 + 324 = ______

Centenas	Decenas	Unidades

4. 250 + 298 = ______

Centenas	Decenas	Unidades

5. 258 + 109 = ______

Centenas	Decenas	Unidades

6. 187 + 246 = ______

Centenas	Decenas	Unidades

7. 236 + 318 = ______

Centenas	Decenas	Unidades

8. 432 + 365 = ______

Centenas	Decenas	Unidades

9. **Sentido numérico** Jorge dice que la suma de 183 + 198 es menor que 300. ¿Es razonable la respuesta de Jorge? ¿Por qué?

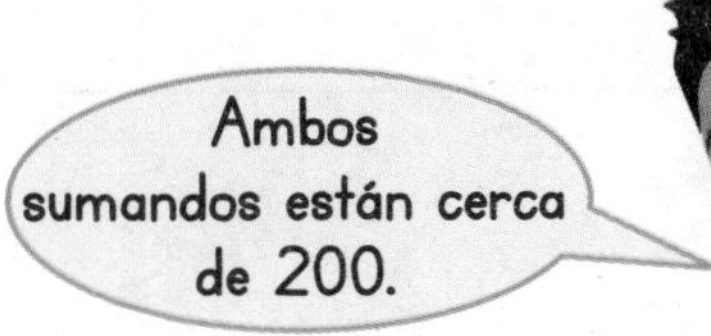
Ambos sumandos están cerca de 200.

____

____

____

Resolución de problemas Resuelve los problemas. Muestra tu trabajo.

¿Cómo se relacionan los números del problema?

10. Razonar 156 de los estudiantes de una escuela son niñas. 148 son niños. ¿Cuántos estudiantes hay en esa escuela?

_____ estudiantes

11. Razonamiento de orden superior Escribe un problema de suma acerca de calcomanías. Usa números de 3 dígitos. Luego, resuelve el problema.

____

____

____

____

____

____

12. Práctica para la evaluación ¿Cuál es la suma de 129 + 268?

Centenas	Decenas	Unidades

Ⓐ 292

Ⓑ 294

Ⓒ 389

Ⓓ 397

Reagrupa, si es necesario.

Nombre ______________________________

Resuélvelo y coméntalo La escuela Roble tiene 256 estudiantes. La escuela Pino tiene 371 estudiantes. ¿Cuántos estudiantes tienen las dos escuelas en total?

Usa bloques de valor de posición como ayuda. Dibuja tus bloques a continuación y resuelve el problema.

Lección 10-4

Más sobre sumar usando modelos y el valor de posición

Puedo...

usar modelos y el valor de posición para sumar números de 3 dígitos.

También puedo representar con modelos matemáticos.

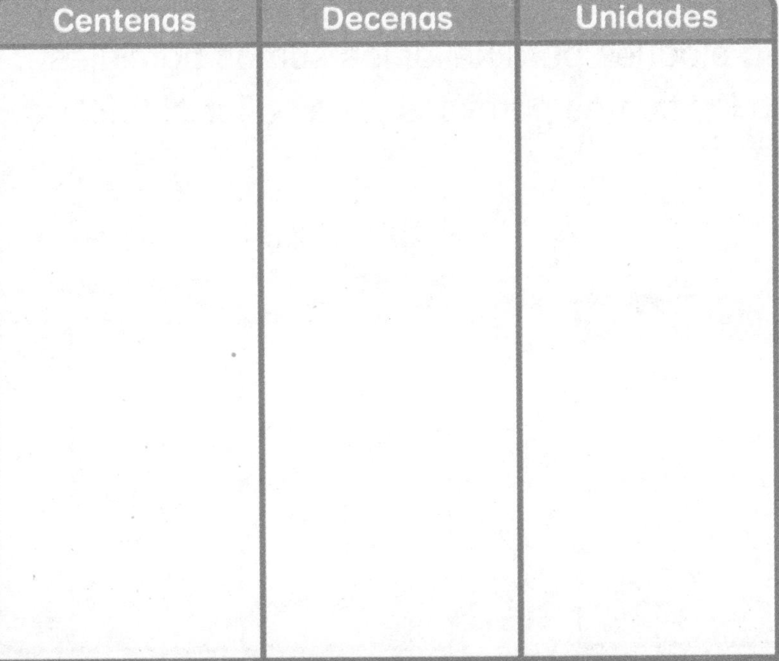

Centenas	Decenas	Unidades

Halla 372 + 145.
Dibuja bloques de valor de posición.

Centenas	Decenas	Unidades
3 centenas	7 decenas	2 unidades
1 centena	4 decenas	5 unidades

Une las centenas, las decenas y las unidades.

Centenas	Decenas	Unidades
4 centenas	11 decenas	7 unidades
400	110	7

Las sumas parciales son 400, 110 y 7.

Suma las sumas parciales para obtener el total.

$$\begin{array}{r} 400 \\ 110 \\ +\ \ 7 \\ \hline 517 \end{array}$$

Por tanto,
372 + 145 = 517.

¡Convénceme! Mira el ejemplo anterior. ¿Por qué no hace falta reagrupar las 11 decenas para llegar a la suma final?

Práctica guiada

Dibuja bloques para hallar las sumas parciales. Anota las sumas parciales para hallar el total.

1. 236 + 252 = ______

Centenas	Decenas	Unidades

$$\begin{array}{r} 400 \\ 80 \\ +\ \ 8 \\ \hline 488 \end{array}$$

2. 328 + 124 = ______

Centenas	Decenas	Unidades

Nombre ______________________________

Práctica independiente Dibuja bloques para hallar las sumas parciales. Anota las sumas parciales para hallar el total.

3. 372 + 281 = ______

Centenas	Decenas	Unidades

4. 429 + 163 = ______

Centenas	Decenas	Unidades

5. 174 + 245 = ______

Centenas	Decenas	Unidades

6. Razonamiento de orden superior Ben dijo que la suma de 157 y 137 es 254. Nikki dijo que Ben cometió un error. ¿Quién tiene razón? Explícalo.

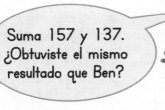

Suma 157 y 137. ¿Obtuviste el mismo resultado que Ben?

____

____

____

____

Resolución de problemas

Resuelve los siguientes problemas. Puedes usar modelos como ayuda.

Puedes dibujar bloques para representar el problema. Usa sumas parciales para resolverlo.

7. **Representar** El viernes, 354 personas fueron a la feria. El sábado fueron 551 personas.

¿Cuántas personas fueron a la feria en total?

Centenas	Decenas	Unidades

_____ personas

8. **Razonamiento de orden superior** Escribe una suma en la que la suma parcial de las decenas sea mayor que 10 decenas. Dibuja bloques y muestra las sumas parciales para resolverlo.

_____ + _____ = _____

Centenas	Decenas	Unidades

9. **Práctica para la evaluación** Halla 448 + 323. Dibuja bloques de valor de posición para resolverlo.

448 + 323 = _____

Centenas	Decenas	Unidades

Nombre ______________________________

Lección 10-5

Sumar usando el valor de posición y sumas parciales

Puedo...
sumar números de 3 dígitos usando el valor de posición y las sumas parciales.

También puedo buscar patrones.

Resuélvelo y coméntalo El lunes, 248 personas visitaron el museo.
El martes, 325 personas visitaron el museo.
¿Cuántas personas visitaron el museo el lunes y el martes?
Resuelve el problema de la manera que prefieras. Debes estar listo para explicar tu razonamiento.

_____ personas

Halla 257 + 384.
Puedes dibujar bloques para mostrar los sumandos.

Centenas	Decenas	Unidades

Suma las sumas parciales para hallar el total.

	Centenas	Decenas	Unidades
	2	5	7
+	3	8	4
Centenas:	5	0	0
Decenas:	1	3	0
Unidades:		1	1
Suma =	6	4	1

Así puedes anotar la suma.

$$\begin{array}{r} 257 \\ +\,384 \\ \hline 500 \\ 130 \\ +\,11 \\ \hline 641 \end{array}$$

Por tanto, 257 + 384 = 641.

¡Convénceme! ¿Se puede resolver el problema anterior sumando primero las unidades, luego las decenas y por último las centenas? Explícalo.

Práctica guiada

Usa sumas parciales para sumar. Muestra tu trabajo. Usa bloques de valor de posición, si es necesario.

1. 425 + 148 = ______

	Centenas	Decenas	Unidades
	4	2	5
+	1	4	8
Centenas:	5	0	0
Decenas:		6	0
Unidades:		1	3
Suma =			

2. 394 + 276 = ______

$$\begin{array}{r} 394 \\ +\,276 \\ \hline \end{array}$$

Cuando escribas las sumas parciales, asegúrate de alinear los valores de posición.

Nombre ________________

Herramientas Evaluación

Práctica independiente

Usa sumas parciales para sumar. Muestra tu trabajo.

3. $\begin{array}{r} 347 \\ +242 \\ \hline \end{array}$

4. $\begin{array}{r} 183 \\ +249 \\ \hline \end{array}$

5. $\begin{array}{r} 278 \\ +406 \\ \hline \end{array}$

6. $\begin{array}{r} 367 \\ +493 \\ \hline \end{array}$

7. $\begin{array}{r} 518 \\ +347 \\ \hline \end{array}$

8. **Razonamiento de orden superior** Mark halló la suma de 127 y 345. Explica qué error cometió. ¿Cuál es la suma correcta?

El trabajo de Mark:

$$\begin{array}{lr} & 127 \\ & +\ 345 \\ \hline \text{Centenas:} & 400 \\ \text{Decenas:} & 6 \\ \text{Unidades:} & +\ 12 \\ \hline & 418 \end{array}$$

9. **Razonar** Rhea tiene un billete de $100, cuatro billetes de $20, uno de $10 y tres de $5. ¿Es esta cantidad mayor o menor que $210? Explícalo.

Resolución de problemas Resuelve los problemas. Muestra tu trabajo.

10. **Buscar patrones** En un bote van 349 personas. En otro bote van 255. ¿Cuántas personas hay en ambos botes en total?

Puedes usar el valor de posición y sumas parciales para sumar.

_____ personas

11. Hay 163 estudiantes en primer grado. Hay 217 en segundo grado. ¿Cuántos estudiantes hay en ambos grados?

_____ estudiantes

12. **Razonamiento de orden superior** Escoge un número entre 100 y 400. Suma 384 a tu número. ¿Cuál es la suma o total? Muestra tu trabajo.

Explica los pasos que seguiste para hallar la suma.

____

____

____

13. **Práctica para la evaluación** ¿Cuál de las opciones es la misma cantidad que 238 + 164? Escoge todas las que apliquen.

☐ 200 + 190 + 12 ☐ 300 + 90 + 12 ☐ 402 ☐ 400 + 10 + 2

Nombre ______________________________

Resuélvelo y coméntalo Halla 375 + 235. Explica qué estrategia usaste. Luego, explica por qué funciona tu estrategia.

Lección 10-6

Explicar las estrategias de suma

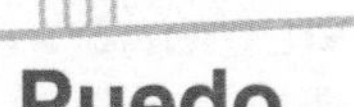

Puedo...

usar diferentes estrategias de suma para sumar y explicar por qué funcionan.

También puedo construir argumentos matemáticos.

Lauren, Nate y Josh hallan 257 + 126.de diferentes maneras.

Lauren usa una recta numérica vacía. Ella empieza en 257 y suma mentalmente las centenas, las decenas y las unidades.

Recta numérica de Lauren

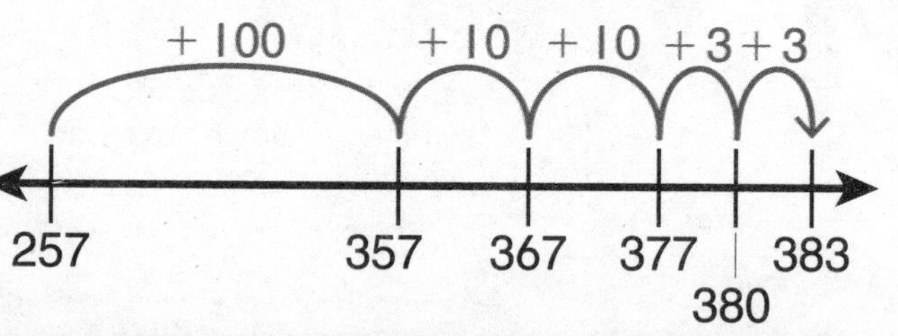

Nate dibuja bloques de valor de posición. Él reagrupa 10 unidades como 1 decena.

Bloques de valor de posición de Nate

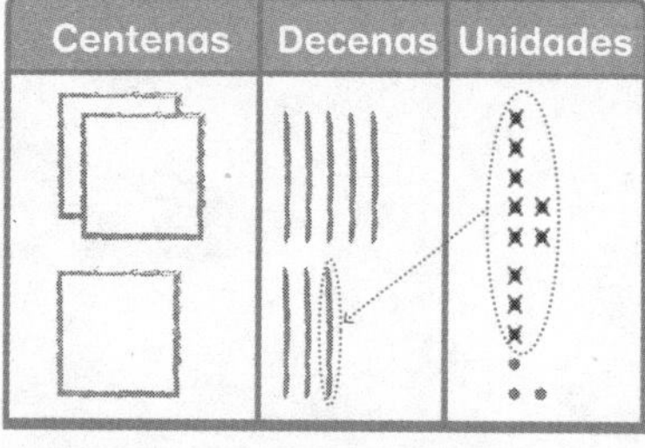

257 + 126 = 383

Josh usa el valor de posición. Él suma las unidades, las decenas y luego las centenas.

Sumas parciales de Josh

$$\begin{array}{r} 257 \\ +\ 126 \\ \hline 13 \\ 70 \\ +\ 300 \\ \hline 383 \end{array}$$

¡Convénceme! Escoge una de las estrategias que se mostraron. Explica por qué funciona.

Usa la estrategia para resolver el problema. Muestra tu trabajo. Luego, explícalo.

1. 624 + 248 = 872

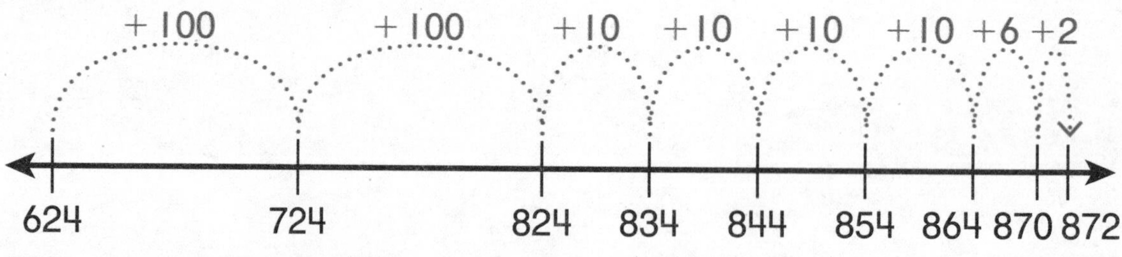

Empieza en 624. Suma 2 centenas. Luego, suma 4 decenas. Cuenta 6 hacia adelante hasta llegar a 870; luego, suma 2 y llegas a 872. Los saltos suman 248 en total.

Nombre ______________________________

Herramientas Evaluación

Práctica independiente Escoge cualquier estrategia para resolver las sumas. Muestra tu trabajo. Luego, explica por qué esa estrategia funciona.

2. 212 + 487 = ______

____
____
____

3. 874 + 109 = ______

____
____
____

4. 419 + 532 = ______

____
____

5. 650 + 270 = ______

¿Cuántas maneras puedes usar?

____
____
____

Resolución de problemas

Resuelve los problemas de la manera que prefieras. Muestra tu trabajo.

6. **Razonar** La escuela Clark necesita 407 carpetas para sus estudiantes. La escuela Palmer necesita 321. ¿Cuántas carpetas necesitan ambas escuelas?

_____ carpetas

7. **Razonar** Hay 229 personas en el partido de fútbol americano. 108 más llegan después. ¿Cuántas personas hay ahora en el partido?

_____ personas

8. **Razonamiento de orden superior** Tomás halló $125 + 598$. Dado que 598 está cerca de 600, sumó $125 + 600 = 725$. Luego, restó 2 y obtuvo 723.

¿Por qué Tomás restó 2? Explícalo.

9. **Práctica para la evaluación** Hay 192 hormigas en una granja de hormigas. 397 hormigas más se les unen. ¿Cuántas hormigas hay ahora en la granja? Usa la recta numérica para resolver el problema. Explícalo.

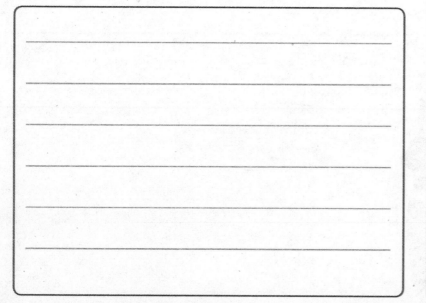

Nombre ______________________________

Lección 10-7

Razonamientos repetidos

Puedo...
resolver problemas y explicar los patrones que veo.

También puedo sumar números de tres dígitos.

Resuélvelo y coméntalo Resuelve estas sumas de la manera que prefieras. Explica cualquier patrón que veas.

63 + 28 = ?

263 + 128 = ?

63 + 28 = ?	263 + 128 = ?

Hábitos de razonamiento

¿Qué puedo usar de lo que hice en un problema como ayuda para resolver otro problema?

¿Hay algo que se repite?

¿En qué se parece sumar números de 3 dígitos a sumar números de 2 dígitos?

24 + 36 = ?

324 + 136 = ?

Puedo usar lo que sé y buscar cosas que se repiten. Puedo comprobar mi trabajo a medida que sumo cada lugar.

Usa dos rectas numéricas vacías.

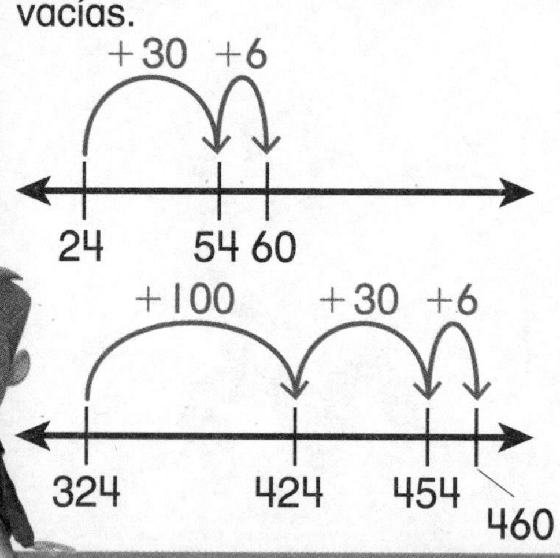

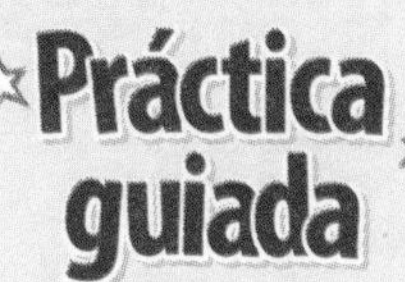

Usa sumas parciales.

24	324
+ 36	+ 136
10	10
+ 50	50
60	+ 400
	460

24 + 36 = 60

324 + 136 = 460

Usé razonamientos repetidos. Sumé las mismas unidades a unidades y decenas a decenas en ambos problemas. Repetí esto con dos estrategias.

¡Convénceme! Si en el ejemplo anterior comienzas con 36 y sumas 24, ¿obtendrías el mismo total? Explícalo.

Práctica guiada Usa el razonamiento repetido para resolver las dos sumas. Encierra en un círculo los dígitos que son iguales en los totales. Explica por qué los totales son diferentes.

1. 57 + 29 = ____

```
   57
 + 29
 ----
   16
 + 70
 ----
```

157 + 229 = ____

Nombre ______________________________

Práctica independiente

Resuelve los problemas.

2. Escribe una suma donde necesites reagrupar para formar una decena o una centena. Cada sumando tiene que tener tres dígitos. Dibuja bloques de valor de posición para resolver tu problema. Luego, explica por qué hay que reagrupar.

_____ + _____ = _____

Centenas	Decenas	Unidades

____

____

____

____

____

3. Escribe una suma en la que no necesites reagrupar para formar una decena o una centena. Cada sumando debe tener tres dígitos. Dibuja bloques de valor de posición para resolver tu problema. Luego, explica por qué no hay que reagrupar.

_____ + _____ = _____

Centenas	Decenas	Unidades

____

____

____

____

____

Resolución de problemas

Tarea de rendimiento

Boletos vendidos

La tabla muestra cuántos boletos se vendieron en un teatro.

¿Cuántos boletos se vendieron el jueves y el sábado en total?

BOLETOS

25145843

Boletos vendidos	
Jueves	128
Viernes	245
Sábado	367

25145843

4. **Entender** ¿Qué números y qué operación puedes usar para resolver el problema?

____

____

____

5. **Representar** Escribe una ecuación que represente el problema que debes resolver.

____ ◯ ____ = ____

6. **Generalizar** Usa lo que sabes sobre la suma de números de 3 dígitos para resolver el problema. Explica lo que hiciste.

____

____

____

____

Nombre ______________________________

Actividad de práctica de fluidez

Puedo...
restar hasta 100.

También puedo construir argumentos matemáticos.

Apunta y cuenta

Trabaja con un compañero. Necesitan papel y lápiz. Cada uno escoge un color diferente: celeste o azul. El compañero 1 y el compañero 2 apuntan a uno de los números negros al mismo tiempo. Ambos restan el número del compañero 2 del número del compañero 1. Si la respuesta está en el color que escogiste, puedes anotar una marca de conteo. Sigan la actividad hasta que uno de los dos tenga siete marcas de conteo.

Compañero 1: 59, 78, 92, 82, 64

53	19	43	62	37	30
48	65	81	32	51	76
14	71	58	66	48	25
44	37	55	47	33	67

Compañero 2: 45, 27, 16, 11, 34

Marcas de conteo para el compañero 1	Marcas de conteo para el compañero 2

TEMA 10 Repaso del vocabulario

A-Z Glosario

Lista de palabras
- cálculo mental
- centenas
- descomponer
- dígitos
- recta numérica vacía
- suma o total
- suma parcial
- sumando

Comprender el vocabulario

Escoge un término de la Lista de palabras para completar cada oración.

1. Cuando sumas 193 + 564, la suma de 90 + 60 se llama

   ______________________.

2. En 709 + 187, 709 es un/una ______________________.

3. Puedes usar un/una ______________________ para contar hacia adelante.

4. En 841 hay

   ______ centenas.

5. Indica el valor de cada dígito en 610.

   ____

6. Usa el cálculo mental para hallar 198 + 362.

   ____

Usar el vocabulario al escribir

7. Indica en palabras cómo hallarías 249 + 201. Usa términos de la Lista de palabras.

Nombre ______________________________

Grupo A

Puedes usar el cálculo mental para sumar 10 o 100 a 362.

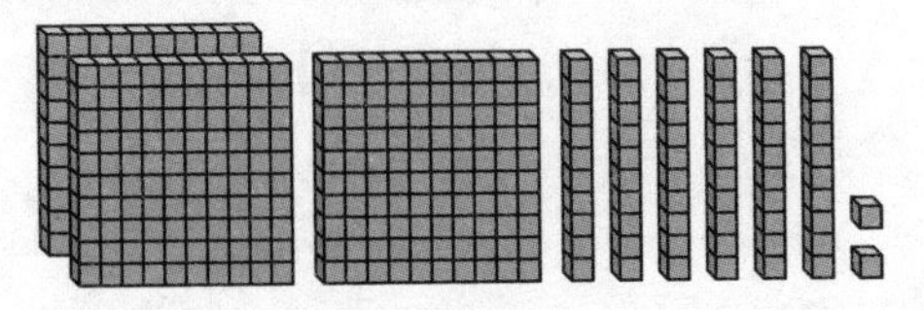

Sumar
1 decena

362 + 10 = 372

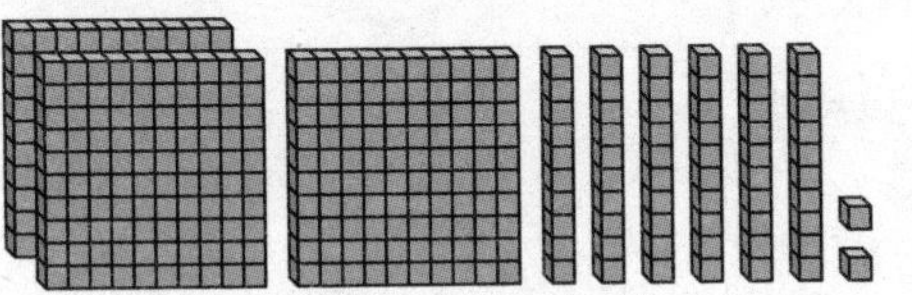

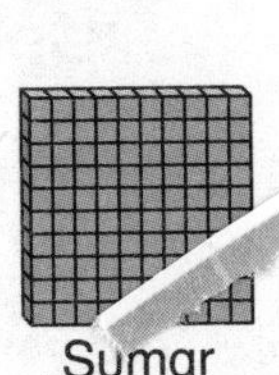

Sumar
1 centena

362 + 100 = 462

Suma usando bloques de valor de posición o el cálculo mental.

1. 600 + 10 = ______

2. 345 + 100 = ______

3. 543 + 100 = ______

4. 800 + 100 = ______

5. 799 + 10 = ______

6. 119 + 10 = ______

Grupo B

Puedes usar una recta numérica vacía para sumar. Halla 327 + 126.

Primero, sitúa 327 en la recta; luego, cuenta de 100 en 100, de 10 en 10 y de 1 en 1.

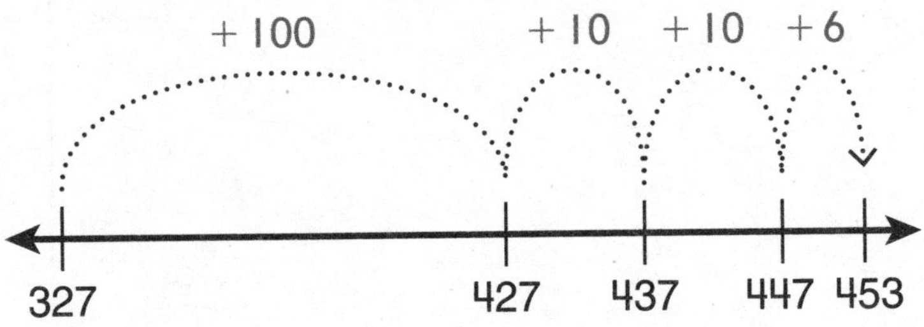

Por tanto, 327 + 126 = 453.

Usa una recta numérica vacía para hallar cada suma.

7. 594 + 132 = ______

8. 157 + 245 = ______

Grupo C

Puedes usar o dibujar bloques de valor de posición y usar sumas parciales para sumar. Halla 276 + 137.

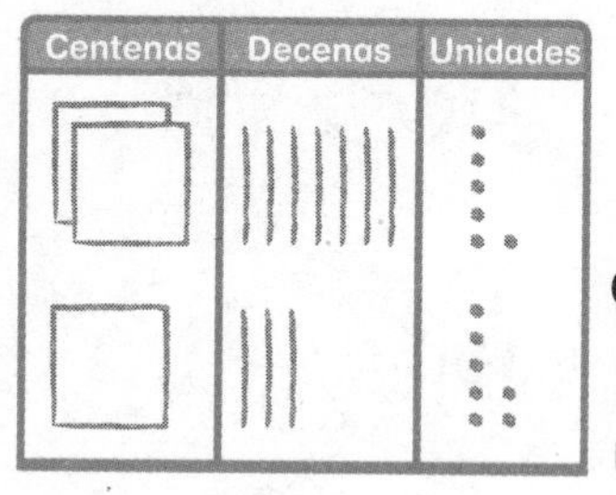

	Centenas	Decenas	Unidades
	2	7	6
+	1	3	7
Centenas:	3	0	0
Decenas:	1	0	0
Unidades:		1	3
Suma =	4	1	3

Suma. Usa sumas parciales. Muestra tu trabajo. Dibuja bloques, si es necesario.

9. 408 + 326 = ______

	Centenas	Decenas	Unidades
	4	0	8
+	3	2	6
Centenas:			
Decenas:			
Unidades:			
Suma =			

Grupo D

Hábitos de razonamiento

Razonamientos repetidos

¿Qué puedo usar de lo que hice en un problema como ayuda para resolver otro problema?

¿Hay algo que se repite?

Resuelve las sumas. Usa sumas parciales y razonamientos repetidos. Dibuja bloques, si es necesario.

10.

$$\begin{array}{r} 68 \\ +\ 14 \\ \hline \end{array} \qquad \begin{array}{r} 168 \\ +\ 214 \\ \hline \end{array}$$

Encierra con un círculo los dígitos que son iguales en los totales.

Nombre ______________________________

1. Emily tiene 100 calcomanías de soles, 382 calcomanías de estrellas y 10 de lunas. ¿Cuántas calcomanías de soles y de estrellas tiene Emily?

Ⓐ 492 Ⓒ 393

Ⓑ 482 Ⓓ 392

2. Percy colecciona tarjetas de béisbol. Le dio 138 a un amigo. Ahora tiene 428 tarjetas. ¿Cuántas tarjetas tenía Percy antes de regalar algunas de ellas?

______ tarjetas

3. Usa la recta numérica vacía para resolver el problema.
Escribe los números que faltan en los recuadros.

$421 + 250 = ?$

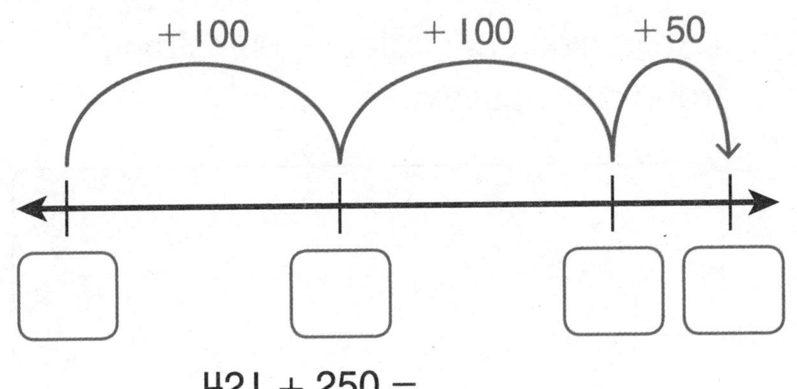

$421 + 250 =$ ______

4. ¿Cuál es la misma cantidad que $528 + 167$? Escoge todas las que apliquen.

☐ $500 + 80 + 15$ ☐ $500 + 180 + 15$ ☐ $600 + 90 + 5$ ☐ $600 + 80 + 15$

5. Escoge todas las ecuaciones cuya suma sea 488.

☐ $478 + 10 = ?$ ☐ $388 + 100 = ?$ ☐ $248 + 240 = ?$ ☐ $200 + 265 = ?$

6. Ricky tiene 335 monedas de 1¢.
Betty tiene 58 monedas más que Ricky.
¿Cuántas monedas de 1¢ tienen los dos en total?

Ⓐ 277

Ⓑ 393

Ⓒ 628

Ⓓ 728

Centenas	Decenas	Unidades

7. Usa el valor de posición y sumas parciales para hallar 472 + 256. Muestra tu trabajo.

	Centenas	Decenas	Unidades
	4	7	2
+	2	5	6
Centenas:			
Decenas:			
Unidades:			
Suma:			

472 + 256 = _____

8. Marcia leyó 184 páginas y Pat leyó 294.
¿Cuántas páginas leyeron los dos en total?

Usa cualquier estrategia. Muestra tu trabajo y explícalo.

_____ páginas

9. El sábado, 449 personas fueron al zoológico.
El domingo fueron 423 personas.
¿Cuántas personas fueron al zoológico en total?
Usa la recta numérica vacía para resolver el problema. Explica tu trabajo.

____

____

____

Nombre ______________________________

Concurso de reciclaje
La escuela El Álamo ha organizado un concurso de reciclaje. La tabla muestra cuántas latas reunió cada grado en el mes de febrero.

Latas reunidas en febrero	
Primer grado	264
Segundo grado	302
Tercer grado	392
Cuarto grado	425

1. ¿Cuántas latas reunieron los estudiantes del primer grado y los del segundo grado en total?

   Usa la recta numérica vacía para resolverlo.

   ______ latas

2. Beni usó sumas parciales para hallar cuántas latas reunieron los estudiantes del tercer y del cuarto grado en total.

   $$\begin{array}{lr} & 392 \\ & +\ 425 \\ \hline \text{Centenas:} & 700 \\ \text{Decenas:} & 11 \\ \text{Unidades:} & +\ \ 7 \\ \hline & 718 \end{array}$$

   ¿Estás de acuerdo con su respuesta?
   Encierra en un círculo **sí** o **no.**

   Explica tu respuesta.

3. ¿Qué dos grados reunieron 689 latas en total? Escoge cualquier estrategia para resolver el problema. Muestra tu trabajo. Explica la estrategia que usaste.

El ______ grado y el ______ grado reunieron 689 latas en total.

Estas son algunas de las estrategias que has aprendido.
Estrategias de suma
Recta numérica vacía
Compensación
Cálculo mental
Descomponer los números
Sumas parciales
Bloques de valor de posición
Reagrupación

4. Los estudiantes del segundo grado reunieron 432 latas en marzo. En abril, reunieron 198 latas. Tom y Rudy sumaron para hallar cuántas latas reunió la clase en marzo y abril.

La manera de Tom	La manera de Rudy
432	432
+ 198	+ 198
10	10
120	12
+ 500	+ 500
630	522

¿Quién sumó correctamente? Explícalo.

¿Quién no respondió correctamente? ¿En qué se equivocó?

Restar hasta 1,000 usando modelos y estrategias

Pregunta esencial: ¿Cuáles son las estrategias para restar números hasta 1,000?

Libro del estudiante

Aprendizaje visual

Práctica

Evaluación

Herramientas

Glosario

¡Las abejas ayudan a mover el polen de flor en flor!

Esto ayuda a que las plantas produzcan frutas y verduras.

¡Vaya! Hagamos este proyecto y aprendamos más.

Proyecto de enVision® STEM: Hacer modelos

Investigar Usa un pincel como un modelo de la pata de una abeja. Mete el pincel en un tazón con azúcar. Luego, mete el pincel en un tazón con pimienta. Hazlo por turnos. ¿Qué cambio ves en el azúcar? ¿Qué cambio ves en la pimienta?

Diario: Hacer un libro Muestra lo que aprendes en un libro. En tu libro, también:

- explica cómo las abejas ayudan a mover el polen de planta en planta.
- muestra cómo puedes usar un modelo para ayudarte a restar números de tres dígitos.

Nombre ____________________

Vocabulario

1. Encierra en un círculo los números **menores que** 607.

   598

   608

   706

2. Encierra en un círculo los números **mayores que** 299.

   352

   300

   298

3. Encierra en un círculo el grupo de números que **disminuye** en 100, de izquierda a derecha.

   650, 550, 450, 350

   320, 420, 520, 620

   570, 560, 550, 540

Restas

4. Escribe las diferencias.

   14 − 7 = ______

   11 − 4 = ______

   16 − 9 = ______

Diferencias parciales

5. Usa diferencias parciales para hallar 54 − 29.

Cuento de matemáticas

6. Ben tiene 64 revistas de historietas. Le regala 36 a un amigo. ¿Cuántas revistas le quedan a Ben?

   ______ revistas de historietas

Piensa en operaciones de suma como ayuda.

Nombre ______________________

Escoge un proyecto

PROYECTO
11A

¿Cuánto mide la secuoya más alta del mundo?

Proyecto: Crea un cuaderno sobre secuoyas

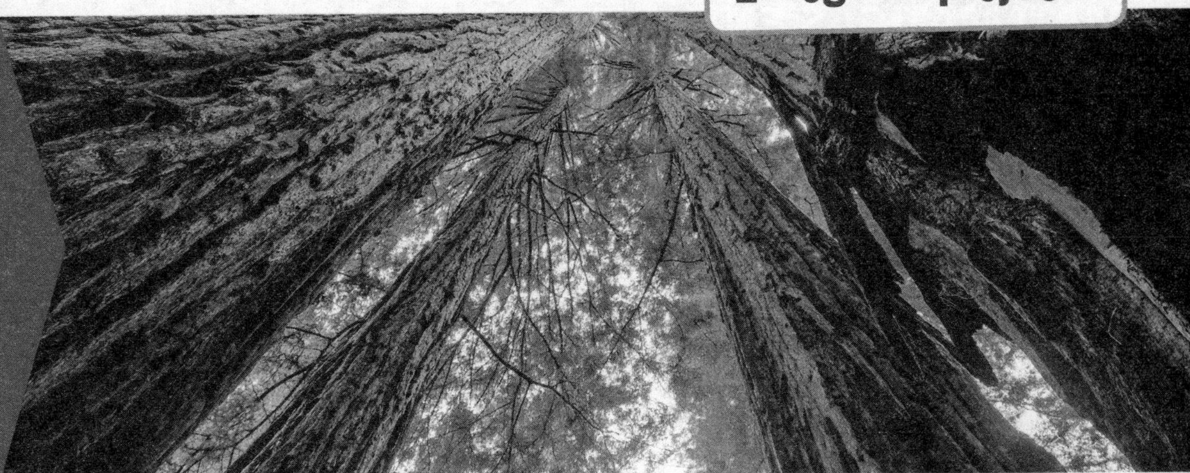

PROYECTO
11B

¿Dónde cae mucha nieve?

Proyecto: Construye una escultura de nieve

PROYECTO
11C

¿Qué tan altas son las montañas de la Florida?

Proyecto: Haz un cartel sobre las montañas de la Florida

MATEMÁTICAS EN 3 ACTOS: VISTAZO

Representación matemática

El juego de química

Video

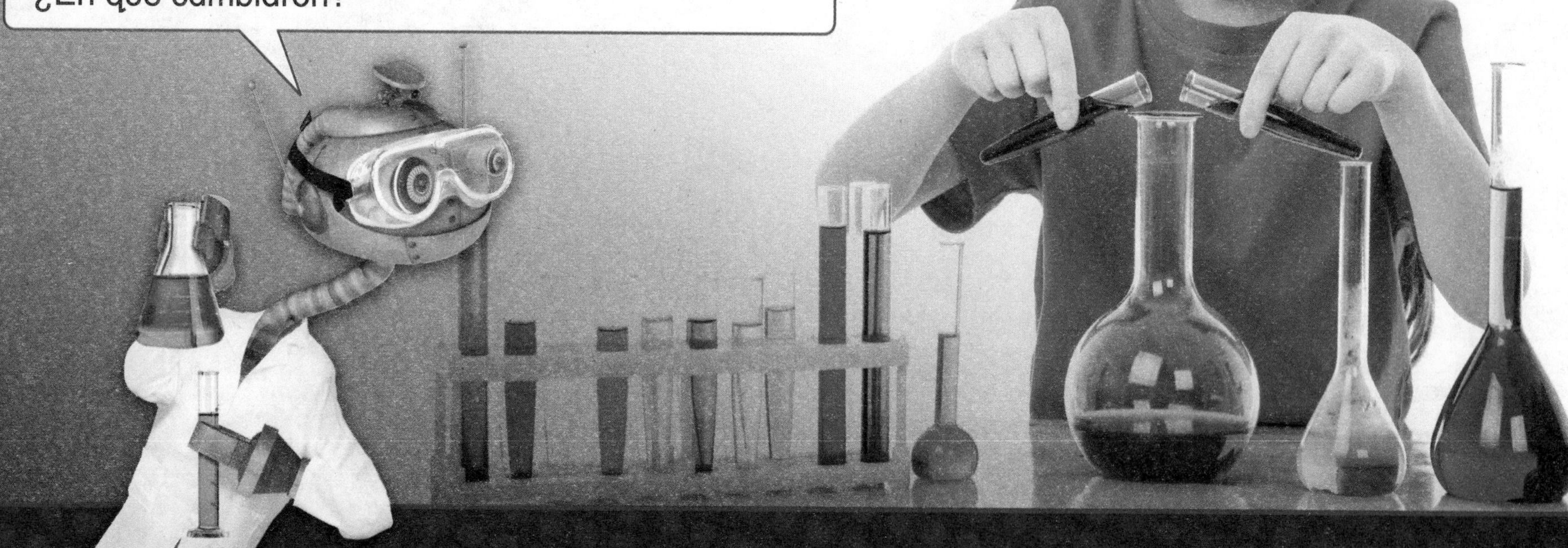

Antes de mirar el video, habla con un compañero:
¿Cuándo fue la última vez que mezclaste algo? ¿Qué pasó con los elementos que mezclaste? ¿En qué cambiaron?

Puedo...
representar con modelos matemáticos para resolver problemas relacionados con usar estrategias para sumar y restar.

Nombre ______________________________

Lección 11-1

Restar 10 y 100

Puedo...
restar mentalmente 10 o 100 usando lo que sé sobre el valor de posición.

También puedo buscar patrones.

Resuélvelo y coméntalo El huerto de calabazas de Jill vende espantapájaros.
Un espantapájaros grande cuesta \$134.
Un espantapájaros mediano cuesta \$10 menos que uno grande.
Un espantapájaros pequeño cuesta \$100 menos que uno grande.
¿Cuánto cuesta un espantapájaros mediano? ¿Y uno pequeño?

Usa billetes de dólar, bloques de valor de posición o el cálculo mental para resolverlo. Debes estar listo para explicar cómo resolviste el problema.

Puedes usar el cálculo mental para restar 10 o 100 de números de tres dígitos.
Halla 328 − 10.
Halla 328 − 100.

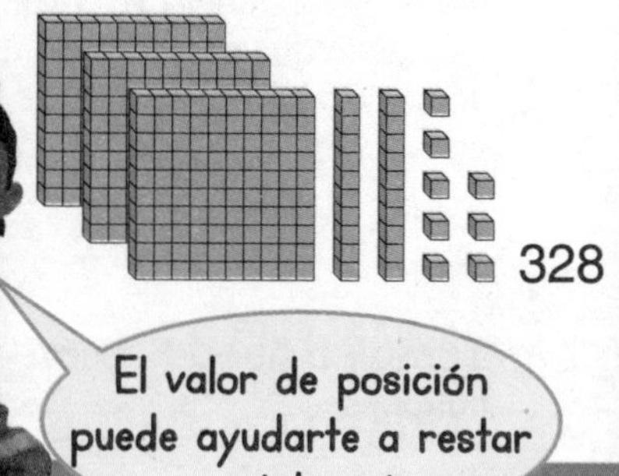

El valor de posición puede ayudarte a restar mentalmente.

328 − 10 = _____

2 decenas menos 1 decena es igual a 1 decena.

Por tanto, 328 − 10 = 318.

328 − 100 = _____

3 centenas menos 1 centena es igual a 2 centenas.

Por tanto, 328 − 100 = 228.

A veces, al restar 10, los dígitos de las decenas y de las centenas cambian.
Halla 500 − 10.

Sé que 500 = 50 decenas. 50 decenas menos 1 decena es igual a 49 decenas o 490.

Por tanto, 500 − 10 = 490.

¡Convénceme! Usa el cálculo mental para hallar 457 − 10 y 457 − 100. Explica tu razonamiento.

Resta. Usa bloques de valor de posición o el cálculo mental. Luego, escribe una ecuación para mostrar la resta.

1. 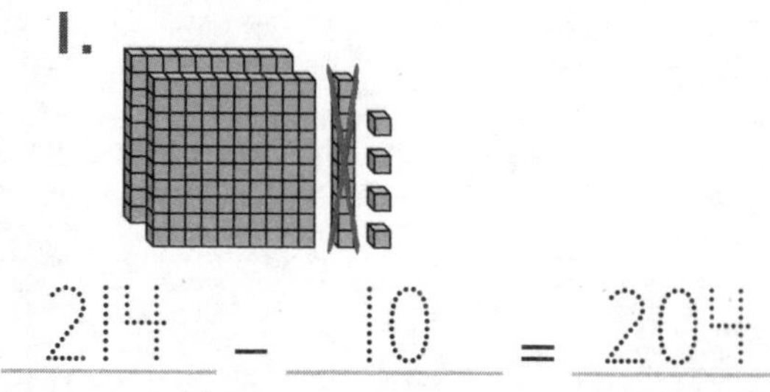

214 − 10 = 204

2. 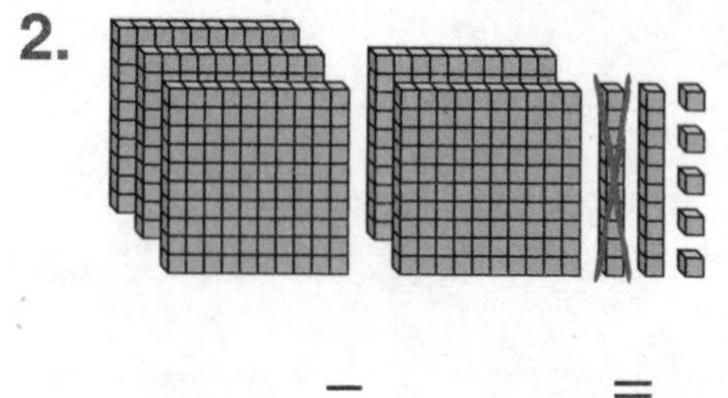

_____ − _____ = _____

3. 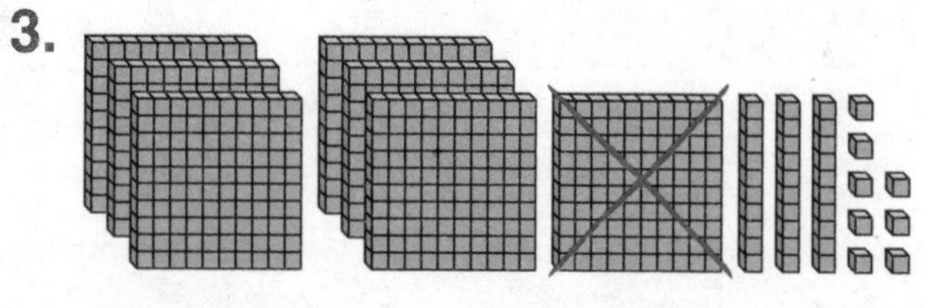

_____ − _____ = _____

4. 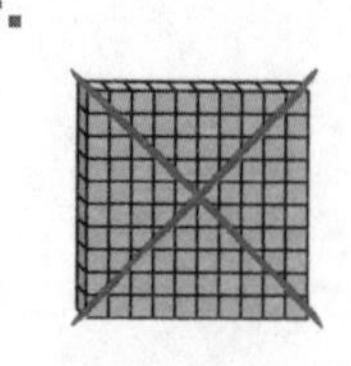

_____ − _____ = _____

Nombre ____________________

Práctica independiente

Resta. Usa bloques de valor de posición o el cálculo mental.

5. 250 − 10 = ______

6. 604 − 10 = ______

7. $102 − $100 = ______

8. 719 − 10 = ______

9. $400 − $100 = ______

10. 308 − 10 = ______

11. 520 − 100 = ______

12. 975 − 10 = ______

13. 143 − 100 = ______

14. $825 − $10 = ______

15. 409 − 10 = ______

16. $200 − $100 = ______

Álgebra Halla los números que faltan. Usa el cálculo mental.

17. 362 − ☐ = 352

18. 801 − ☐ = 701

19. 449 = 549 − ☐

20. 657 − ☐ = 647

21. 215 − ☐ = 205

22. 700 − ☐ = 690

Resolución de problemas Resuelve los problemas. Muestra tu trabajo.

23. **enVision® STEM** Marni está estudiando las abejas. Ella aprende que existe un tipo de abeja que puede polinizar 955 plantas al día. Otro tipo de abeja poliniza 100 plantas menos. ¿Cuántas plantas poliniza?

_____ plantas

24. **Representar** Alex tiene cinco billetes de \$100, tres de \$10 y cuatro de \$1. Compra un par de zapatos por \$100. ¿Cuánto dinero le queda?

_____

25. **Razonamiento de orden superior** Piensa en un número de 3 dígitos. Escribe un cuento sobre restar 100 de tu número. Luego, completa la ecuación para mostrar tu resta.

_____ − _____ = _____

26. **Práctica para la evaluación** ¿Qué ecuaciones son verdaderas? Escoge todas las que apliquen.

- ☐ 303 − 10 = 293
- ☐ 493 − 100 = 393
- ☐ 563 − 10 = 453
- ☐ 309 − 100 = 299

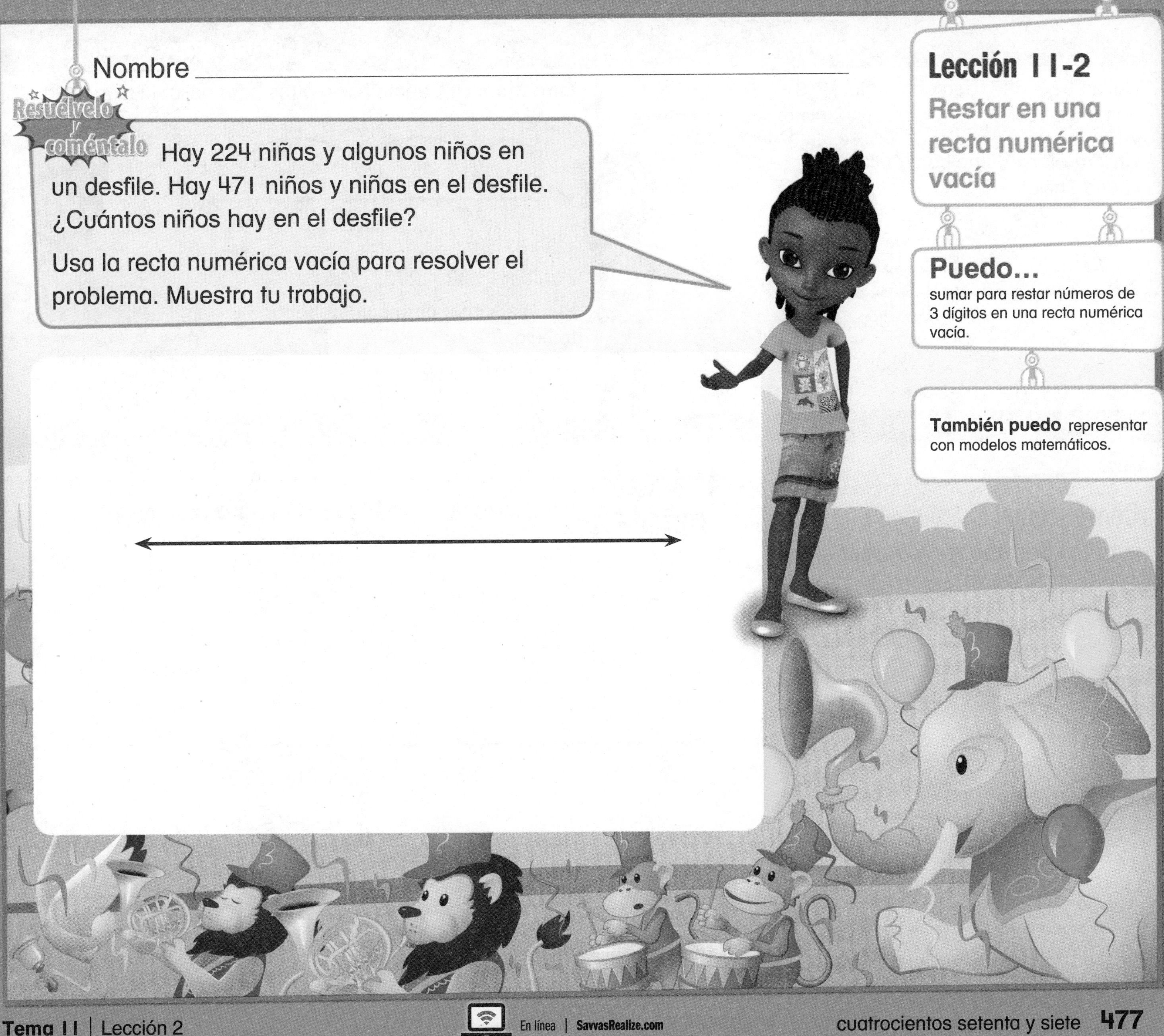

Nombre

Resuélvelo y coméntalo Hay 224 niñas y algunos niños en un desfile. Hay 471 niños y niñas en el desfile. ¿Cuántos niños hay en el desfile?

Usa la recta numérica vacía para resolver el problema. Muestra tu trabajo.

Lección 11-2

Restar en una recta numérica vacía

Puedo...
sumar para restar números de 3 dígitos en una recta numérica vacía.

También puedo representar con modelos matemáticos.

Halla 382 – 247. Usa una recta numérica vacía.

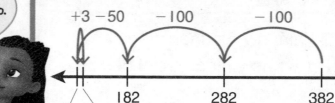

Suma desde 247, el número que estás restando. Detente en 382.

Una manera Suma para hallar la diferencia.

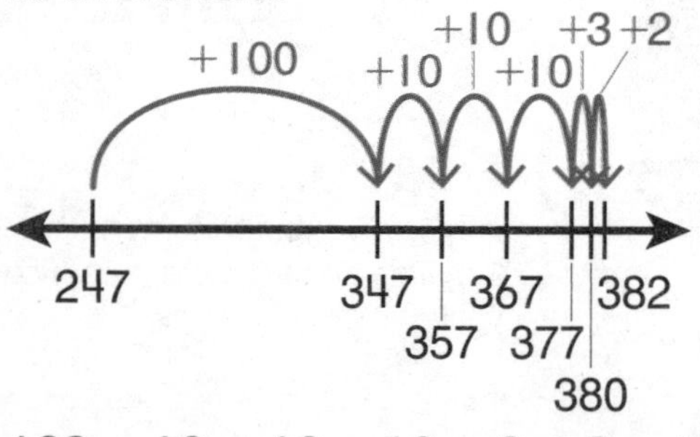

$100 + 10 + 10 + 10 + 3 + 2 = 135$

Otra manera Cuenta hacia atrás para hallar la diferencia.

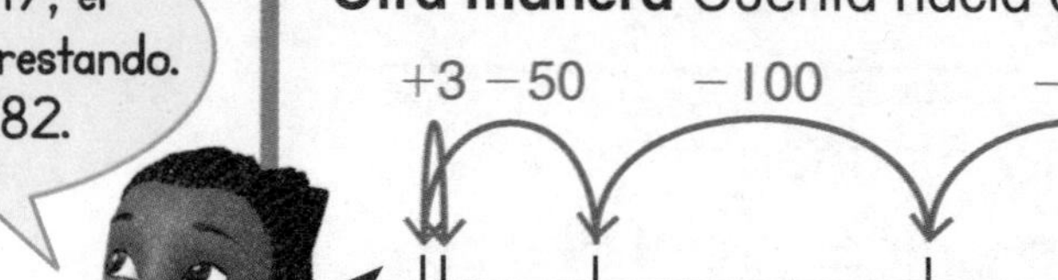

Por tanto, $382 - 247 = 135$.

Puedes sumar para comprobar tu trabajo.

$247 + 135 = 382$.
Por tanto, 135 es correcto.

247 está cerca de 250. Puedes contar 250 hacia atrás y luego sumar 3 para restar 247.

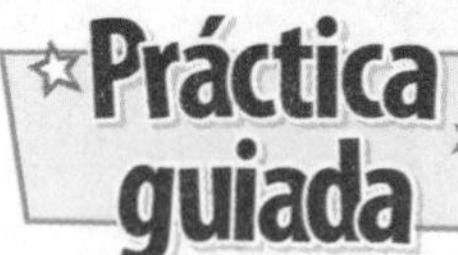

¡Convénceme! ¿Cuál es otra manera de sumar para hallar 382 – 247? Explícalo.

Práctica guiada

Usa la recta numérica vacía para restar.

1. $573 - 459 =$ ______

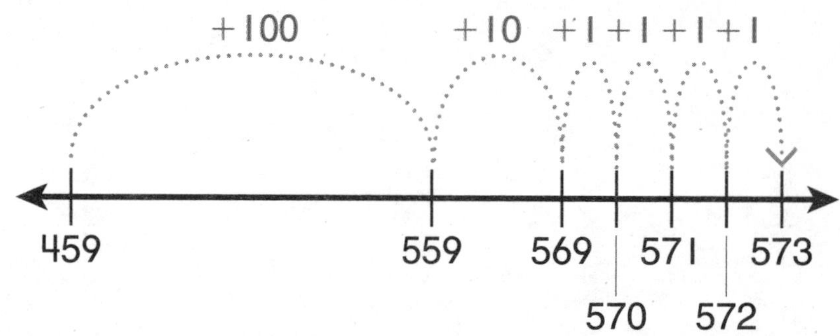

2. $672 - 547 =$ ______

Nombre ______

Herramientas Evaluación

Práctica independiente

Usa la recta numérica vacía para restar.

3. 530 − 318 = ____

4. 735 − 429 = ____

5. 802 − 688 = ____

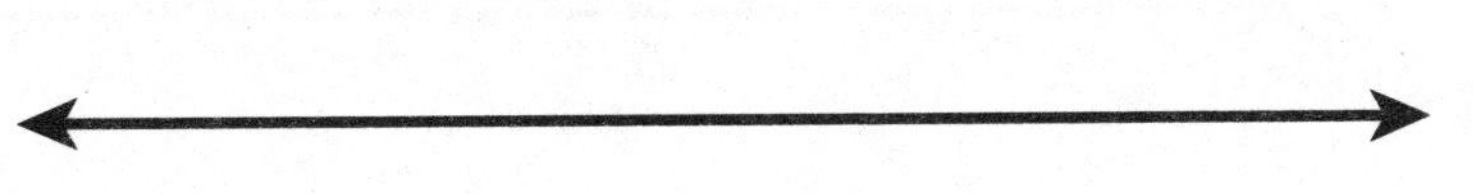

6. **Vocabulario** Completa las oraciones con las siguientes palabras. Usa cada palabra una vez.

unidades **suma** **número**

Puedes sumar para restar en una recta numérica vacía.

Empieza en el ______ que estás restando.

______ las centenas, decenas y

______.

Llega hasta el número del que restas.

Resolución de problemas Resuelve los problemas. Comprueba tu trabajo.

7. **Razonar** Julio tiene 780 bloques. Marsha tiene 545 bloques menos que Julio. ¿Cuántos bloques tiene Marsha?

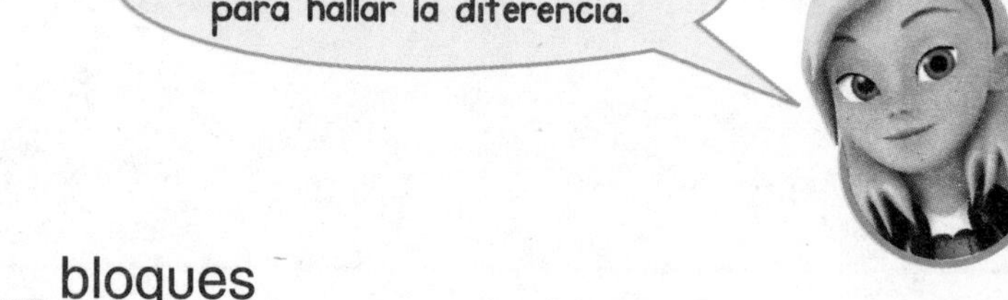

Suma o cuenta hacia atrás para hallar la diferencia.

_____ bloques

8. **Razonamiento de orden superior** Usa rectas numéricas vacías para hallar 463 − 258 de dos maneras.

463 − 258 = _____

9. **Práctica para la evaluación** Escribe un cuento de matemáticas para 653 − 529. Luego, resuélvelo.

Nombre ____________________

Resuélvelo y coméntalo Usa bloques de valor de posición para hallar 482 − 127. Di qué valor de posición restaste primero y por qué. Luego, haz un dibujo para mostrar tu trabajo.

Lección 11-3

Restar usando modelos

Puedo...
usar modelos para restar números de 3 dígitos.

También puedo usar herramientas matemáticas correctamente.

Halla 335 − 117.
Muestra 335 usando centenas, decenas y unidades.

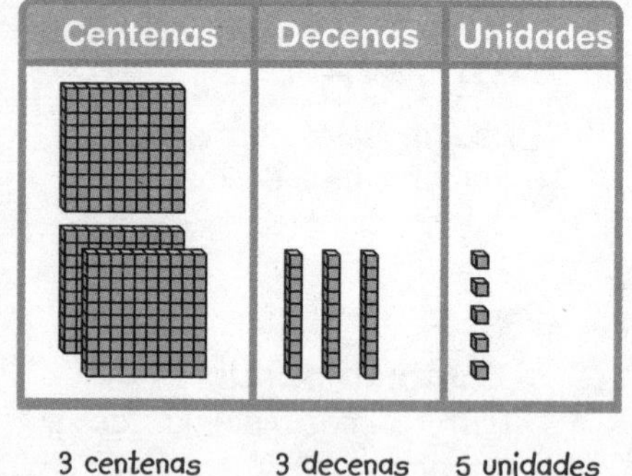

Centenas	Decenas	Unidades
3 centenas	3 decenas	5 unidades

Puedes comenzar quitando las centenas y las decenas

Quita 1 centena y 1 decena.

Centenas	Decenas	Unidades
2 centenas	2 decenas	5 unidades

Quita 7 unidades.
Primero, quita 5 unidades.
Reagrupa 1 decena como 10 unidades.
Luego, quita 2 unidades.

Centenas	Decenas	Unidades
2 centenas	1 decena	8 unidades

Por tanto, 335 − 117 = 218.

¡Convénceme! Explica por qué reagrupar funciona en la resta anterior.

Usa y dibuja bloques para hallar cada diferencia. Muestra tu trabajo.

1. 326 − 143 = 183

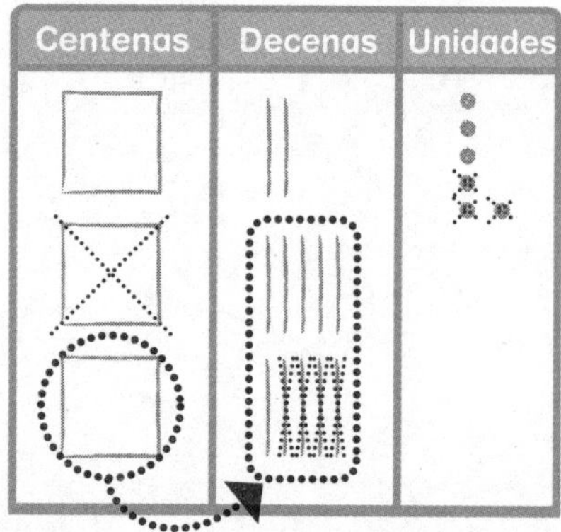

2. 363 − 127 = ______

Centenas	Decenas	Unidades

3. 546 − 271 = ______

Centenas	Decenas	Unidades

Nombre ______________________

Herramientas Evaluación

Práctica independiente

Usa y dibuja bloques para hallar cada diferencia. Muestra tu trabajo.

4. 314 – 152 = ______

Centenas	Decenas	Unidades

5. 653 – 419 = ______

Centenas	Decenas	Unidades

6. 438 – 162 = ______

Centenas	Decenas	Unidades

7. 662 – 480 = ______

Centenas	Decenas	Unidades

8. 999 – 834 = ______

9. 599 – 209 = ______

10. 954 – 738 = ______

11. **Sentido numérico** Tyler dice que la diferencia de 676 – 367 es mayor que 200. ¿Es razonable lo que dice Tyler? ¿Por qué?

____

____

____

____

A veces, puede ser de ayuda usar números cercanos que sean más fáciles de restar.

Resolución de problemas

Resuelve los siguientes problemas. Muestra tu trabajo.

12. Nadia recolectó latas para juntar dinero para su escuela. Recolectó 569 latas el lunes. Luego, recolectó algunas más el martes. Ahora tiene 789 latas. ¿Cuántas latas recolectó Nadia el martes?

_______ latas

13. Entender Josh tiene estos billetes. ¿Cuánto dinero tiene?

____

14. Razonamiento de orden superior Escribe un problema de resta que trate sobre el reciclaje. Usa números de 3 dígitos. Luego, resuélvelo.

____

____

____

____

____

15. Práctica para la evaluación Usa los bloques de valor de posición para hallar 864 – 319. ¿Cuál es la diferencia?

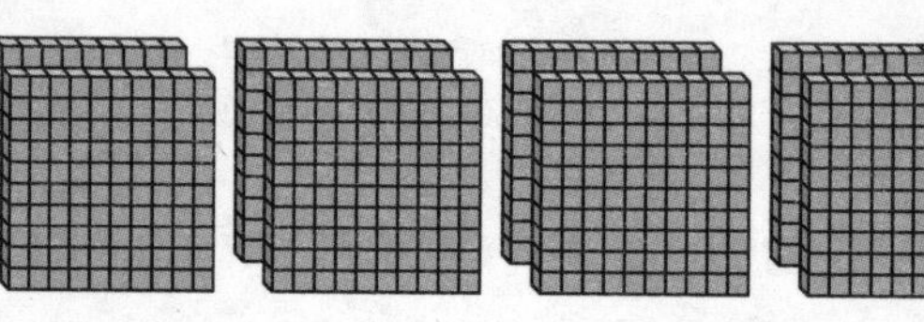

Ⓐ 454

Ⓑ 535

Ⓒ 545

Ⓓ 555

Reagrupa, si es necesario.

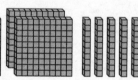

Nombre ______________________________

Lección 11-4

Restar usando modelos y el valor de posición

Puedo...
usar modelos y valor de posición para restar.

También puedo representar con modelos matemáticos.

Resuélvelo y coméntalo Larissa tiene $353. Compra un par de zapatillas de básquetbol por $117. ¿Cuánto dinero le queda?

Usa o dibuja bloques de valor de posición para resolverlo. Debes estar listo para explicar lo que hiciste, y por qué funciona.

Halla 328 − 133.

Una manera

Resta 1 centena de 3 centenas.

$$\begin{array}{r} 328 \\ -\ 100 \\ \hline 228 \end{array}$$

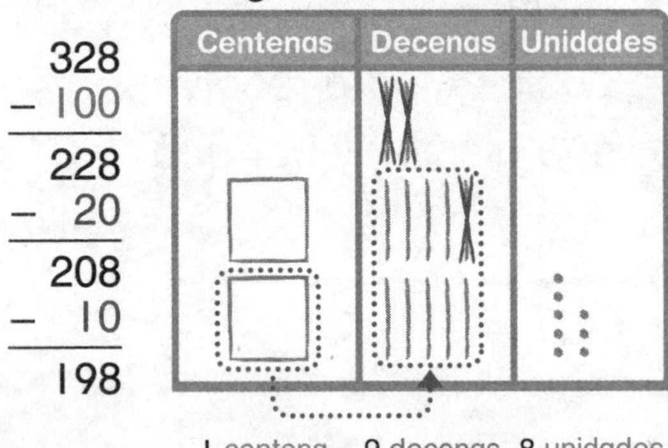

Centenas	Decenas	Unidades
2 centenas	2 decenas	8 unidades

Resta 3 decenas.
Primero, resta 2 decenas.
Reagrupa una centena como 10 decenas. Luego, resta 1 decena.

$$\begin{array}{r} 328 \\ -\ 100 \\ \hline 228 \\ -\ 20 \\ \hline 208 \\ -\ 10 \\ \hline 198 \end{array}$$

Centenas	Decenas	Unidades
1 centena	9 decenas	8 unidades

Resta 3 unidades de 8 unidades.

$$\begin{array}{r} 328 \\ -\ 100 \\ \hline 228 \\ -\ 20 \\ \hline 208 \\ -\ 10 \\ \hline 198 \\ -\ 3 \\ \hline 195 \end{array}$$

Centenas	Decenas	Unidades
1 centena	9 decenas	5 unidades

Por tanto, 328 − 133 = 195.

¡Convénceme! Halla 254 − 174 Jason dice que, para hallar la diferencia, puede restar 100, después 4 y después 70. ¿Estás de acuerdo? Explícalo.

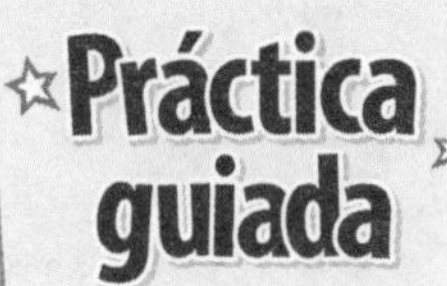

Práctica guiada Dibuja bloques para hallar las diferencias parciales. Anota las diferencias parciales para hallar la diferencia.

1. 485 − 136 = 349

$$\begin{array}{r} 485 \\ -\ 5 \\ \hline 480 \\ -\ 1 \\ \hline 479 \\ -\ 30 \\ \hline 449 \\ -\ 100 \\ \hline 349 \end{array}$$

Resta 5 unidades.
Resta 1 unidad.
Resta 3 decenas.
Resta 1 centena.

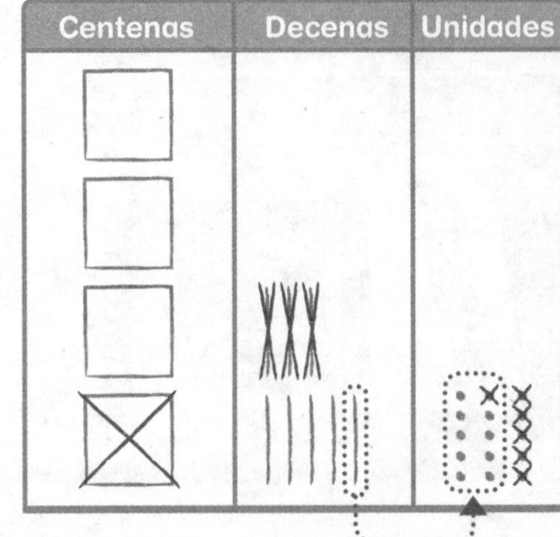

Nombre ____________________

Práctica independiente Dibuja bloques para hallar las diferencias parciales. Anota las diferencias parciales para hallar la diferencia.

2. 598 − 319 = ______

Centenas	Decenas	Unidades

3. 794 − 452 = ______

Centenas	Decenas	Unidades

4. 871 − 355 = ______

Centenas	Decenas	Unidades

Resuelve. Dibuja bloques como ayuda.

5. Razonamiento de orden superior Había 642 personas en la playa. 271 de esas personas eran adultos. Los demás eran niños. ¿Cuántos niños había en la playa?

Centenas	Decenas	Unidades

______ niños

Resolución de problemas

Resuelve los problemas. Puedes usar modelos como ayuda. Muestra tu trabajo.

6. **Representar** Jeff tiene 517 tarjetas de béisbol. Tiene 263 tarjetas de fútbol americano. ¿Cuántas tarjetas de béisbol más que de fútbol americano tiene?

Centenas	Decenas	Unidades

¿Puedes dibujar bloques de valor de posición para mostrar las diferencias parciales?

_______ tarjetas de béisbol más

7. **Razonar** Felipe tiene 453 estampillas en su colección. Emily tiene 762 estampillas en su colección. ¿Cuántas estampillas más tiene Emily?

Centenas	Decenas	Unidades

_______ estampillas más

8. **Práctica para la evaluación** ¿Qué números completan las diferencias parciales para restar 423 − 219? Marca todas las que apliquen.

$$\begin{array}{r} 423 \\ -\ 10 \\ \hline 413 \\ -\ 200 \\ \hline ? \\ -\ 3 \\ \hline 210 \\ -\ 6 \\ \hline ? \end{array}$$

☐ 213 ☐ 204

☐ 210 ☐ 200

Nombre ______________________________

Resuélvelo y coméntalo Halla 532 – 215. Usa cualquier estrategia. Luego, explica por qué tu estrategia funciona.

____

____

____

Lección 11-5

Explicar las estrategias de resta

Puedo...
explicar por qué las estrategias de resta funcionan usando modelos, el valor de posición y el cálculo mental.

También puedo construir argumentos matemáticos.

Halla 437 – 245. Usa cualquier estrategia.

Una manera Dibuja bloques de valor de posición para mostrar 437. Reagrupa 1 centena como 10 decenas. Luego, resta.

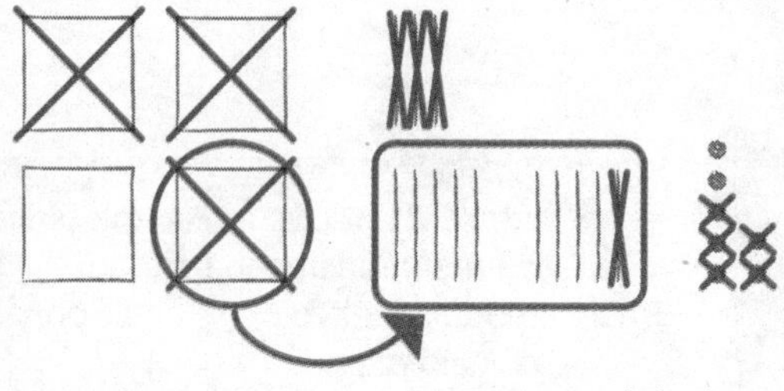

Por tanto, 437 – 245 = 192.

Otra manera Usa una recta numérica vacía para restar.

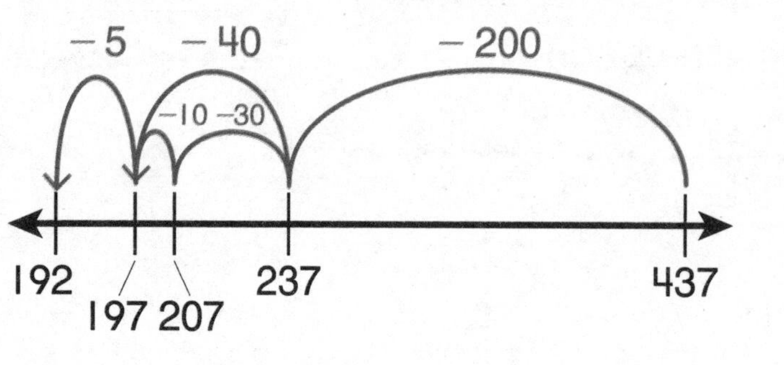

437
– 200
237
– 30
207
– 10
197
– 5
192

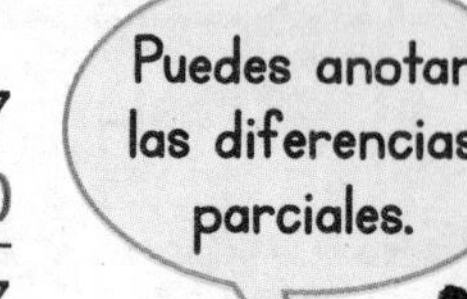

Por tanto, 437 – 245 = 192.

¡Convénceme! Muestra cómo contar hacia adelante en una recta numérica vacía para hallar 437 – 245. Explica por qué esa manera funciona.

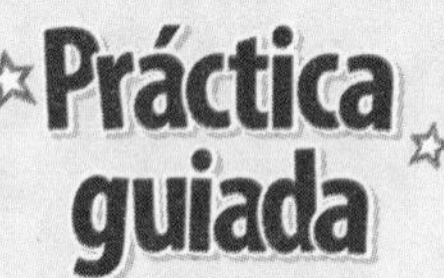

Resta de la manera que prefieras. Muestra tu trabajo. Luego, explica por qué la estrategia funciona.

1. 345 – 116 = 229

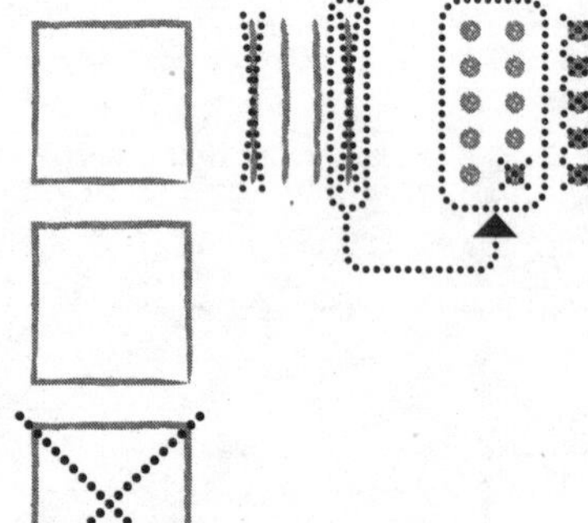

Nombre ______________________

Herramientas Evaluación

Práctica independiente

Escoge cualquier estrategia para resolver las restas. Muestra tu trabajo. Luego, explica por qué la estrategia funciona.

2. 312 − 179 = ______

____

____

____

____

3. 464 − 155 = ______

____

____

____

____

4. 612 − 478 = ______

____

____

____

____

5. Sentido numérico Usa el valor de posición para hallar 748 − 319. Completa las ecuaciones.

319 = 300 + ______ + 9

Centenas: 748 − ______ = ______

Decenas: ______ − 10 = ______

Unidades: ______ − ______ = ______

Resolución de problemas Resuelve los problemas. Muestra tu trabajo.

6. **Explicar** Ava quiere usar el cálculo mental para hallar 352 – 149. Muestra cómo podría hallar la diferencia. ¿Es esta una buena estrategia para Ava? Explica por qué.

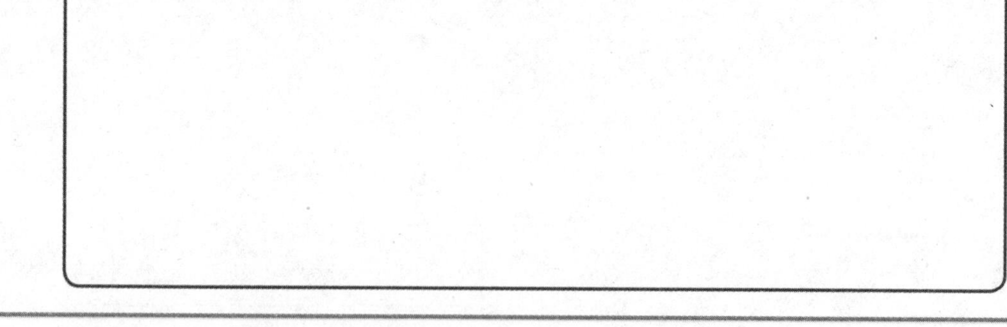

7. **Razonamiento de orden superior** Kristin halló que 562 – 399 = 163 usando una recta numérica vacía. Ella sumó para restar. Primero, sumó 1, después 100 y luego 62.

Dibuja la recta numérica de Kristin. ¿Te pareció útil la estrategia de Kristin? Explícalo.

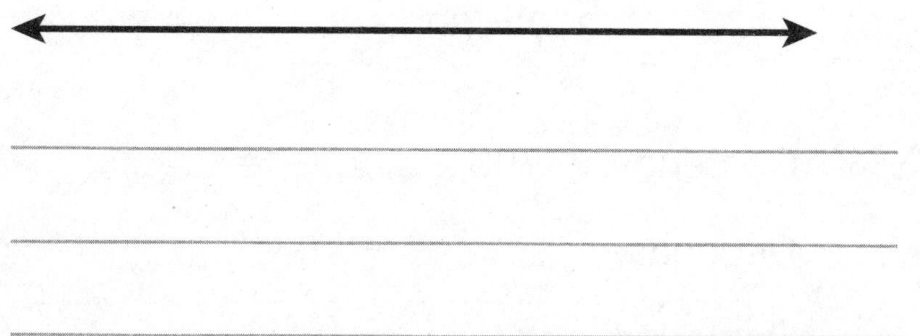

8. **Práctica para la evaluación** Jeff contó hacia atrás en esta recta numérica vacía para hallar 812 – 125.

Usa los números de las tarjetas para hallar los números que faltan en la recta numérica vacía. Escribe los números que faltan.

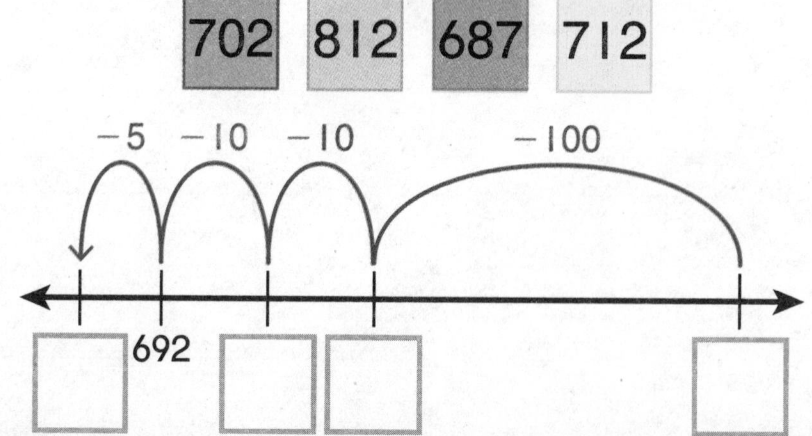

Nombre ____________________

Resuélvelo y coméntalo Juana quiere hornear 350 pastelitos. Hornea una tanda de 160 pastelitos y otra tanda de 145 pastelitos. ¿Cuántos pastelitos más tiene que hornear Juana?

Resuelve el problema de la manera que prefieras. Muestra tu trabajo. Debes estar listo para explicar por qué tu manera funciona.

Resolución de problemas

Lección 11-6

Perseverar

Puedo...
resolver problemas que requieren más de un paso.

También puedo sumar y restar números de tres dígitos.

Hábitos de razonamiento

¿Qué sé?

¿Qué necesito hallar?

¿Cómo puedo comprobar si mi solución tiene sentido?

El Grado 2 quiere vender 10 boletos más que el Grado 1 para una obra de teatro escolar.

El Grado 1 vendió 476 boletos.
El Grado 2 vendió 439 boletos.

¿Cuántos boletos más tiene que vender el Grado 2 para alcanzar su meta?

¿Qué puedo hacer para entender el problema?

Puedo ver lo que sé.
Puedo hallar preguntas escondidas.
Puedo escoger una estrategia para resolver el problema.

Un primer paso fácil es responder a la pregunta escondida.

¿Cuál es la meta del Grado 2?

Meta del Grado 2

476 + 10 = 486 boletos

Ahora puedo restar la cantidad de boletos que vendió el Grado 2 de su meta.

486 − 439 = ?

Cuenta hacia adelante para restar.

439 + 1 = 440
440 + 46 = 486
486 − 439 = 47

El Grado 2 tiene que vender 47 boletos más.

¡Convénceme! ¿Qué preguntas te puedes hacer cuando te veas en aprietos? Debes estar listo para explicar cómo te pueden ayudar las preguntas.

Práctica guiada Resuelve el problema. Recuerda que debes hacerte preguntas como ayuda. Muestra tu trabajo.

1. Kim tenía 455 caracoles. Primero, le regaló 134 caracoles a una amiga. Luego, encontró 54 caracoles más. ¿Cuántos caracoles tiene Kim ahora?

¿Qué debes hallar primero? ¿Qué operación vas a usar?

Nombre ______________________________

Práctica independiente

Usa la tabla para resolver los problemas. Muestra tu trabajo.

Pesos de animales salvajes (en libras)					
Animal	Lobo ártico	Oso negro	Oso pardo	Venado bura	Oso polar
Peso	176	270	990	198	945

2. ¿Cuánto más pesado que un lobo ártico y un oso negro juntos es un oso pardo?

3. ¿Cuánto menos que 2 venados bura pesa un oso negro?

4. ¿Cuánto más que un lobo ártico, un oso negro y un venado bura juntos pesa un oso polar?

Sabes cómo sumar tres números de 2 dígitos.
¿Cómo te ayuda eso a sumar tres números de 3 dígitos?

Resolución de problemas

Tarea de rendimiento

El gran camión

El dibujo de la derecha muestra la altura de un camión y la altura de una chimenea encima del camión. La altura de un puente es 144 pulgadas.

Usa la información de la derecha. ¿Podría pasar el camión por debajo del puente?

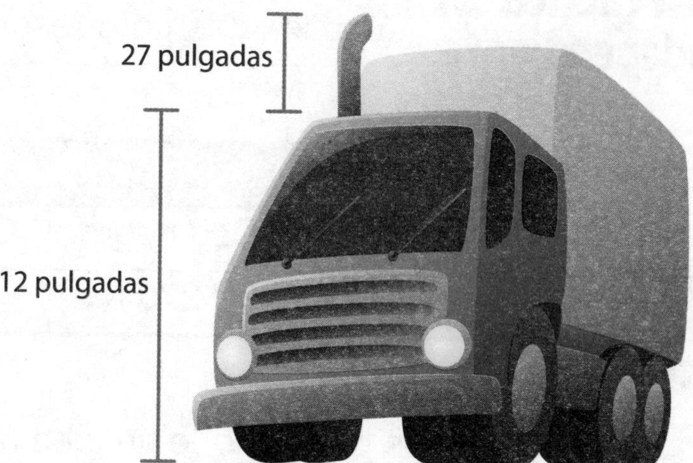

5. **Entender** ¿Qué sabes? ¿Qué estás tratando de averiguar?

6. **Entender** ¿A qué pregunta escondida debes responder primero? Halla la respuesta a la pregunta escondida.

7. **Explicar** ¿Puede pasar el camión por debajo del puente? Muestra tu trabajo. ¿Por qué tiene sentido tu solución?

Nombre ____________________

Actividad de práctica de fluidez

Sigue la ruta

Sombrea una ruta que vaya desde la **Salida** hasta la **Meta**. Sigue las sumas y las diferencias que son números pares. Solo te puedes mover hacia arriba, hacia abajo, hacia la derecha o hacia la izquierda.

Puedo...
sumar y restar hasta 20.

También puedo hacer mi trabajo con precisión.

Salida

6 + 6	10 + 8	16 − 8	9 − 0	14 − 4	6 − 2	10 + 10	8 − 3	2 + 7
5 + 4	9 − 4	11 − 9	10 + 5	13 − 5	2 − 1	7 + 9	10 − 9	10 + 9
15 − 8	3 + 10	5 + 1	9 + 8	6 + 8	12 − 5	7 + 7	16 − 9	13 − 8
12 − 9	14 − 7	14 − 6	16 − 7	9 + 9	5 + 6	8 − 6	2 + 5	4 + 7
8 + 9	9 + 6	7 + 5	12 − 8	1 + 7	18 − 9	6 − 0	17 − 9	15 − 7

Meta

Repaso del vocabulario

Lista de palabras

- cálculo mental
- centenas
- diferencia
- diferencias parciales
- reagrupar
- recta numérica vacía

Comprender el vocabulario

Traza una línea de cada término a su ejemplo.

1. centenas
2. recta numérica vacía
3. reagrupar

1 decena = 10 unidades

823 (el 8 subrayado)

⟵⟶

4. Esta recta numérica vacía está incompleta. Debe mostrar cómo contar hacia atrás para hallar 538 – 115. Escribe los números y rótulos que faltan.

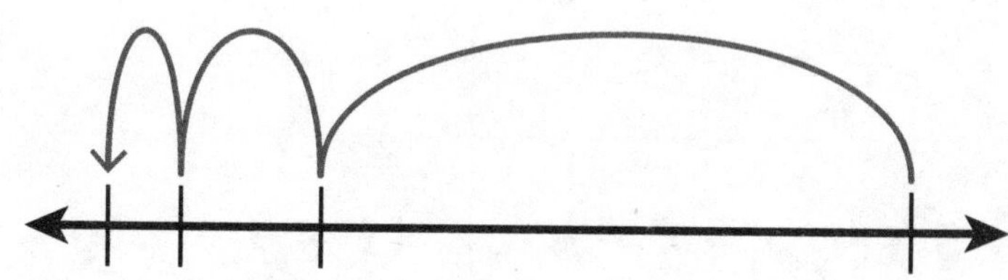

Usar el vocabulario al escribir

5. Halla 235 – 127. Usa términos de la Lista de palabras para explicar tu trabajo.

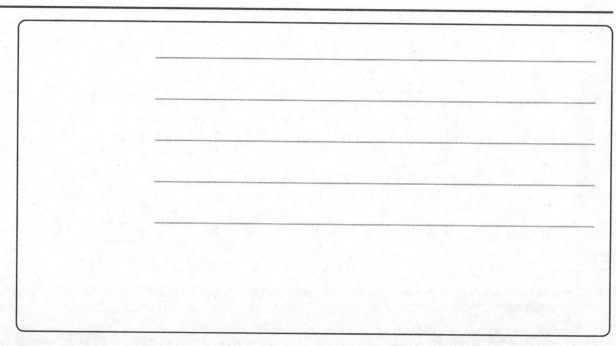

Nombre ______________________

TEMA 11

Refuerzo

Grupo A

Puedes restar mentalmente 10 o 100.

249 − 10 = ?

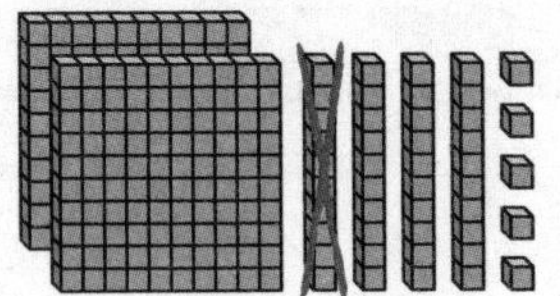

4 decenas menos 1 decena es 3 decenas.

249 − 10 = 239

249 − 100 = ?

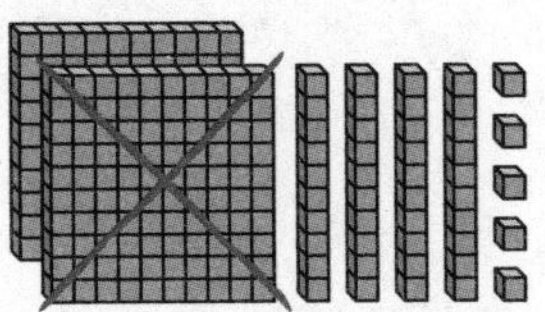

2 centenas menos 1 centena es 1 centena.

249 − 100 = 149

Resta usando bloques de valor de posición o el cálculo mental.

1. 426 − 10 = ______

2. 345 − 100 = ______

3. 287 − 100 = ______

4. 309 − 10 = ______

5. 800 − 10 = ______

6. 140 − 100 = ______

Grupo B

Halla 213 − 108.

Una manera
Comienza en 108 en una recta numérica vacía. Suma hasta llegar a 213.

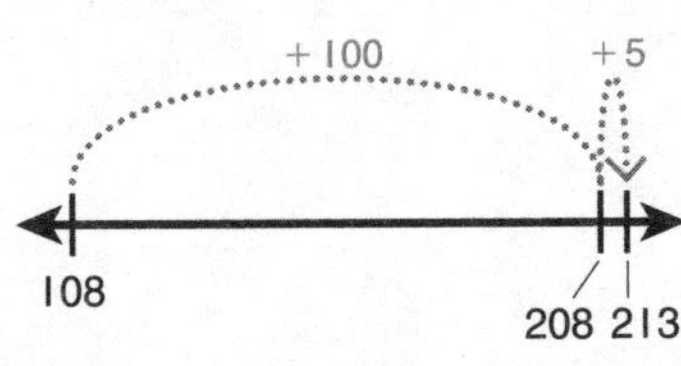

Otra manera
Cuenta hacia atrás desde 213 en una recta numérica vacía.

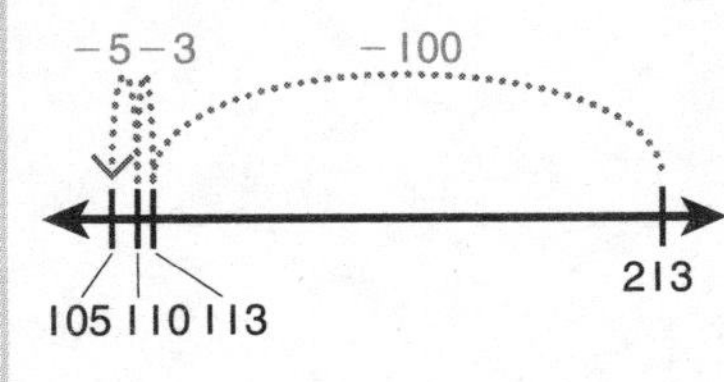

Por tanto, 213 − 108 = 105.

Usa la recta numérica vacía para restar.

7. 449 − 217 = ______

8. 903 − 678 = ______

Grupo C

Puedes dibujar bloques de valor de posición para mostrar la resta. Halla 327 − 219.

327 − 219 = 108

Centenas	Decenas	Unidades

Dibuja bloques para hallar las diferencias parciales. Anota las diferencias parciales para hallar la diferencia.

9. 653 − 427 = ______

Centenas	Decenas	Unidades

Grupo D

Hábitos de razonamiento

Perseverar

¿Qué sé?

¿Qué necesito hallar?

¿Cómo puedo comprobar si mi solución tiene sentido?

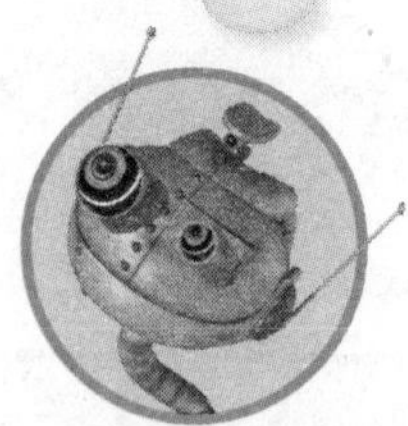

Resuelve el problema.
Hazte preguntas como ayuda.

10. Marni tiene 354 monedas de 1¢. Primero, le da 149 monedas de 1¢ a su hermana. Luego, su mamá le da 210 monedas de 1¢ más. ¿Cuántas monedas de 1¢ tiene Marni ahora?

Nombre ______________________________

1. ¿Qué opción es igual a 100 menos que 763? Escoge todas las que apliquen.

- ☐ 663
- ☐ 600 + 60 + 3
- ☐ 863
- ☐ 800 + 60 + 3
- ☐ 600 + 100 + 60

2. La siguiente recta numérica vacía muestra una resta.

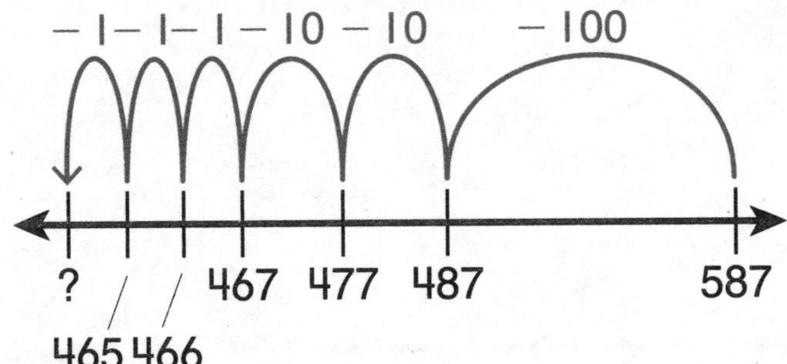

Completa la ecuación. Escribe los números que se restan y la diferencia.

_____ − _____ = _____

3. Nico reunió 235 monedas. Amber reunió 120 monedas menos que Nico. ¿Cuántas monedas reunieron en total?

Ⓐ 350

Ⓑ 115

Ⓒ 500

Ⓓ 550

4. Hay 537 niños y 438 niñas en el concierto. ¿Cuántos niños más que niñas hay en el concierto?

Ⓐ 89

Ⓑ 99

Ⓒ 101

Ⓓ 109

5. Muestra cómo sumar en una recta numérica vacía para hallar 740 – 490. Luego, escribe la diferencia.

740 – 490 = _____

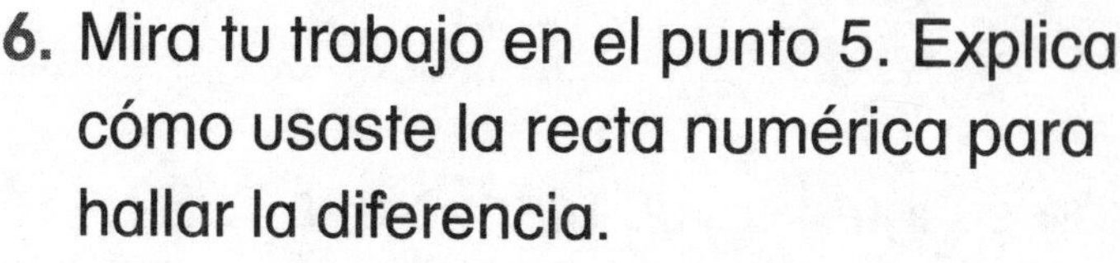

6. Mira tu trabajo en el punto 5. Explica cómo usaste la recta numérica para hallar la diferencia.

____

____

____

____

____

____

____

7. Usa el valor de posición y diferencias parciales para hallar 374 – 157. Muestra tu trabajo.

374 – 157 = _____

8. Dibuja bloques de valor de posición para hallar la diferencia de 643 – 418.

Centenas	Decenas	Unidades

643 – 418 = _____

Nombre ______________________________

Tarea de rendimiento

¡Cuéntalas!
La tabla muestra la cantidad de cuentas que se vendieron en la tienda de manualidades de Betty en 4 semanas.

Cantidad de cuentas vendidas	
Semana 1	400
Semana 2	536
Semana 3	675
Semana 4	289

1. ¿Cuántas cuentas más que en la semana 1 vendió Betty en la semana 2? Escribe los números que faltan en la ecuación. Luego, usa cualquier estrategia para resolverla.

_____ − _____ = _____

_____ cuentas más

2. Se vendieron 458 cuentas de cristal en la semana 3. Las otras cuentas que se vendieron en la semana 3 eran de plástico. ¿Cuántas cuentas de plástico se vendieron en la semana 3?

Usa la recta numérica vacía para resolverlo.

_____ − _____ = _____

Explica cómo resolviste el problema.
Di cómo sabes que tu respuesta es correcta.

3. Daniel compra 243 cuentas en la tienda de Betty. Usa 118 de ellas para hacer una pulsera. ¿Cuántas cuentas le quedan a Daniel?

Resuelve el problema. Muestra tu trabajo. Explica qué estrategia usaste.

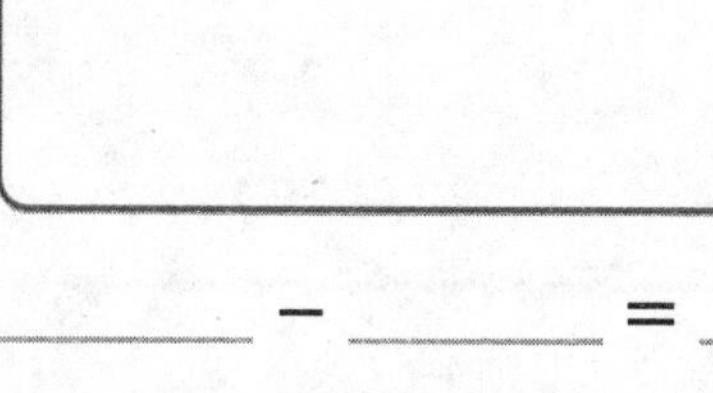

_____ – _____ = _____

_____ cuentas

Estas son algunas estrategias que puedes usar:

Estrategias

Usa el valor de posición.
Usa números más fáciles.
Suma en una recta numérica.
Cuenta hacia atrás en una recta numérica.
Usa modelos.
Usa otra estrategia.

4. Gisela compra 958 cuentas. 245 cuentas son azules. 309 cuentas son anaranjadas. 153 cuentas son blancas. El resto son rojas. ¿Cuántas cuentas rojas compra Gisela?

Parte A

¿Cuál es la pregunta escondida del problema?

____

____

Parte B

Resuelve el problema. Muestra tu trabajo. Explica qué estrategia usaste.

_____ cuentas rojas

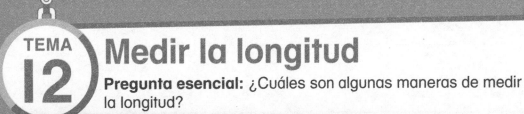

TEMA 12 Medir la longitud

Pregunta esencial: ¿Cuáles son algunas maneras de medir la longitud?

Recursos digitales

Libro del estudiante · Aprendizaje visual · Práctica · Evaluación · Herramientas · Glosario

¡Observa lo alto que pueden crecer los girasoles!

La luz del sol y el agua ayudan a que crezcan las plantas.

¡Qué interesante! Hagamos este proyecto para aprender más.

Proyecto de enVision® STEM: Crecer y medir

Investigar Cultiva plantas de frijoles. Asígnales números. Coloca algunas bajo la luz del sol y otras en un lugar oscuro. Riega con agua solo algunas de las plantas. Observa cómo crecen las plantas en cada grupo.

Diario: Hacer un libro Muestra lo que investigaste en un libro. En tu libro, también:

- cuenta si las plantas necesitan luz del sol y agua para crecer.
- halla plantas para medir. Haz dibujos de las plantas. Di cuál es la altura de cada planta.

Nombre ______________________________

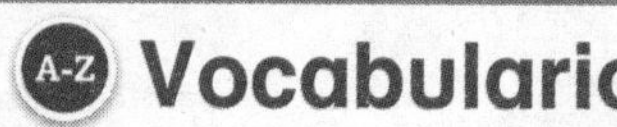
Repasa lo que sabes

Vocabulario

1. Dibuja una línea debajo del bate para mostrar su **longitud**.

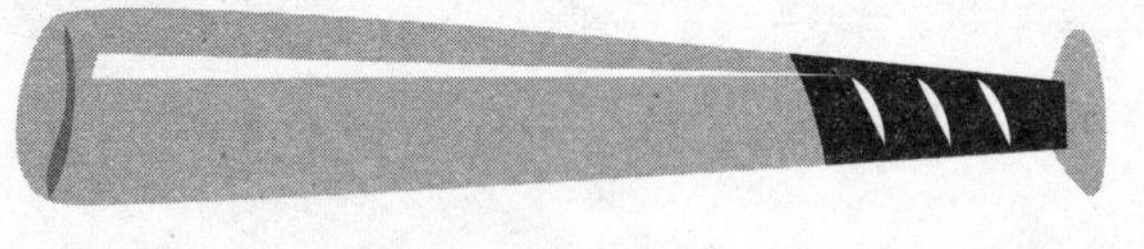

2. La escuela ha terminado. Encierra en un círculo ***a. m.*** o ***p. m.***

a. m.

p. m.

3. Dibuja las manecillas del reloj para que muestren las 10 **y cuarto**.

Estimar y medir la longitud

4. Usa cubos conectables.

Estima la longitud.

aprox. _____ cubos

Mide la longitud.

aprox. _____ cubos

5. Usa cubos conectables.

Estima la longitud.

aprox. _____ cubos

Mide la longitud.

aprox. _____ cubos

Contar salteado

6. Escribe los números que faltan.

5, 10, _____, 20, _____

210, 220, _____, 240

400, _____, 600, 700

Busca un patrón.

Nombre ______________________________

Escoge un proyecto

PROYECTO
12A

¿Cómo se usan las medidas para diseñar ropa?

Proyecto: Mide pies y crea diseños de calcetines

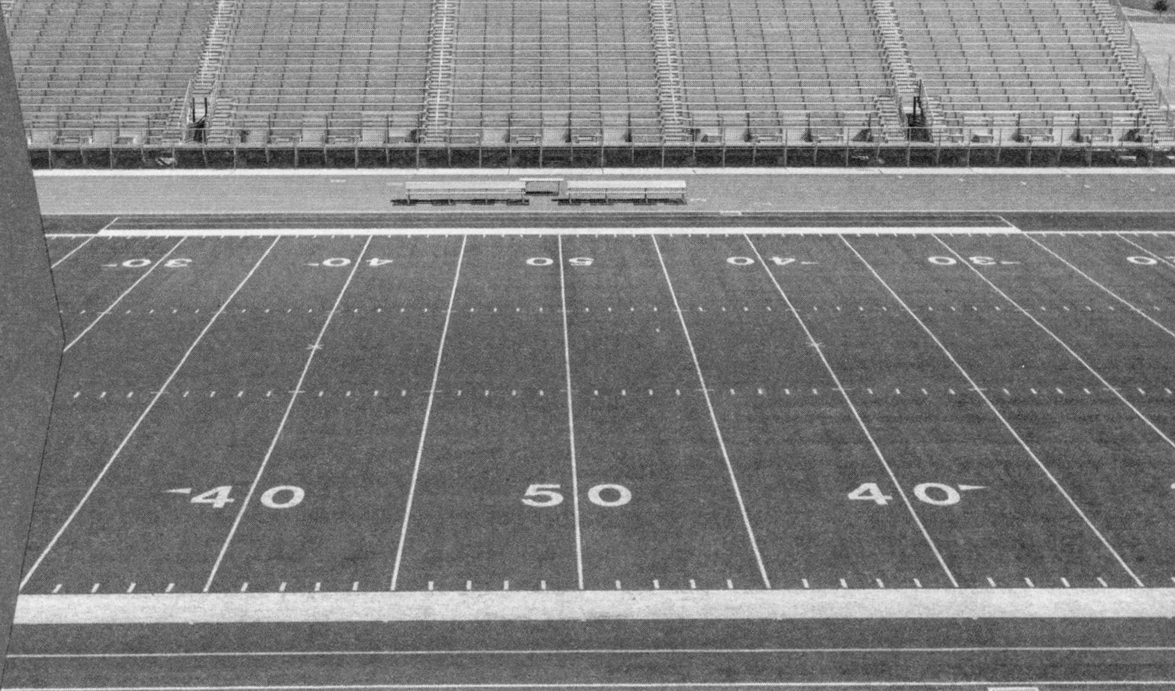

PROYECTO
12B

¿Qué unidades deberías usar para medir distancias más largas?

Proyecto: Compara las medidas de campos de deportes

¿Qué puede ayudarte a recordar diferentes operaciones de medición?

Proyecto: Crea un cuaderno con rimas de medidas

PROYECTO 12D

¿Qué tan largos o qué tan altos son algunos animales e insectos?

Proyecto: Crea un cartel de longitudes de culebras

Nombre ____________________

Lección 12-1

Estimar la longitud

Puedo...
estimar la longitud de un objeto relacionando la longitud del objeto con una medida que conozco.

También puedo razonar sobre las matemáticas.

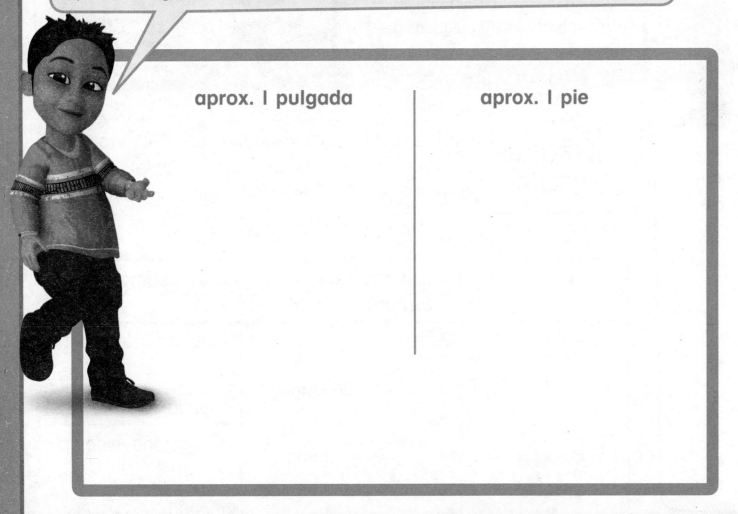

Resuélvelo y coméntalo Tu dedo pulgar mide aproximadamente 1 pulgada de longitud. Usa tu dedo pulgar para hallar tres objetos que midan 1 pulgada de longitud cada uno. Dibuja los objetos.

La distancia de tu codo a tus dedos es aproximadamente 1 pie de longitud. Usa esta parte de tu brazo para hallar tres objetos que midan 1 pie de longitud cada uno. Dibuja los objetos.

aprox. 1 pulgada	aprox. 1 pie

Puedes usar la longitud de los objetos que conoces para **estimar** la longitud de otros objetos.

Usa un clip pequeño para estimar la longitud de un borrador.

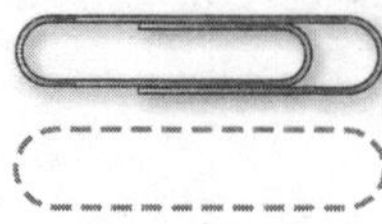

El borrador mide aproximadamente 2 clips de longitud. Por tanto, mide aproximadamente 2 pulgadas de longitud.

También puedes hacer estimaciones con objetos que miden aprox. 1 pie y 1 yarda (yd) de longitud.
1 yd
1 pie

¡Convénceme! ¿Tu estatura está más cerca de 4 pies o 4 yardas? ¿Cómo lo sabes?

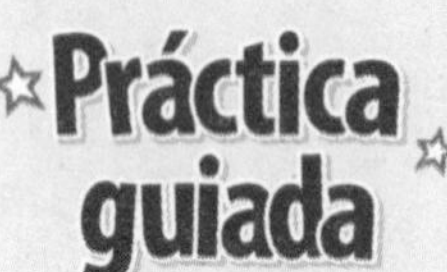

Escribe el nombre y la longitud de un objeto cuya longitud conozcas. Luego, usa ese objeto para estimar la longitud del objeto que se muestra.

Objeto	Objeto cuya longitud conozco	Estimación
1.	Mi clip mide 1 pulg. de longitud.	Mi lápiz mide aprox. ______ de longitud.
2.	Mi libro mide ______ de longitud.	Mi escritorio mide aprox. ______ de longitud.

Nombre ______________________________

Herramientas
Evaluación

Práctica independiente

Escribe el nombre y la longitud de un objeto cuya longitud conozcas. Luego, usa ese objeto para estimar la longitud del objeto que se muestra.

Objeto	Objetos cuya longitud conozco	Estimación
3.	Mi __________ mide __________ de longitud.	Mi mano mide aproximadamente __________ de longitud.
4.	Mi __________ mide __________ de longitud.	Mi silla mide aproximadamente __________ de altura.

5. **Razonamiento de orden superior** ¿Estimarías la distancia desde tu clase hasta la oficina del director de la escuela en pulgadas, pies o yardas? ¿En cuántas unidades? Explícalo.

____

____

____

____

____

Un paso gigante mide aproximadamente una yarda.

Resolución de problemas Resuelve los problemas.

6. **Vocabulario** Completa las oraciones usando una de las siguientes palabras.

exacta **estimada** **pulgada** **yarda**

Una medida ______________ es una buena suposición.

La altura de la ventana de la cocina es aproximadamente 1 ______________.

Un clip pequeño mide aproximadamente 1 ______________ de longitud.

7. **Razonar** Juana y Kyle estimaron la altura del techo del salón de clases. Juana hace una estimación de 10 pies. Kyle hace una estimación de 10 yardas. ¿Quién hizo una mejor estimación? Explícalo.

____

____

____

____

____

8. **Razonamiento de orden superior** En una ciudad se quiere construir un puente sobre un río. ¿Deben saber la longitud exacta del puente o es suficiente estimar la longitud? Explícalo.

____

____

____

____

____

9. **Práctica para la evaluación** Traza una línea para emparejar cada estimación con un objeto.

Aprox. 1 pulgada	Aprox. 1 pie	Aprox. 1 yarda

Nombre ______________________________

Resuélvelo y coméntalo El cuadrado anaranjado mide 1 pulgada de longitud. ¿Cómo puedes usar cuadrados de 1 pulgada de longitud para hallar la longitud de la línea en pulgadas? Mide la línea y explica tu respuesta.

Lección 12-2

Medir en pulgadas

Puedo...
estimar las medidas y usar una regla para medir la longitud y la altura a la pulgada más cercana.

También puedo usar herramientas matemáticas correctamente.

1 pulgada

La línea mide aproximadamente _____ pulgadas de longitud.

Puedes medir la longitud y la **altura** de un objeto en pulgadas (pulgs.).

Empieza donde está el 0 en la regla.
0
1
2
PULGADAS

Para medir a la **pulgada más cercana**, busca la marca de la mitad.

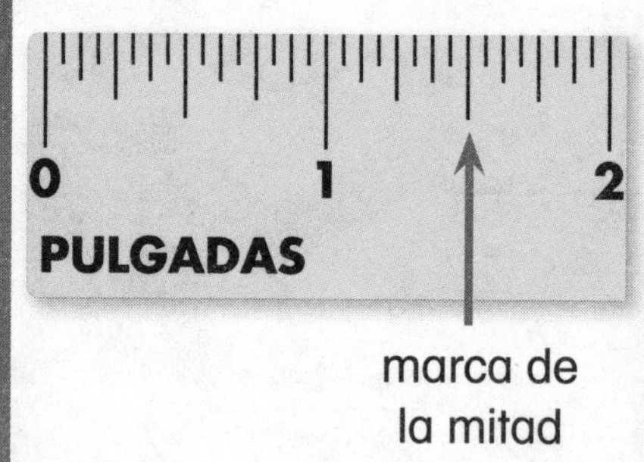

Si el objeto es más largo que la marca de la mitad, usa el número mayor.

Si el objeto es más corto que la marca de la mitad, usa el número menor.

0
1
2
PULGADAS
La piña de pino mide aproximadamente 1 pulgada de longitud.

¡Convénceme! Usa una regla para medir. ¿Qué objetos de la clase miden aproximadamente 12 pulgadas de longitud?

Práctica guiada Estima la altura o la longitud de cada objeto real y luego usa una regla para medir a la pulgada más cercana.

1. 

altura de un bloc de notas

2. 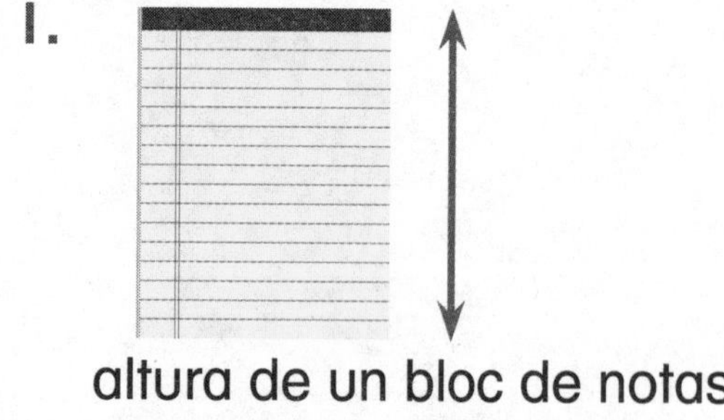

longitud de una caja de lápices

	Estimación	Medida
1.	aprox. 12 pulgadas	aprox. 11 pulgadas
2.	aprox. ____ pulgadas	aprox. ____ pulgadas

Nombre ______________________________

Práctica independiente Estima la altura o la longitud de cada objeto real y luego usa una regla para medir. Compara tu estimación con la medida.

3. 
ancho de una mochila

4. 
longitud de un pincel

Estimación	Medida
aprox. ____ pulgadas	aprox. ____ pulgadas
aprox. ____ pulgadas	aprox. ____ pulgadas

5. 
altura de un vaso

6. 
longitud de una caja de crayones

Estimación	Medida
aprox. ____ pulgadas	aprox. ____ pulgadas
aprox. ____ pulgadas	aprox. ____ pulgadas

Razonamiento de orden superior Piensa en cómo usar una regla para resolver los problemas.

7. Jason mide un objeto. El objeto es apenas más corto que la marca de la mitad entre el 8 y el 9 de su regla de pulgadas. ¿Cuánto mide el objeto?

aproximadamente ____ pulgadas

8. Gina mide un objeto. El objeto es apenas más largo que la marca de la mitad entre el 9 y el 10 de su regla de pulgadas. ¿Cuánto mide el objeto?

aproximadamente ____ pulgadas

Resolución de problemas Resuelve los problemas.

9. Explicar Pam dice que cada cereza mide aproximadamente 1 pulgada de ancho. ¿Tiene razón? Explícalo.

10. Vocabulario Halla un objeto en tu clase que mida aproximadamente 6 pulgadas. Escribe una oración para describir el objeto. Usa las siguientes palabras.

estimación **pulgadas**

11. Razonamiento de orden superior Explica cómo usar una regla de pulgadas para medir la longitud de un objeto.

12. Práctica para la evaluación Usa una regla. ¿Aproximadamente cuál es el ancho de las dos estampillas juntas?

Ⓐ 4 pulgadas
Ⓑ 3 pulgadas
Ⓒ 2 pulgadas
Ⓓ 1 pulgada

Nombre ____________________

Lección 12-3

Pulgadas, pies y yardas

Resuélvelo y coméntalo ¿Qué objetos en tu clase miden aprox. 1 pulgada, aprox. 1 pie y aprox. 1 yarda de longitud? Muestra esos objetos.

Puedo...
estimar medidas y usar herramientas para medir la longitud y la altura de objetos a la pulgada, pie y yarda más cercanos.

También puedo razonar sobre las matemáticas.

aproximadamente 1 pulgada

aproximadamente 1 pie

aproximadamente 1 yarda

Puedes usar una regla para medir la longitud.

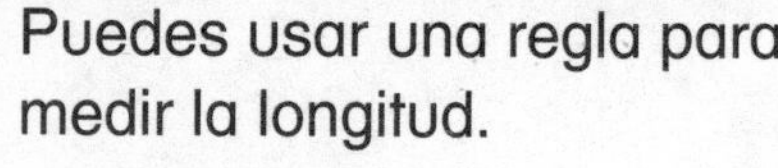

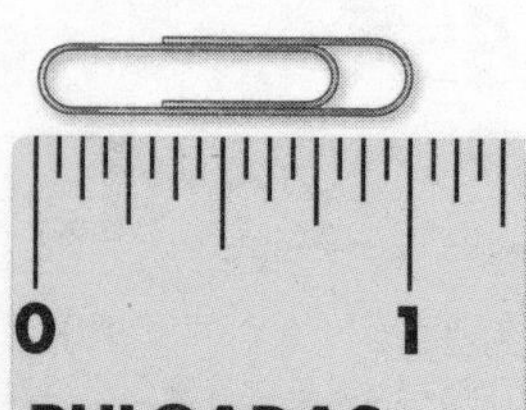

El libro mide aproximadamente 1 pie. Hay 12 pulgadas en 1 pie.

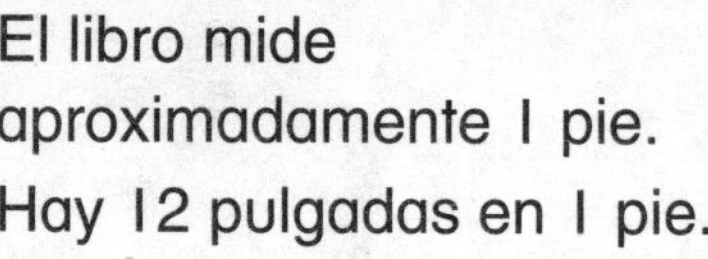

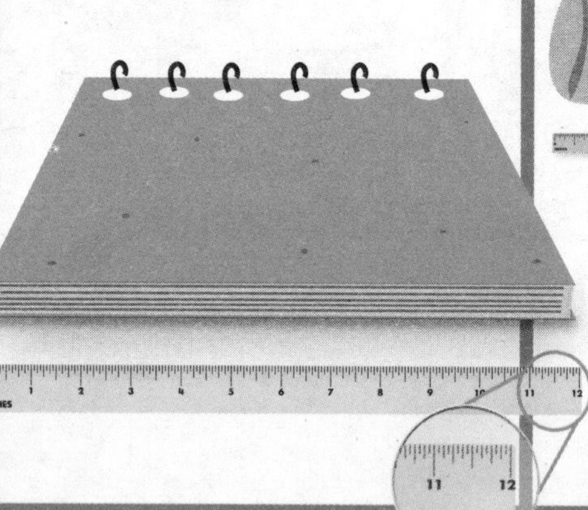

¡También puedes usar una regla de 1 yarda para medir la longitud!

El bate mide aproximadamente 1 yarda (yd). Una regla de una yarda mide 3 pies o 36 pulgadas de longitud.

Puedes usar una cinta de medir para medir pulgadas, pies o yardas.

¡Convénceme! ¿Usarías pulgadas o yardas para medir la longitud de un edificio escolar? ¿Por qué?

Práctica guiada

Une cada objeto con una estimación razonable de su longitud.

1. 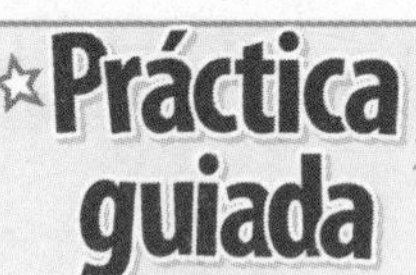

2. 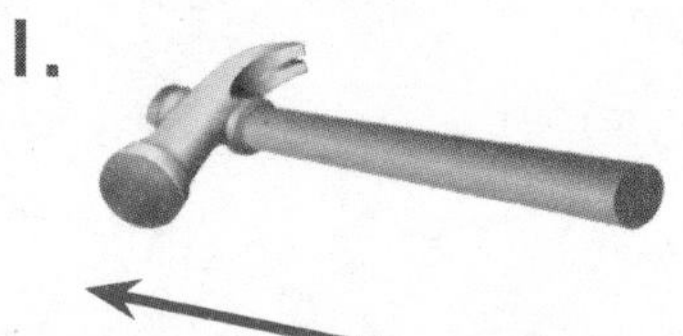

3. 

aproximadamente 1 yarda

aproximadamente 1 pulgada

aproximadamente 1 pie

Debes estar listo para decir qué herramienta usarías para medir cada objeto.

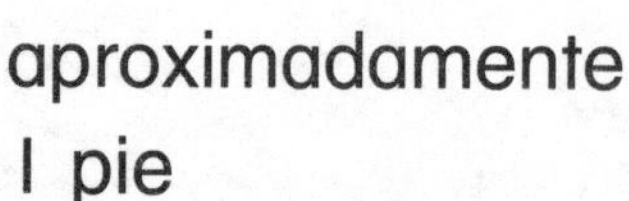

Nombre ____________________

Práctica independiente Estima la longitud de cada objeto real que se muestra. Mide usando una regla, una regla de 1 yarda o una cinta de medir. Escribe la herramienta que usaste.

	Estimación	Medida	Herramienta
4.	aprox. _____ pulgadas	aprox. _____ pulgadas	__________
5.	aprox. _____ pies	aprox. _____ pies	__________
6.	aprox. _____ yardas	aprox. _____ yardas	__________

7. **Razonamiento de orden superior** Explica cómo podrías usar una regla de 1 pie para medir la longitud de un cuarto en pies.

Resolución de problemas Resuelve los problemas.

8. **Generalizar** Encierra en un círculo el objeto real que mide aproximadamente 4 pies de longitud.

9. **Sentido numérico** Explica cómo usar una regla de 1 yarda para medir la longitud de un objeto. Estima la longitud de tu clase en yardas y luego mídela.

____

____

____

____

____

____

10. **Razonamiento de orden superior** Halla un objeto de la clase que mida aproximadamente 2 pies. Dibuja el objeto.

¿Qué herramienta usarías para medirlo? Explica por qué escogiste esa herramienta.

____

____

11. **Práctica para la evaluación** Juan junta dos objetos reales que son iguales. Juntos, tienen una longitud de aproximadamente 4 pies. ¿Cuál es el objeto que usa Juan?

Ⓐ

Ⓒ

Ⓑ

Ⓓ

Nombre ______________________________

Lección 12-4

Medir la longitud usando diferentes unidades usuales

Puedo...
estimar y medir la longitud y la altura de objetos usando pulgadas, pies y yardas.

También puedo hacer mi trabajo con precisión.

Resuélvelo y coméntalo Escoge un objeto y mídelo en pies. Luego, mídelo en pulgadas.

¿Necesitas más pies o pulgadas para medir tu objeto? ¿Por qué?

aproximadamente ____ pies de longitud

aproximadamente ____ pulgadas de longitud

____

____

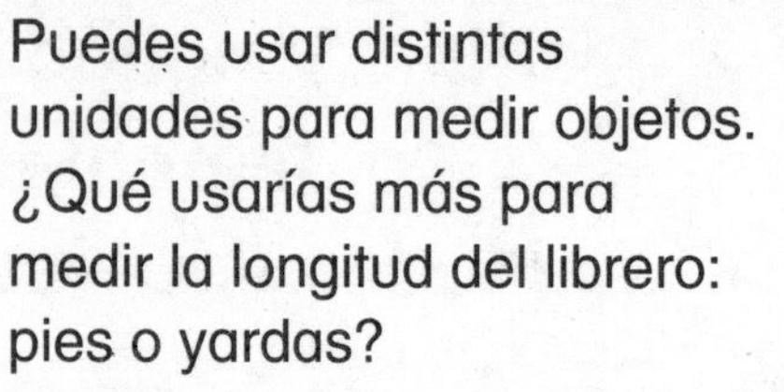

Puedes usar distintas unidades para medir objetos. ¿Qué usarías más para medir la longitud del librero: pies o yardas?

Mide el librero en pies.
Mide aproximadamente 3 pies de longitud.
1 2 3

Mide el librero en yardas.
Mide aproximadamente 1 yarda de longitud.
1

Usé más pies que yardas porque pies son la unidad más pequeña.

¡Convénceme! Juan mide la altura de la pared de su habitación. La mide con reglas de 1 pie. Podría hallar la altura con reglas de 1 yarda. ¿Qué necesitaría más: reglas de 1 pie o reglas de 1 yarda? Explícalo.

Práctica guiada Mide cada objeto real usando diferentes unidades. Encierra en un círculo la unidad de la que necesitas *más* para medir cada objeto.

1. 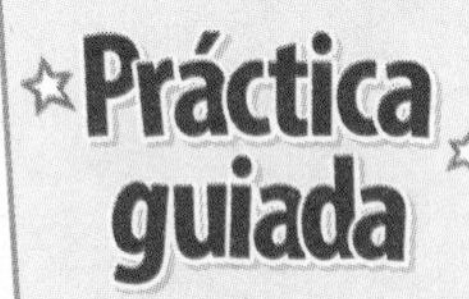

aprox. _____ pies aprox. _____ yardas

Usé más unidades de:

pies yardas

2. 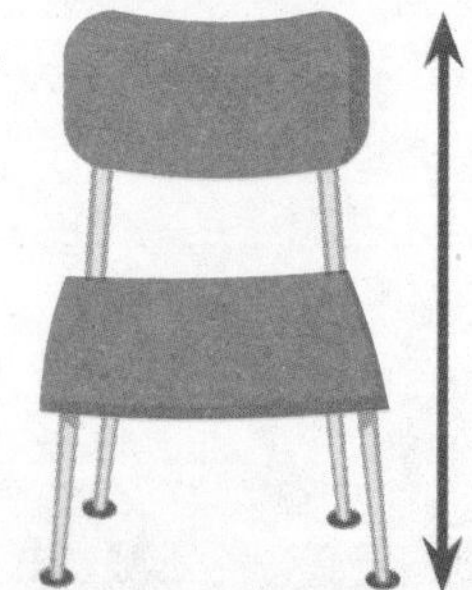

aprox. _____ pulgadas aprox. _____ pies

Usé más unidades de:

pulgadas pies

Nombre ______________________________

Herramientas Evaluación

Práctica independiente

Mide cada objeto real usando diferentes unidades.
Encierra en un círculo la unidad de la que necesitas *menos* para medir cada objeto.

3. 

aprox. _____ pulgadas aprox. _____ pies

Usé menos unidades de:

pulgadas pies

4. 

aprox. _____ pies aprox. _____ yardas

Usé menos unidades de:

pies yardas

5. 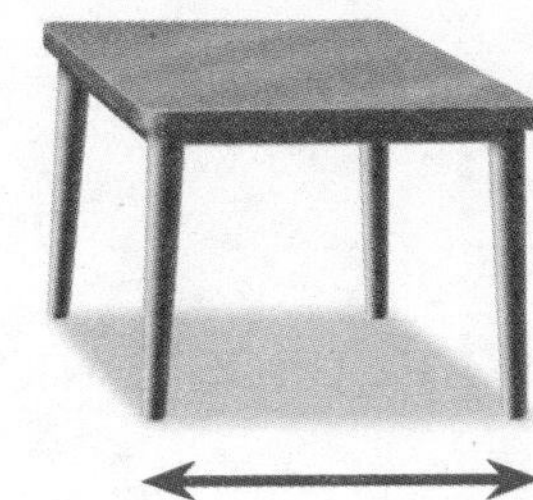

aprox. _____ pies

aprox. _____ yardas

Usé menos unidades de:

pies yardas

Sentido numérico Encierra en un círculo la mejor estimación de la longitud de cada objeto.

6. ¿Aproximadamente cuánto mide una llave?

2 pulgadas 2 pies 2 yardas

¿Qué herramienta usarías para medir la longitud de una llave?

____

____

7. ¿Aproximadamente cuánto mide una maleta?

2 pulgadas 2 pies 2 yardas

¿Qué herramienta usarías para medir la longitud de una maleta?

____

____

Resolución de problemas Resuelve los problemas.

8. **Usar herramientas** Mide la longitud de un objeto de tu clase usando dos unidades diferentes.

Objeto: ______________________

aprox. ____________ aprox. ____________

¿De qué unidad usaste más? ____________

Encierra en un círculo la herramienta que usaste.

regla   regla de 1 yarda   cinta de medir

9. **Razonamiento de orden superior** Andrés quiere medir la longitud de un campo de fútbol americano. ¿Debería medirlo en pies o en yardas? ¿Qué herramienta debería usar? Explícalo.

____

____

____

____

____

____

10. **Práctica para la evaluación** ¿De qué unidad necesitas menos para medir la longitud de la mesa?

Ⓐ Pulgadas   Ⓒ Yardas

Ⓑ Pies   Ⓓ Todas por igual

11. **Práctica para la evaluación** ¿Cuál es la mejor estimación de la longitud de un huerto?

Ⓐ Aprox. 5 pulgadas   Ⓒ Aprox. 5 yardas

Ⓑ Aprox. 1 pie   Ⓓ Aprox. 20 pulgadas

Nombre ______________________________

Lección 12-5

Medir en centímetros

Puedo...
estimar medidas y usar una regla para medir la longitud y la altura al centímetro más cercano.

También puedo hacer mi trabajo con precisión.

Resuélvelo y coméntalo El cubo verde mide 1 centímetro de longitud. ¿Cómo puedes usar cubos de 1 centímetro para hallar la longitud de la línea en centímetros? Mide la línea y explícalo.

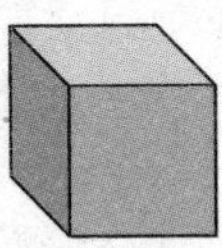

1 cm

La línea mide aprox. _____ centímetros de longitud.

A-Z Glosario

1 **centímetro (cm)** es más corto que 1 pulgada.

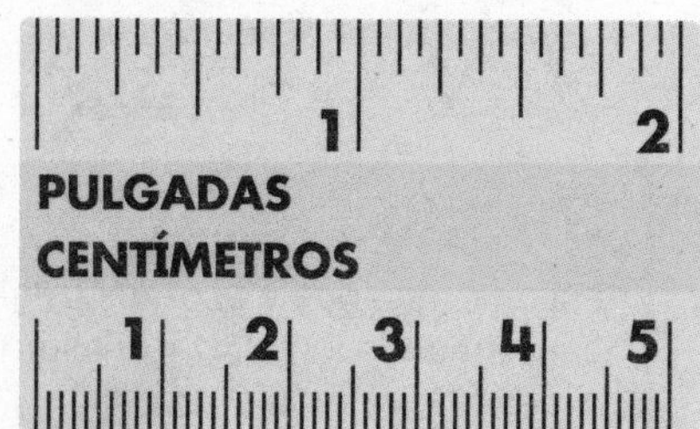

1 cm

Comienza a medir en la marca del 0. Para medir al **centímetro más cercano**, busca la marca de la mitad. Si el objeto es más largo que la marca de la mitad, usa el número mayor.

El cubo mide aproximadamente 2 centímetros de longitud.

marca de la mitad

Si el objeto es más corto que la marca de la mitad, usa el número menor.

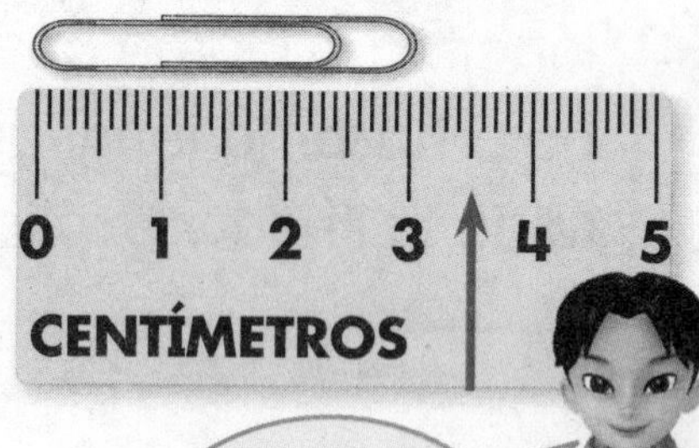

Este clip mide aproximadamente 3 centímetros de longitud.

¡Convénceme! Explica cómo sabes que la longitud de un clip es aproximadamente 3 centímetros.

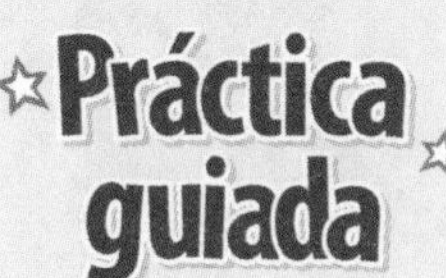

Práctica guiada Estima la altura o la longitud de los objetos reales y luego usa una regla para medir al centímetro más cercano.

1.

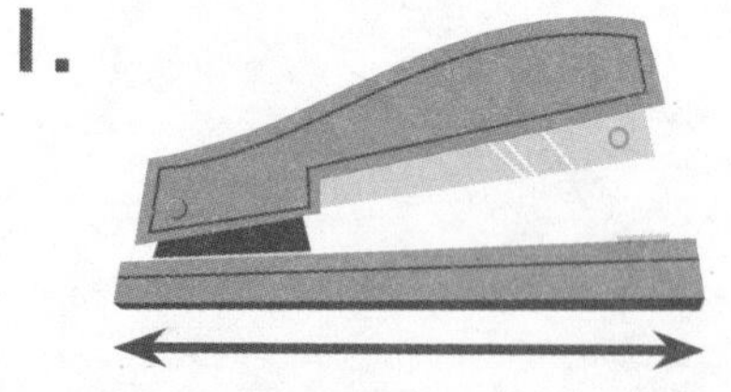

longitud de una engrapadora

2.

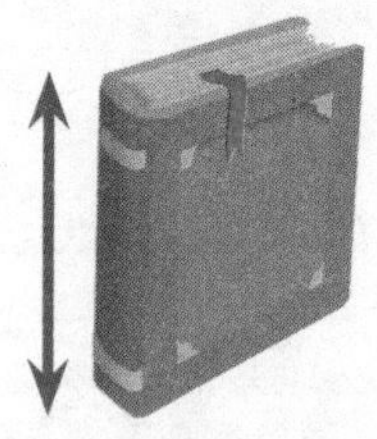

altura de un libro

	Estimación	Medida
1.	aprox. 15 centímetros	aprox. 18 centímetros
2.	aprox. ____ centímetros	aprox. ____ centímetros

Nombre ____________________

Herramientas Evaluación

☆ Práctica independiente

Estima el ancho, la altura o la longitud de cada objeto real. Luego, usa una regla para medirlo y compara tu estimación con la medida.

3.

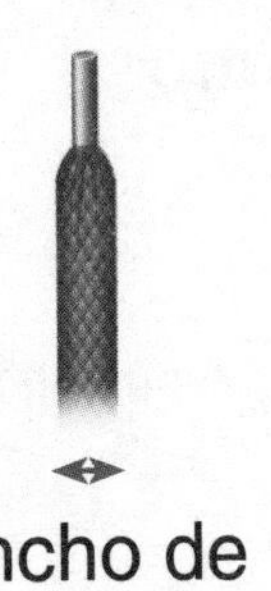

ancho de un cordón

4.

ancho de una silla

	Estimación	Medida
3. ancho de un cordón	aprox. _____ centímetros	aprox. _____ centímetros
4. ancho de una silla	aprox. _____ centímetros	aprox. _____ centímetros

5.

longitud de un lápiz

6.

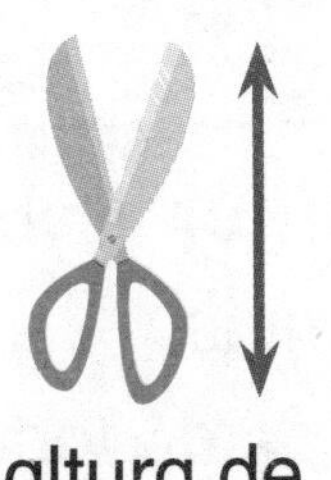

altura de unas tijeras

	Estimación	Medida
5. longitud de un lápiz	aprox. _____ centímetros	aprox. _____ centímetros
6. altura de unas tijeras	aprox. _____ centímetros	aprox. _____ centímetros

Razonamiento de orden superior Explica si las estimaciones son razonables.

7. José estimó que la longitud de su libro de lectura es aproximadamente 6 centímetros.

____

____

8. Sofi estimó que la altura de su escritorio es aproximadamente 10 centímetros.

____

____

Resolución de problemas Resuelve los problemas.

9. **Vocabulario** Halla un objeto que mida aproximadamente 10 centímetros de longitud. Escribe una oración que describa tu objeto usando estas palabras:

centímetros **estimación**

10. **Buscar patrones** Nico quiere colocar otro bolígrafo en fila con este. ¿Aproximadamente cuánto medirían los dos bolígrafos juntos?

Aproximadamente ____ centímetros

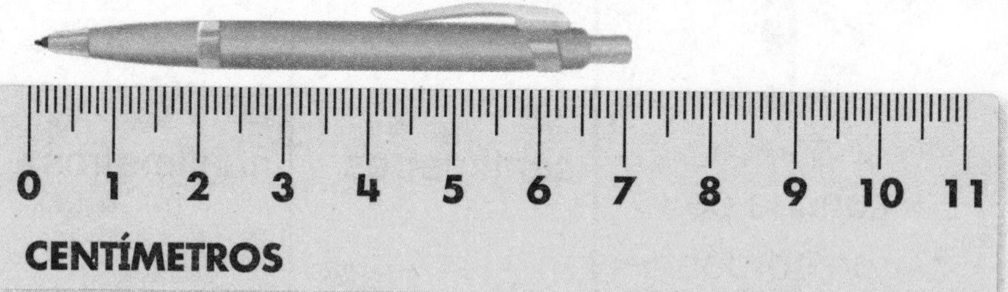

11. **Razonamiento de orden superior** Pablo dice que un cepillo de dientes mide aproximadamente 19 centímetros de longitud. Sara dice que mide aproximadamente 50 centímetros de longitud. ¿Quién tiene razón? Explícalo.

12. **Práctica para la evaluación** María mide la longitud de su borrador al centímetro más cercano. ¿Cuál es la longitud del borrador al centímetro más cercano?

____ centímetros

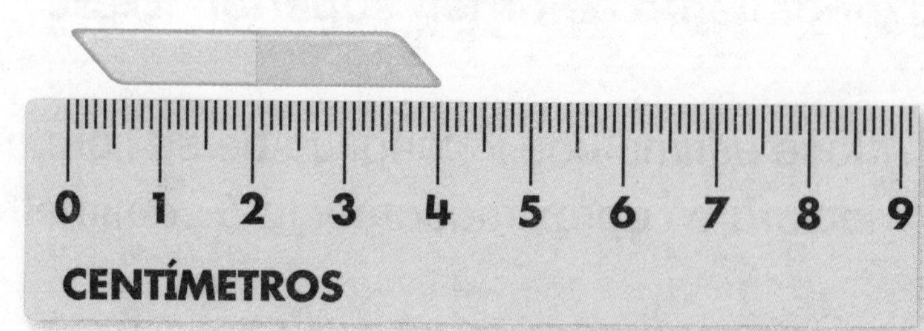

Nombre ______________________________

Resuélvelo y coméntalo ¿Qué objetos de la clase miden aproximadamente 3 centímetros de longitud? ¿Qué objetos miden aproximadamente 1 metro de longitud?
Muestra estos objetos en el siguiente espacio.

Lección 12-6

Centímetros y metros

Puedo...
estimar medidas y usar una regla, una regla de 1 metro o una cinta de medir para medir la longitud y la altura al centímetro o metro más cercano.

También puedo usar herramientas matemáticas correctamente.

Puente de aprendizaje visual

Puedes usar una regla o una regla de 1 metro para medir la longitud.

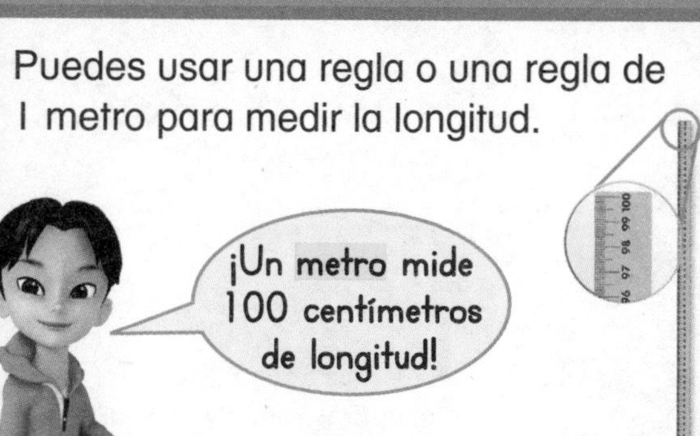

El botón mide aproximadamente 1 centímetro (cm) de longitud.

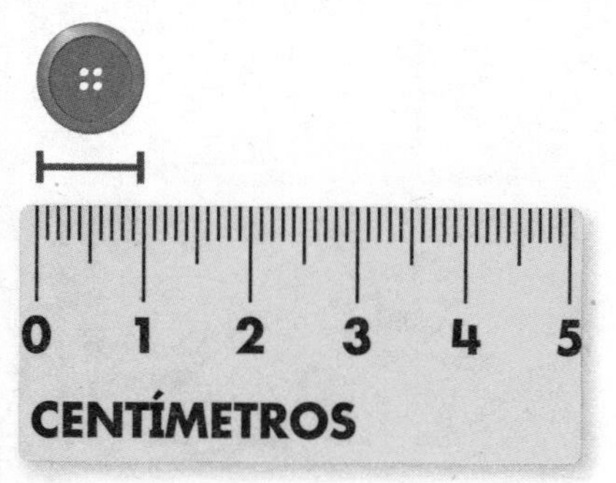

Esta mesa mide aproximadamente 1 metro (m) de ancho.

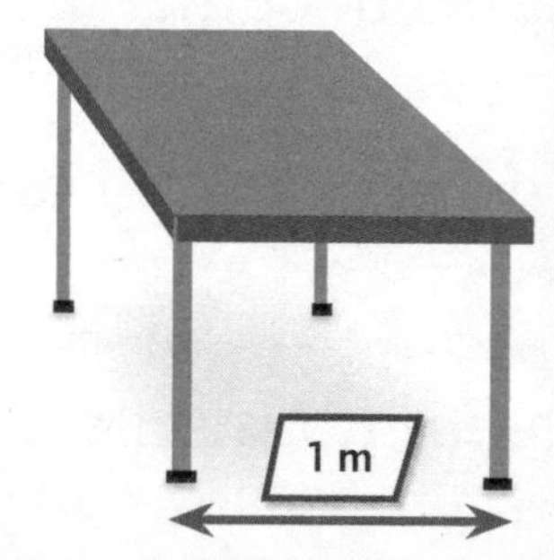

También puedes usar una cinta de medir para medir en centímetros y metros.

¡Convénceme! ¿Usarías centímetros o metros para medir la longitud de una casa? ¿Por qué?

Práctica guiada Une cada uno de los objetos con la estimación más razonable de su longitud.

1. 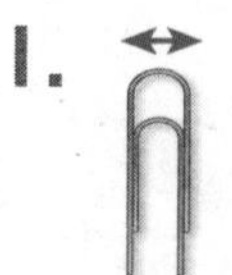 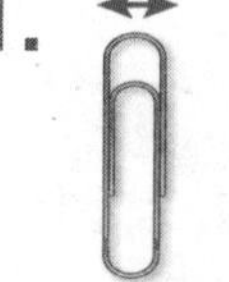 aprox. 1 cm

2.  aprox. 10 cm

3.  aprox. 1 m

4. 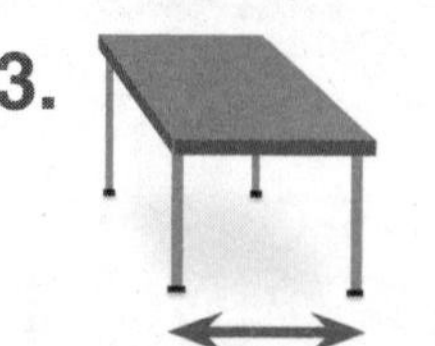 aprox. 10 m

Piensa en la herramienta que usarías para medir cada objeto.

Nombre ______________________

Herramientas Evaluación

Práctica independiente

Estima la longitud o altura de cada objeto real que se muestra. Luego, escoge una herramienta para medirlo. Compara tu estimación con la medida.

	Estimación	Medida	Herramienta
5.	aprox. _____ cm	aprox. _____ cm	__________
6.	aprox. _____ m	aprox. _____ m	__________
7.	aprox. _____ cm	aprox. _____ cm	__________
8.	aprox. _____ m	aprox. _____ m	__________

9. Tom usa una regla de 1 metro para medir la longitud de una valla. Coloca la regla de 1 metro en la valla 5 veces para medir de un extremo al otro. ¿Cuál es la longitud de la valla?

_____ metros

10. **Razonamiento de orden superior** Débora dice que su muñeca mide aproximadamente 30 metros de longitud. ¿Crees que es una buena estimación? ¿Por qué?

____

____

____

Resolución de problemas Resuelve los problemas.

11. **Hacerlo con precisión** Escoge un objeto para medir. Usa unidades métricas. Primero estima y luego mide.
Dibuja el objeto y escribe tu estimación y la medida. ¿Tu estimación fue razonable?

Recuerda que debes incluir las unidades.

12. Encierra en un círculo el objeto real que mide aproximadamente 2 metros de longitud.

13. **Razonamiento de orden superior** Cada lado de un cubo de valor de posición mide 1 centímetro de longitud. Usa un cubo de valor de posición para dibujar una regla de 5 centímetros.

14. **Práctica para la evaluación** Escoge la herramienta apropiada. Mide cada línea. ¿Qué líneas miden al menos 6 centímetros de longitud? Escoge todas las que apliquen.

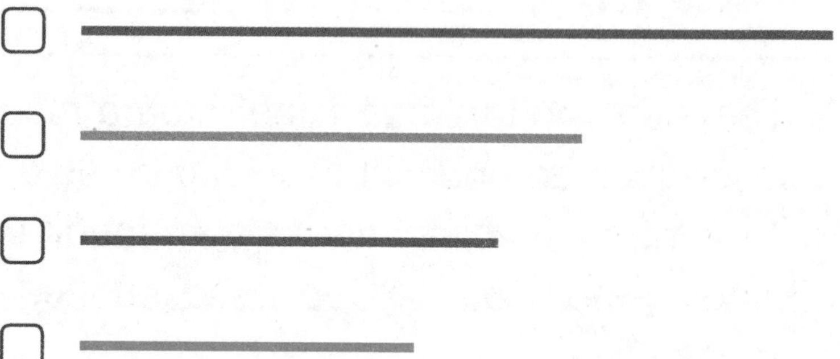

Nombre ______________________________

Lección 12-7

Medir la longitud usando diferentes unidades métricas

Puedo...
medir la longitud y la altura de objetos usando diferentes unidades métricas.

También puedo hacer mi trabajo con precisión.

Resuélvelo y coméntalo Mide este lápiz en pulgadas y luego mídelo otra vez en centímetros. ¿Qué medida tiene más unidades?

aprox. _____ pulgadas   aprox. _____ centímetros

¿Qué medida tiene más unidades? ______________________

Puedes usar distintas unidades para medir las longitudes de los objetos. ¿Usarías más centímetros o más metros para medir la longitud del escritorio?

Mide el escritorio en centímetros.

Mide el escritorio en metros.

¡Mide aproximadamente 1 metro de longitud!

Usé más centímetros que metros porque un centímetro es una unidad mucho más pequeña que un metro.

¡Convénceme! Tina mide el lado de una habitación con reglas de centímetros. Podría hallar la longitud con reglas de 1 metro. ¿Necesitaría menos reglas de centímetros o reglas de 1 metro? Explícalo.

☆Práctica guiada☆

Mide cada objeto real usando diferentes unidades. Encierra en un círculo la unidad de la que necesitas *más* para medir cada objeto.

1. 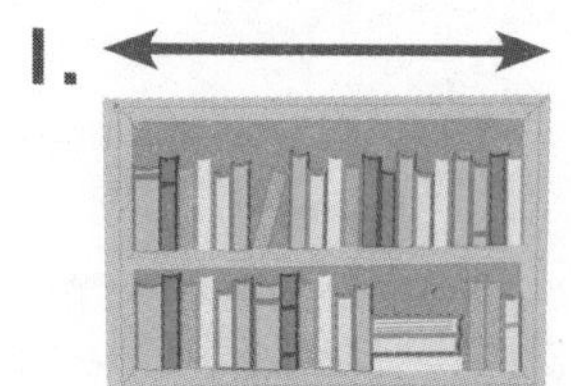

aprox. _____ centímetros

aprox. _____ metros

Usé más unidades de: centímetros metros

2. 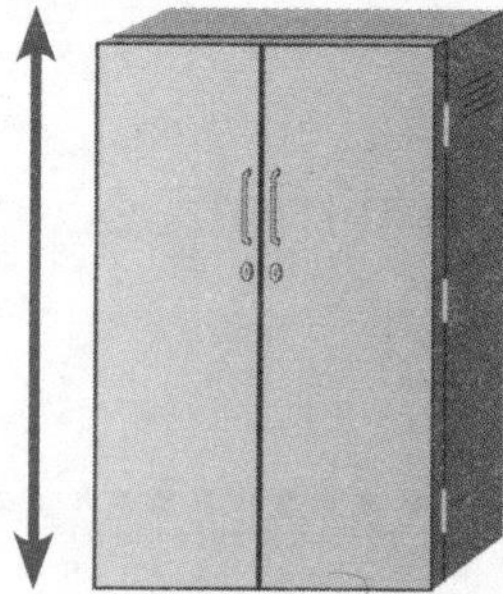

aprox. _____ centímetros

aprox. _____ metros

Usé más unidades de: centímetros metros

Nombre ______________________

Herramientas Evaluación

☆ Práctica independiente

Mide los objetos reales usando diferentes unidades.
Encierra en un círculo la unidad de la que necesitas *menos* para medir cada objeto.

3. 

aprox. ____ metros   aprox. ____ centímetros

Uso menos unidades de: centímetros   metros

---

4. 

aprox. ____ metros   aprox. ____ centímetros

Uso menos unidades de: centímetros   metros

---

5. Razonamiento de orden superior
Javi midió la altura de su dormitorio en centímetros y en metros. ¿Usó menos centímetros o menos metros? Explícalo.

____

____

____

____

Resolución de problemas Resuelve los problemas.

6. **Explicar** Si tuvieras que medir la longitud del pasillo fuera de tu clase, ¿usarías centímetros o metros? Explícalo.

____

____

____

____

____

7. **Razonamiento de orden superior** Una regla de 1 metro mide aproximadamente 39 pulgadas de longitud. ¿Un metro es más largo o más corto que una yarda? Explícalo.

____

____

____

____

____

8. **Práctica para la evaluación** Estima la longitud de un bate de béisbol en centímetros y en metros.

_____ centímetros

_____ metros

¿Qué número debe ser mayor? Explícalo.

____

____

____

____

9. **Práctica para la evaluación** Tatiana mide la longitud de su cuerda de saltar usando diferentes unidades. ¿Cómo se compararán las unidades?

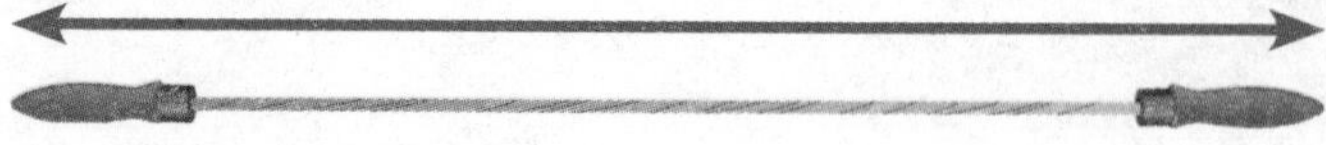

Escoge Sí o No.

Más unidades de metros que centímetros ○ Sí ○ No

Más unidades de pulgadas que pies ○ Sí ○ No

Más unidades de yardas que pies ○ Sí ○ No

Nombre ______________________

Lección 12-8

Comparar longitudes

Puedo...
identificar cuánto más largo que un objeto es otro objeto.

También puedo representar con modelos matemáticos.

Resuélvelo y coméntalo Encierra en un círculo dos recorridos. Estima cuál es más largo. ¿Cómo puedes comprobar si tu estimación es correcta?

Estimación: El recorrido ______ es más largo.

Medida: El recorrido ______ es más largo.

¿Qué recorrido es más largo? ¿Cuánto más largo?

Piensa en ambas partes del recorrido cuando estimes y midas.

Estimación: 5 cm

Estimación: 6 cm

Una parte del recorrido azul mide aproximadamente 2 cm. La otra parte mide aproximadamente 2 cm. Suma para hallar la longitud.

$2 + 2 = 4$
El recorrido azul mide aproximadamente 4 cm de longitud.

Una parte del recorrido rojo mide aproximadamente 1 cm. La otra parte mide aproximadamente 4 cm. Suma para hallar la longitud.

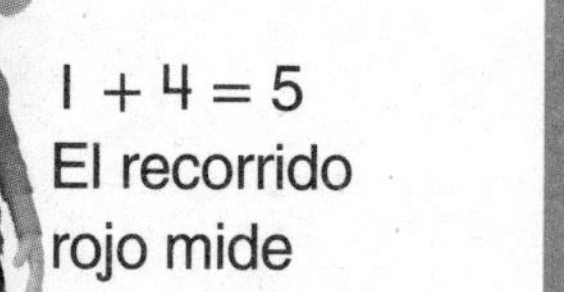

$1 + 4 = 5$
El recorrido rojo mide aproximadamente 5 cm de longitud.

Resta para comparar las longitudes.
$5 - 4 = 1$

El recorrido rojo es aproximadamente 1 cm más largo que el recorrido azul.

¡Convénceme! ¿Cómo puedes hallar la longitud de un recorrido que no es recto?

Práctica guiada Estima la longitud de los recorridos. Luego, usa una regla de centímetros para medir cada parte.

1. **Recorrido A**

Estimación: aprox. 9 cm

Medida: aprox. 10 cm

2. **Recorrido B**

Estimación: aprox. _____ cm

Medida: aprox. _____ cm

3. ¿Qué recorrido es más largo?

_____

4. ¿Cuánto más largo?

aprox. _____ cm más largo

Nombre ______________________________

Práctica independiente

Estima la longitud de los recorridos. Luego, usa una regla de centímetros para medir cada recorrido. Compara tu estimación con tu medición.

5. **Recorrido C**

Estimación: aprox. _____ centímetros

Medida: aprox. _____ centímetros

6. **Recorrido D**

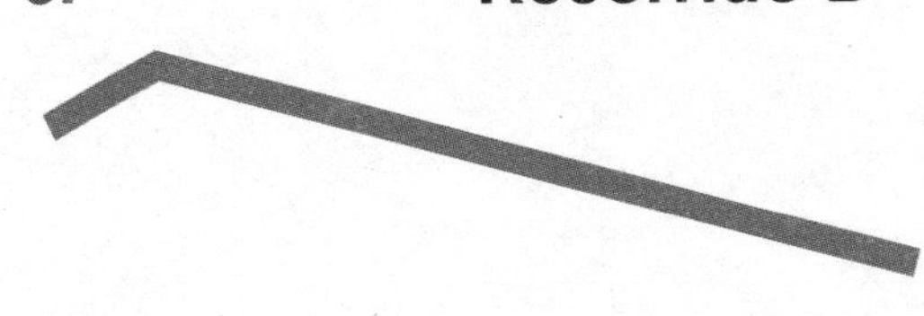

Estimación: aprox. _____ centímetros

Medida: aprox. _____ centímetros

7. ¿Qué recorrido es más largo?

____

8. ¿Cuánto más largo?

Aprox. _____ centímetros más largo

Razonamiento de orden superior Piensa en la longitud de cada objeto. Encierra en un círculo la mejor estimación de la longitud.

9. una llave

aprox. 1 cm   aprox. 6 cm   aprox. 20 cm

Piensa en objetos que midan aproximadamente 1 cm de longitud como ayuda.

10. un bolígrafo

aprox. 2 cm   aprox. 4 cm   aprox. 15 cm

Usa tus estimaciones para completar:

Un bolígrafo es aprox. _____ cm

__________ que una llave.

Resolución de problemas Resuelve los problemas.

11. Explicar Un recorrido tiene dos partes. La longitud total del recorrido es 12 cm. Si una parte mide 8 cm, ¿cuánto mide la otra parte? Explícalo.

_____ centímetros

12. Razonamiento de orden superior
Dibuja un recorrido con dos partes. Mide la longitud al centímetro más cercano. Escribe una ecuación para mostrar la longitud de tu recorrido.

13. Razonamiento de orden superior
Beti dibujó un modelo de un recorrido de bicicletas. Usa herramientas para medir las longitudes del recorrido que se muestra. Escribe la longitud total.

Recorrido de Beti

aprox. _____ centímetros

14. Práctica para la evaluación Mide cada recorrido en centímetros.

Recorrido A

Recorrido B

¿Cuánto más largo que el recorrido B es el recorrido A?

____

____

____

Nombre ______________________________

Lección 12-9
Precisión

Puedo...
escoger herramientas, unidades y métodos como ayuda para medir con precisión.

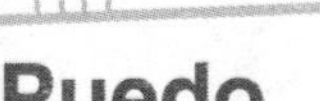

También puedo medir la longitud de objetos rectos y curvos.

Resuélvelo y coméntalo Zeke midió la serpiente y dice que mide aproximadamente 4 pulgadas de longitud. Javier dice que mide aproximadamente 5 pulgadas de longitud.

¿Quién midió la serpiente con más precisión? Mídela y explícalo.

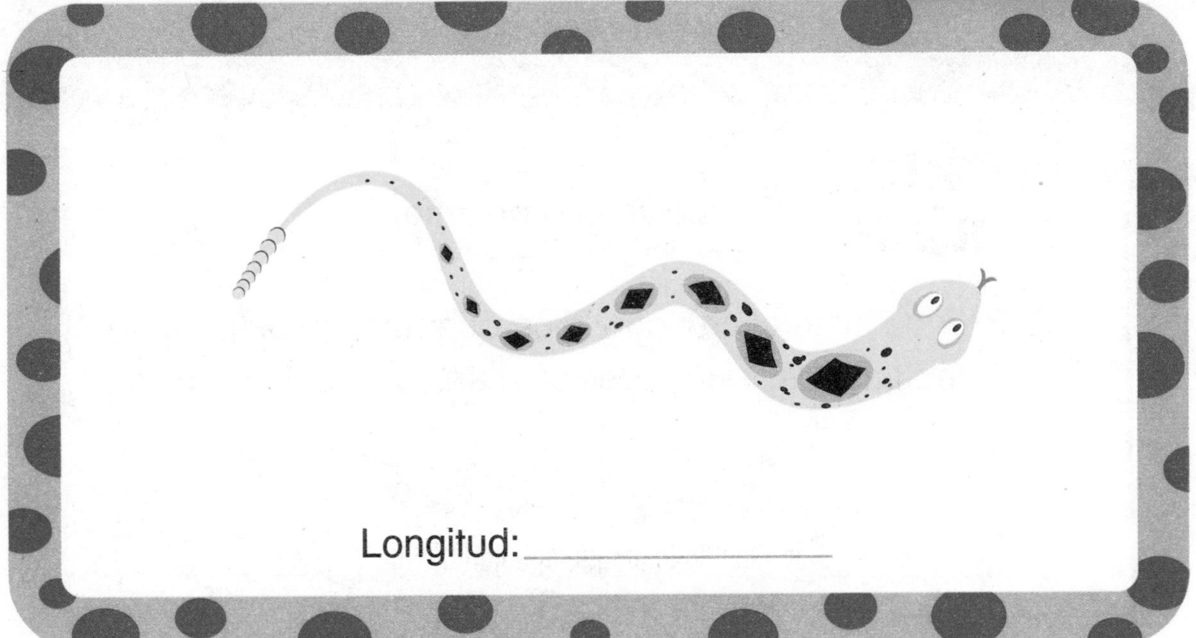

Longitud: ____________

____

____

____

____

Hábitos de razonamiento

¿Qué unidad de medida usaré?

¿Hay precisión en mi trabajo?

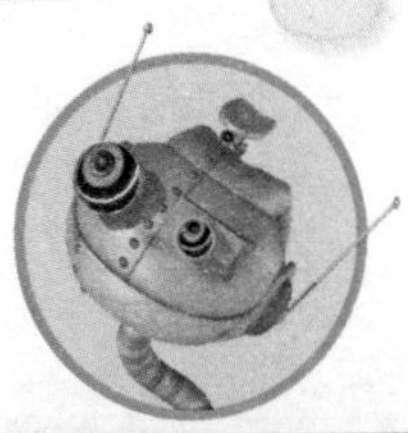

Puente de aprendizaje visual

Anna usa un cordel como ayuda para medir una lombriz.

¿Hay precisión en su trabajo? ¿Por qué?

¿Qué puedo hacer para medir con precisión?

Puedo escoger unidades y herramientas que me ayuden a medir con precisión.

Medir con precisión
Primero haz una estimación.
Escoge una herramienta.
Empieza en el 0.
Mide dos veces.
Escribe la unidad.

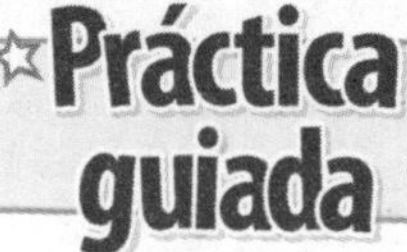

Anna alinea el cordel a lo largo de la regla para medir su longitud.

Luego, Anna mide la lombriz de nuevo para comprobar su trabajo. Después, escribe la longitud.

La lombriz mide aprox. 3 pulgadas de longitud.

Anna mide con precisión y escribe las unidades.

¡Convénceme! ¿Cómo el uso de un cordel ayuda a Anna a medir la lombriz con precisión?

Práctica guiada

Resuelve el problema.

1. Brenda mide el crayón y dice que mide exactamente 5 centímetros. ¿Hay precisión en su trabajo? Explícalo.

Nombre ______________________

Herramientas Evaluación

Práctica independiente

Resuelve los problemas.

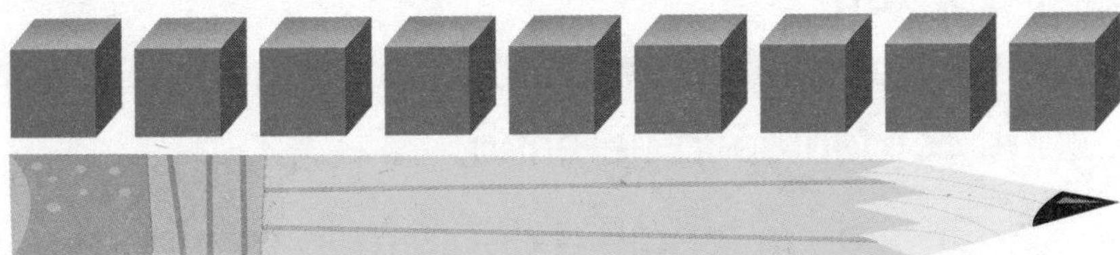

2. Esteban usa cubos de 1 centímetro. Dice que el lápiz mide 9 centímetros de longitud. ¿Hay precisión en su trabajo? Explícalo.

____

____

3. Usa una regla de centímetros para medir el lápiz tú mismo. ¿Cuál es la longitud del lápiz? Explica lo que hiciste para asegurarte de hacer el trabajo con precisión.

____

____

____

4. Halla en pulgadas la diferencia en las longitudes de los recorridos. ¿Tu respuesta es precisa? Explícalo.

____

____

____

____

____

Resolución de problemas

Tarea de rendimiento

Cordón

Katy perdió un cordón. El cordón mide lo mismo que el cordón de la derecha.

¿Cuál es la longitud del cordón que perdió Katy?

5. **Entender** Estima la longitud del cordón de la ilustración. Explica cómo tu estimación te ayuda a medir.

6. **Usar herramientas** ¿Qué herramientas puedes usar para medir el cordón? Explícalo.

7. **Hacerlo con precisión** Mide el cordón. Di por qué hay precisión en tu trabajo.

Nombre ______________________

Actividad de práctica de fluidez

Trabaja con un compañero. Señala una pista y léela.

Mira la tabla de la parte de abajo de la página y busca la pareja de esa pista. Escribe la letra de la pista en la casilla que corresponde.

Halla una pareja para cada pista.

Puedo...
sumar y restar hasta 100.

También puedo construir argumentos matemáticos.

Pistas

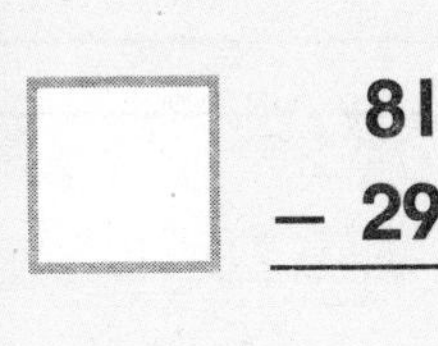

A La suma está entre 47 y 53.

B La diferencia es igual a 56 – 20.

C La suma es igual a 100.

D La diferencia es igual a 79 – 27.

E La diferencia está entre 25 y 35.

F La suma es igual a 41 + 56.

G La diferencia es menos que 20.

H La suma es igual a 26 + 19.

☐ $81 - 29$	☐ $60 - 24$	☐ $34 + 11$	☐ $23 + 27$
☐ $63 - 34$	☐ $32 + 65$	☐ $56 + 44$	☐ $47 - 31$

Repaso del vocabulario

Lista de palabras

- altura
- centímetro (cm)
- centímetro más cercano
- estimación
- longitud
- metro (m)
- pie
- pulgada (pulg.)
- pulgada más cercana
- yarda (yd)

Comprender el vocabulario

1. Encierra en un círculo la unidad que tenga la longitud *más larga.*

   pie metro pulgada

2. Encierra en un círculo la unidad que tenga la longitud *más corta.*

   yarda pulgada centímetro

3. Marca con una X la unidad que **NO** usarías para medir la longitud de un libro.

   pulgada centímetro yarda

4. Marca con una X la unidad que **NO** usarías para medir la altura de una casa.

   pulgada pie metro

Estima la longitud de cada objeto.

5. lápiz

   ____

6. clip

   ____

7. escritorio

   ____

Usar el vocabulario al escribir

8. Usa palabras para explicar cómo hallar la altura de una mesa. Usa términos de la Lista de palabras.

Nombre ___

Refuerzo

Grupo A

Hay 12 pulgadas en 1 pie.
Hay 3 pies en 1 yarda.
Puedes usar las longitudes de objetos que conoces para estimar las longitudes de otros objetos.

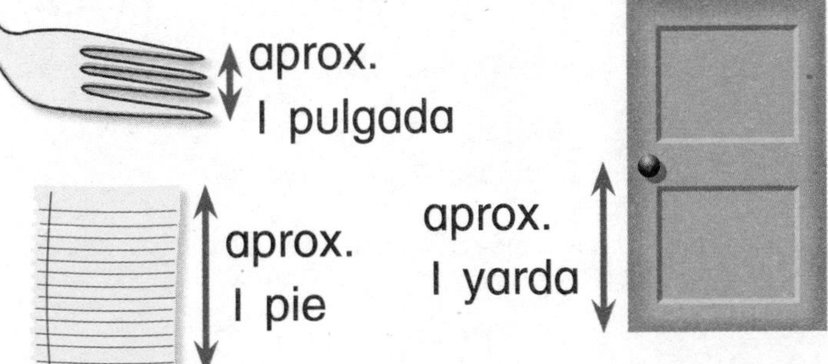

Estima las longitudes en pies de dos objetos de la clase. Nombra cada objeto y escribe tu estimación.

1. Objeto: ___

aprox. ___ pies

2. Objeto: ___

aprox. ___ pies

Grupo B

Puedes medir la longitud de un objeto a la pulgada más cercana.

marca de la mitad

El cordel es más largo que la marca de la mitad entre 1 y 2.
Por tanto, usa el número más grande.
El cordel mide aprox. 2 pulgadas.

Halla objetos como los que se muestran. Usa una regla para medir sus longitudes.

3. 

aprox. ___ pulgadas

4. 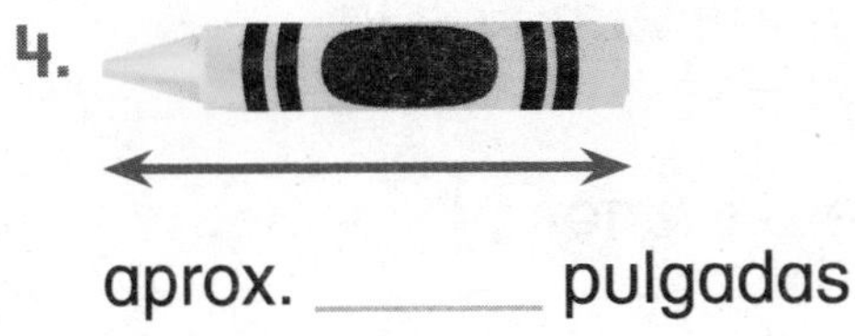

aprox. ___ pulgadas

Grupo C

La altura de la ventana mide *más* en pies que en yardas.

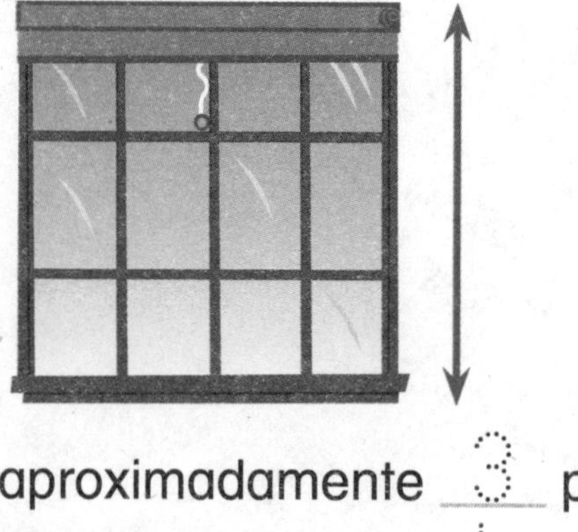

aproximadamente 3 pies

aproximadamente 1 yarda

Mide el objeto real en pulgadas y en pies.
Encierra en un círculo la unidad que usaste *más*.

5.

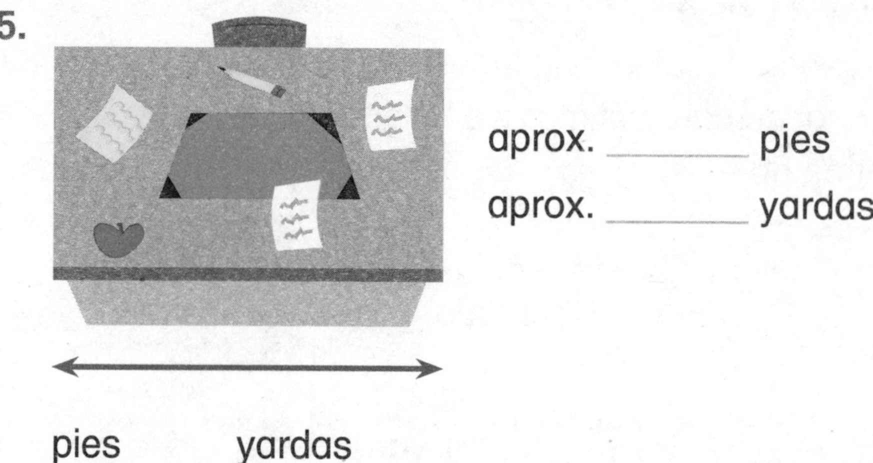

aprox. ______ pies

aprox. ______ yardas

pies yardas

Grupo D

Puedes medir la longitud de un objeto al centímetro más cercano.

El clip mide menos que la marca de la mitad entre 3 y 4.
Por tanto, usa el número menor.
El clip mide aprox. 3 cm.

Halla objetos reales como los que se muestran.
Usa una regla para medir las longitudes.

6.

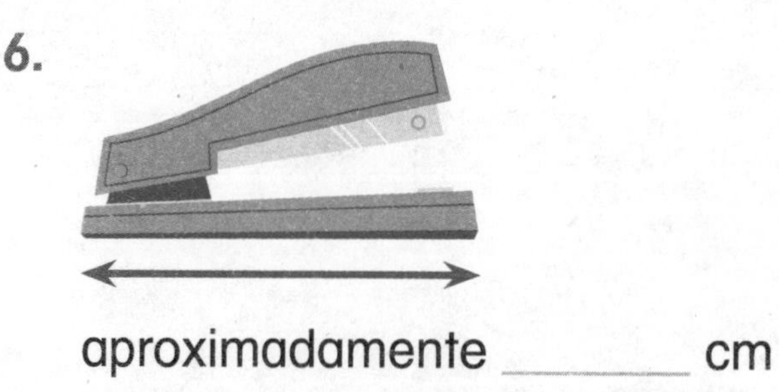

aproximadamente ______ cm

7.

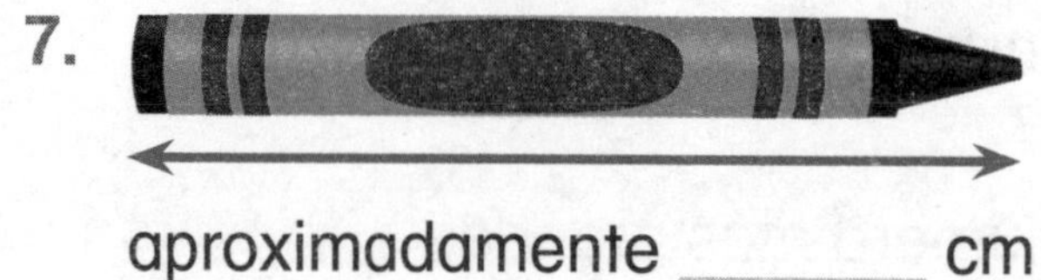

aproximadamente ______ cm

Nombre ______________________________

Grupo E

Hay 100 centímetros en 1 metro.

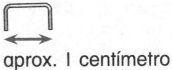

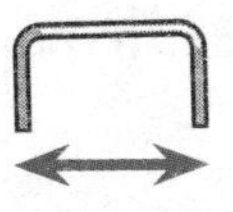

aprox. 1 centímetro

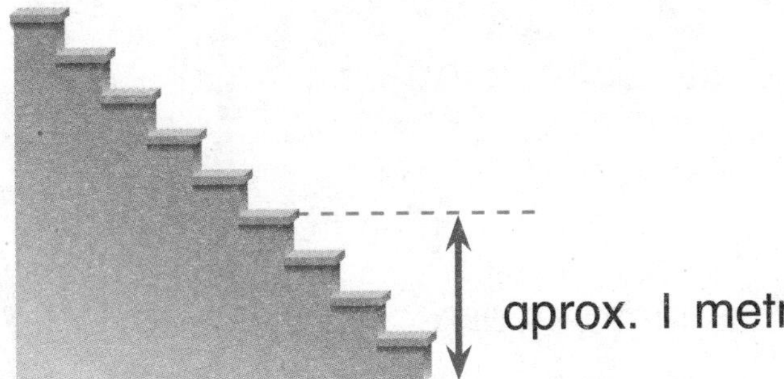

aprox. 1 metro

Encierra en un círculo el objeto real que mida aproximadamente cada longitud o altura.

8. aprox. 1 centímetro

9. aprox. 1 metro

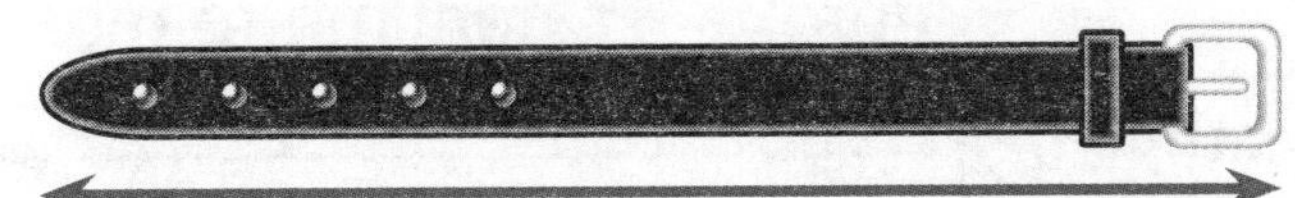

Grupo F

La altura del carrito es *menos* en metros que en centímetros.

aprox. 93 centímetros

aprox. 1 metro

Mide el objeto real en centímetros y en metros. Encierra en un círculo la unidad que usaste *menos*.

10.

aprox. ______ centímetros

aprox. ______ metros

centímetros

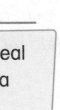

metros

Grupo G

¿Qué recorrido es más largo? ¿Cuánto más largo? Mide cada recorrido. Luego, suma las longitudes.

$4 + 2 = 6$

El recorrido morado mide 6 cm.

$2 + 3 = 5$

El recorrido verde mide 5 cm.

Resta las longitudes para compararlas.

6 – 5 = 1

El recorrido morado es aprox. 1 centímetro más largo.

Usa una regla de centímetros para medir cada recorrido.

11. Recorrido rojo: _____ centímetros
12. Recorrido azul: _____ centímetros
13. ¿Qué recorrido es más largo?

_____

¿Cuánto más largo es el recorrido?

Aprox. _____ centímetros más largo

Grupo H

Hábitos de razonamiento

Prestar atención a la precisión

¿Qué unidad de medida usaré?

¿Hay precisión en mi trabajo?

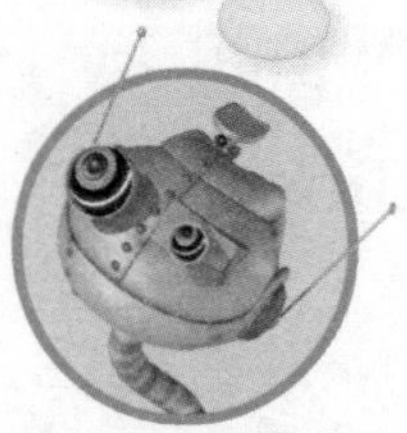

14. Mide la longitud de la parte inferior de esta página en pies y en pulgadas.

aprox. _____ pie(s) aprox. _____ pulgs.

15. ¿Qué medida es más precisa en el Ejercicio 14? Explícalo.

_____

_____

_____

_____

Nombre ______________________

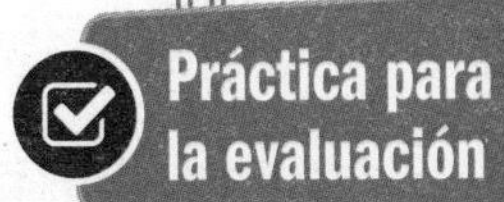

1. Haz una estimación. ¿Aproximadamente cuál es la altura de la flor?

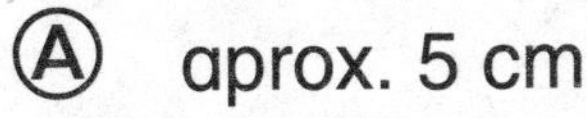
Ⓐ aprox. 5 cm

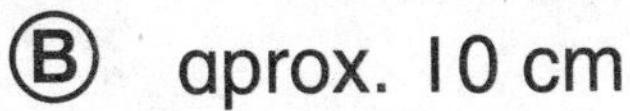
Ⓑ aprox. 10 cm

Ⓒ aprox. 15 cm

Ⓓ aprox. 1 metro

1 cm

2. Une cada estimación con el objeto correspondiente.

aprox. 1 yarda

aprox. 1 pie

aprox. 1 pulgada

3. ¿Qué unidades usarías menos para medir la altura de una valla?

Ⓐ Pulgadas

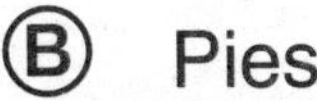
Ⓑ Pies

Ⓒ Yardas

Ⓓ Todas por igual

4. Daniel mide el ancho de una ventana usando una regla de 1 yarda. Dice que mide 3. ¿Hay precisión en su respuesta? Explícalo.

____

____

____

____

5. Usa una regla para medir cada línea al centímetro más cercano.
¿Cuáles miden aproximadamente 3 centímetros de longitud?
Escoge todas las que apliquen.

- ☐ ————————
- ☐ ——————
- ☐ —————
- ☐ ——————
- ☐ ninguna de las anteriores

6. Usa una regla para medir la longitud del lápiz en pulgadas.
¿Cuál es la medida correcta?

Ⓐ 2 pulgadas
Ⓑ 3 pulgadas
Ⓒ 4 pulgadas
Ⓓ 5 pulgadas

7. Encierra en un círculo la unidad que usarías menos para medir la longitud de una cocina.

centímetros metros

Encierra en un círculo la unidad que usarías menos para medir la longitud de una mesa.

pies yardas

8. Usa una regla para medir cada recorrido a la pulgada más cercana.

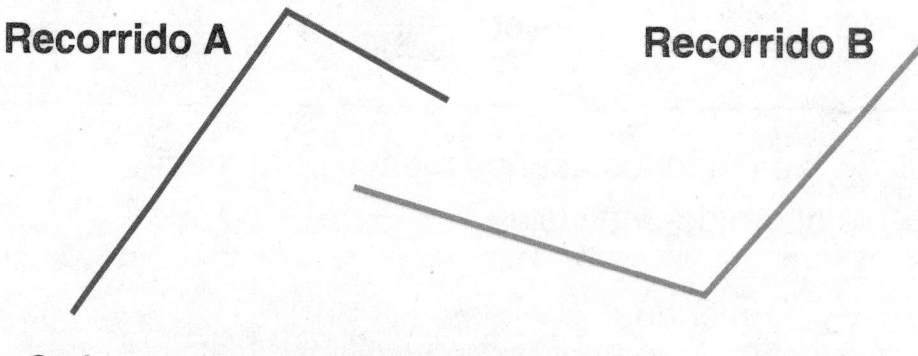

¿Qué recorrido es más largo? ____________

¿Cuánto más largo? Aprox. ________ más largo

Nombre ______________________________

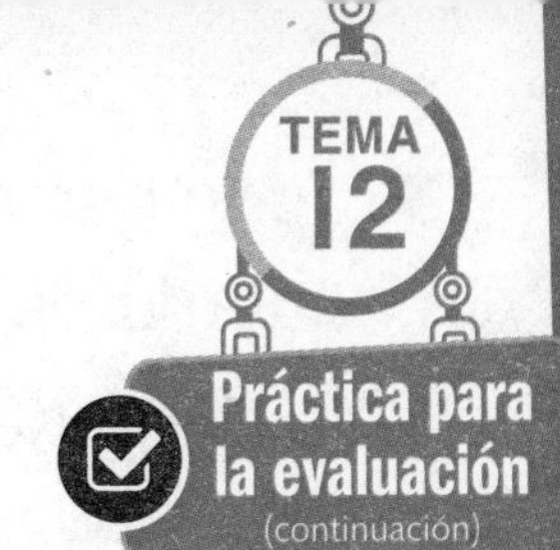

9. Usa una regla para medir la longitud del marcador al centímetro más cercano. ¿Cuánto mide el marcador?

Ⓐ 6 centímetros
Ⓑ 9 centímetros
Ⓒ 12 centímetros
Ⓓ 15 centímetros

10. Un recorrido tiene dos partes. La longitud total del recorrido mide 15 cm. Una parte del recorrido mide 9 cm de longitud. ¿Cuánto mide la otra parte?

Ⓐ 24 cm
Ⓑ 15 cm
Ⓒ 9 cm
Ⓓ 6 cm

11. Usa una regla para medir la longitud de los recorridos al centímetro más cercano.

Recorrido A

Recorrido B

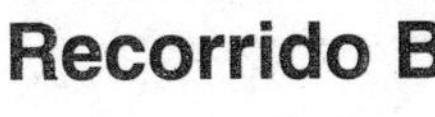

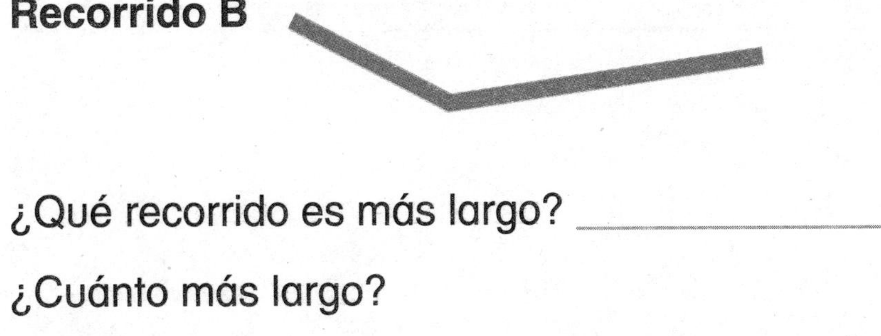

¿Qué recorrido es más largo? ______________

¿Cuánto más largo?

Aprox. ____________________ más largo

12. Mide la línea gris usando herramientas para hacerlo con precisión. Escoge todas las medidas que sean precisas.

☐ 4 centímetros
☐ 4 pulgadas
☐ 10
☐ 10 centímetros
☐ 4

13. Juan usa diferentes unidades para medir una cuerda de saltar. Compara sus medidas. Escoge todas las que apliquen.

- ☐ Más pulgadas que pies
- ☐ Menos pulgadas que pies
- ☐ Más centímetros que metros
- ☐ Menos centímetros que metros
- ☐ Más yardas
- ☐ Menos yardas que pies

14. ¿Cuál es la longitud del crayón al centímetro más cercano? ¿Cuál sería la longitud combinada de dos crayones?

0 1 2 3 4 5 6 7 8 9
CENTÍMETROS

El crayón mide _____ centímetros.

Dos crayones medirían _____ centímetros.

15. El bate de sóftbol de Kim mide 1 yarda de longitud. Ella usa 3 bates para medir la longitud del pizarrón de la clase. ¿Aproximadamente cuál es la longitud del pizarrón?

3 pulgadas	3 pies	1 yarda	3 yardas
Ⓐ	Ⓑ	Ⓒ	Ⓓ

16. Kevin midió la longitud de un carro en pulgadas y en pies. ¿Por qué el número en pies es menor que el número en pulgadas?

96 pulgadas u 8 pies

Nombre ______________________________

¡Feliz caminata!

A la familia Torres le gusta mucho ir de caminata. Ellos usan este mapa para planear su caminata.

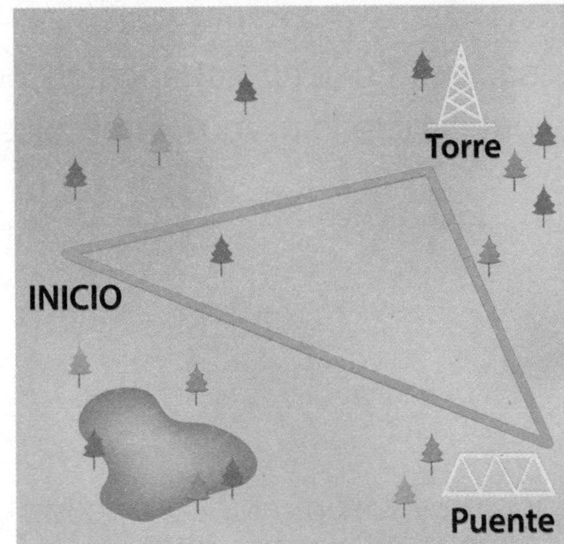

1. Usa una regla de centímetros. Halla la longitud total del recorrido triangular de la caminata que se muestra en el mapa.

aprox. _____ centímetros

Explica cómo hallaste la longitud.

____

____

____

____

2. Deborah Torres usa una mochila para la caminata. Ella quiere medir su ancho con precisión. ¿Debe usar pulgadas, pies o yardas? Explica tu respuesta.

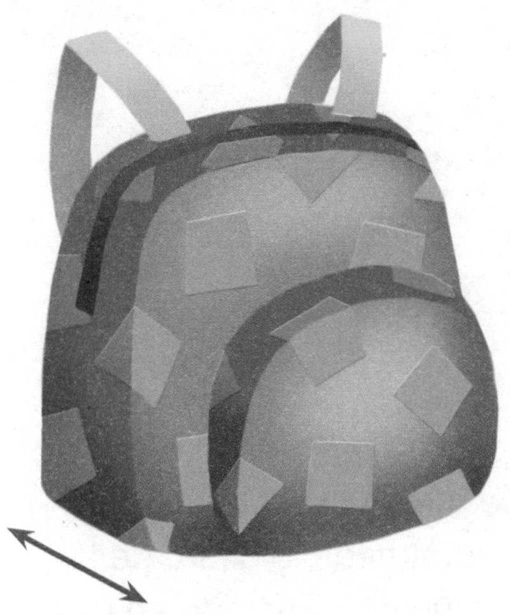

Ancho de la mochila

____

____

____

____

3. Daniel Torres estima la altura de su botella de agua. ¿Es razonable su estimación? Explícalo.

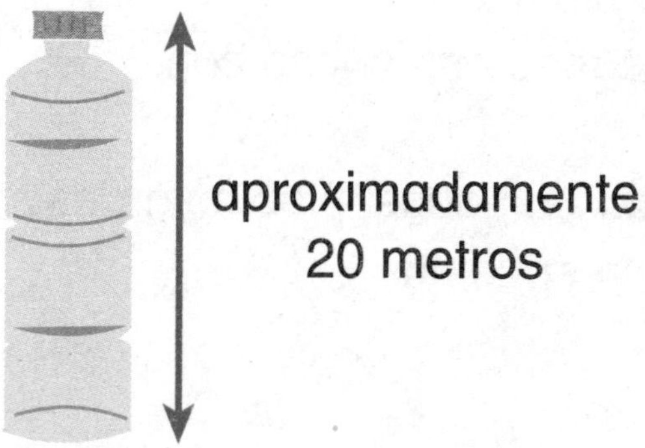

4. María Torres dice que necesitaría más yardas que pies para medir la altura de la torre. ¿Estás de acuerdo? Encierra en un círculo Sí o No. Explícalo.

Sí No

5. La familia Torres encuentra una oruga durante la caminata. Usa el siguiente dibujo para responder a las preguntas.

Parte A

Para ser preciso, ¿qué unidad deberías escoger para medir la longitud de la oruga? Explícalo.

Parte B

Haz una estimación y luego mide la longitud de la oruga. Explica cómo la mediste.

Estimación: ______

Medida: ______

TEMA 13 Las figuras y sus atributos

Pregunta esencial: ¿Cómo se pueden describir, comparar y descomponer las figuras?

Recursos digitales

¡Herramientas diferentes tienen formas diferentes!

¿Cómo ayuda la forma de una herramienta a que funcione?

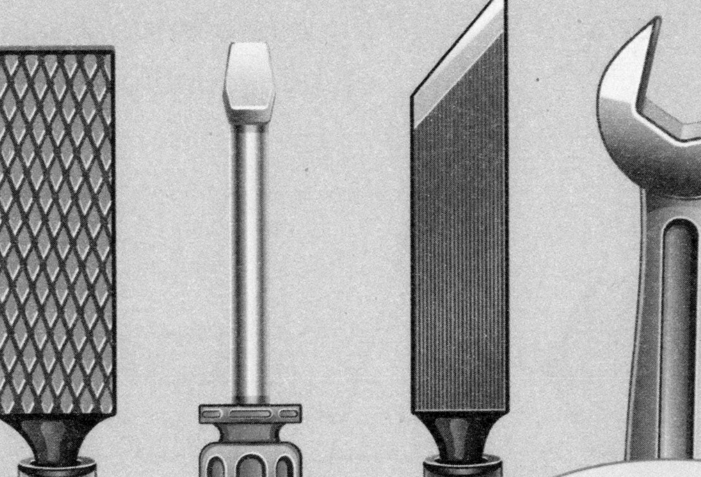

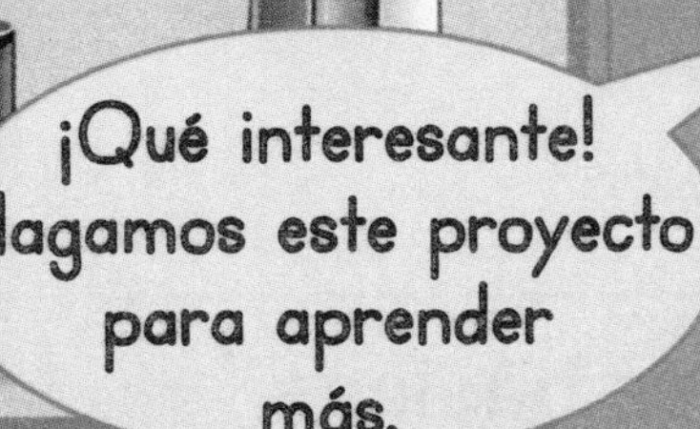

¡Qué interesante! Hagamos este proyecto para aprender más.

Investigar Dibuja las herramientas que se usan para la jardinería, para cocinar o para reparar cosas. Describe la forma de cada una. Comenta cómo su forma ayuda a que funcione.

Diario: Hacer un libro Muestra en un libro lo que averiguaste. En tu libro, también:

- escoge una herramienta que uses en la escuela y explica cómo su forma ayuda a que funcione.
- dibuja y describe figuras de polígonos.

Nombre ______________________

Vocabulario

1. Encierra en un círculo la figura que tiene 6 **lados**.

2. Encierra en un círculo las **figuras planas**. Encierra en un recuadro los **sólidos**.

3. Encierra en un recuadro el círculo que muestra **cuartos**.

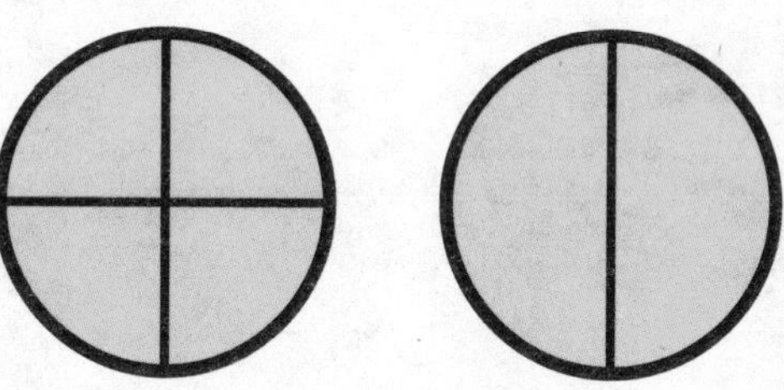

Operaciones básicas

4. Escribe las sumas.

$$\begin{array}{r} 5 \\ +8 \\ \hline \end{array} \qquad \begin{array}{r} 7 \\ +7 \\ \hline \end{array} \qquad \begin{array}{r} 10 \\ +10 \\ \hline \end{array}$$

5. Escribe las diferencias.

$$\begin{array}{r} 17 \\ -9 \\ \hline \end{array} \qquad \begin{array}{r} 15 \\ -6 \\ \hline \end{array} \qquad \begin{array}{r} 12 \\ -8 \\ \hline \end{array}$$

Cuento de matemáticas

6. Edna tiene un librero con 5 estantes. Coloca una fila de 5 libros en cada estante. Escribe una ecuación que muestre cuántos libros tiene Edna en total.

____

____

Nombre ____________________

Escoge un proyecto

PROYECTO 13A

¿Qué formas puedes hallar en un diseño con azulejos?

Proyecto: Crea un diseño con azulejos

PROYECTO 13B

¿Cómo diseñan casas los arquitectos?

Proyecto: Dibuja el edificio de tus sueños

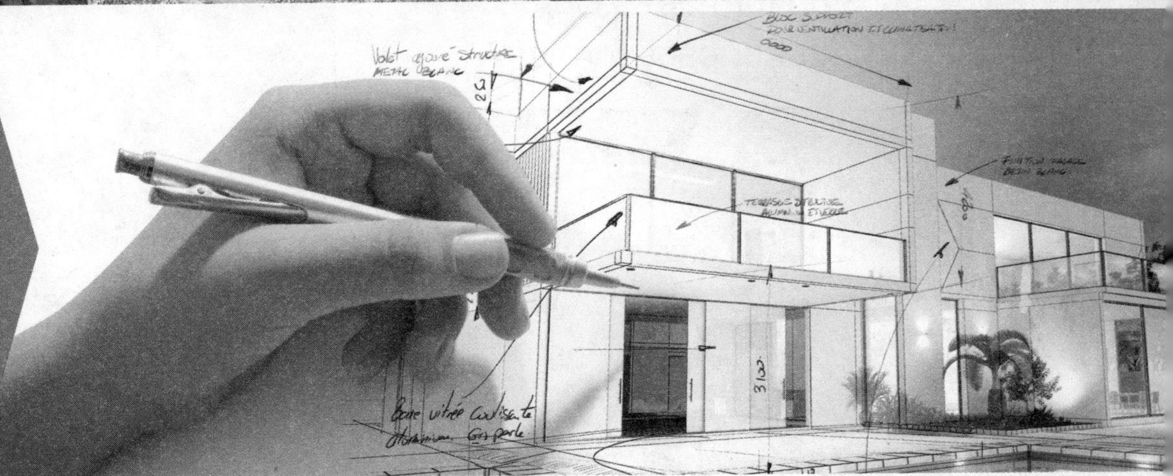

PROYECTO 13C

¿Qué monumentos nacionales hay en tu estado?

Proyecto: Construye un monumento

MATEMÁTICAS EN 3 ACTOS: VISTAZO

Representación matemática

Con forma de pajilla

Antes de ver el video, piensa:

¿Qué puedes construir con pajillas? ¿Qué tipos de formas? ¿Cómo puedes comparar esas formas?

Puedo...

representar con modelos matemáticos para resolver problemas relacionados con el uso de las propiedades de las figuras bidimensionales y las medidas.

Nombre ______________________________

Lección 13-1

Figuras bidimensionales

Puedo...
reconocer las figuras por su forma.

También puedo construir argumentos matemáticos.

Resuélvelo y coméntalo Observa el dibujo.
¿Cuántos triángulos puedes hallar?
Traza cada triángulo.
Debes estar listo para explicar cómo sabes que los hallaste todos.

______ triángulos

Aprendizaje visual A-Z Glosario

Puente de de aprendizaje visual

Triángulos	Cuadriláteros	Pentágonos	Hexágonos
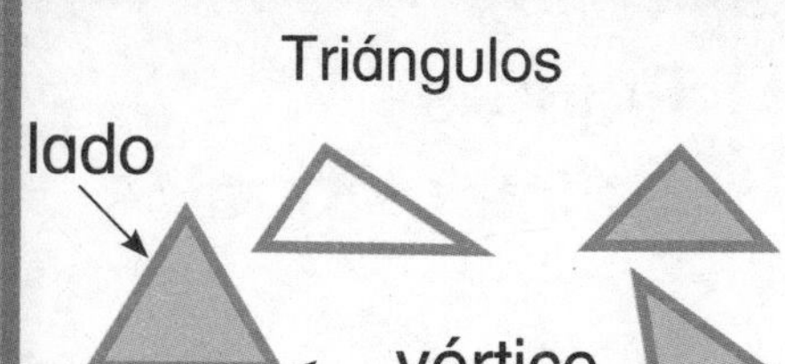		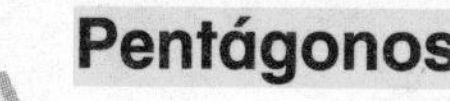 	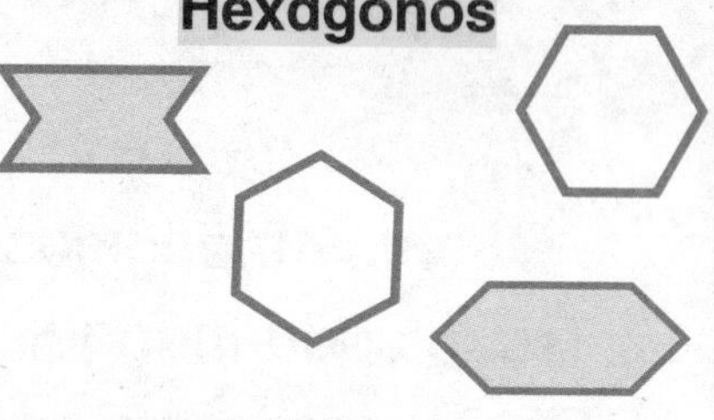
3 lados, 3 **vértices**	4 lados, 4 vértices	5 lados, 5 vértices	6 lados, 6 vértices
No son triángulos:	No son cuadriláteros:	No son pentágonos:	No son hexágonos:
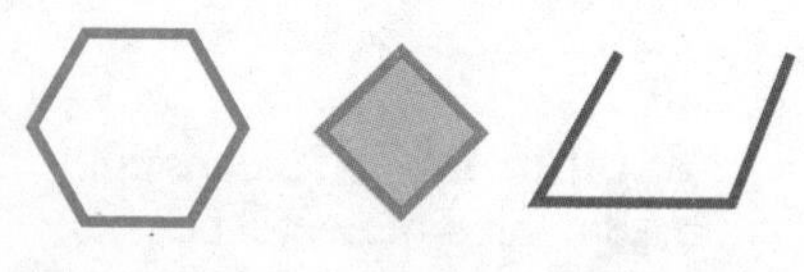	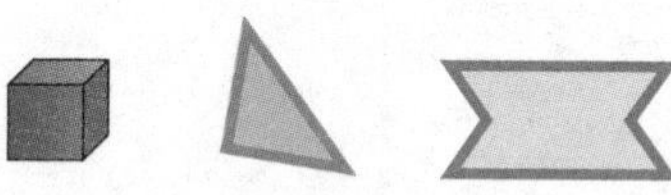	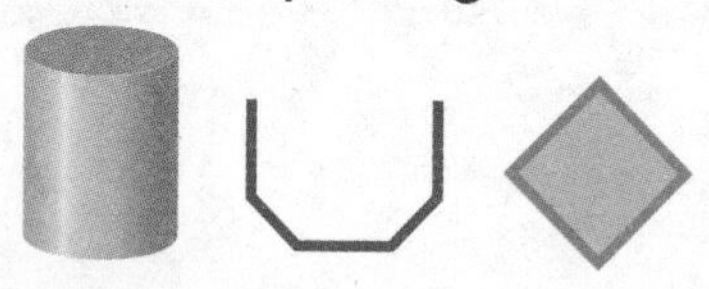	

¡Convénceme! ¿De qué manera te ayudan los lados y vértices a nombrar una figura plana?

Práctica guiada

Une cada figura con su nombre.

1. 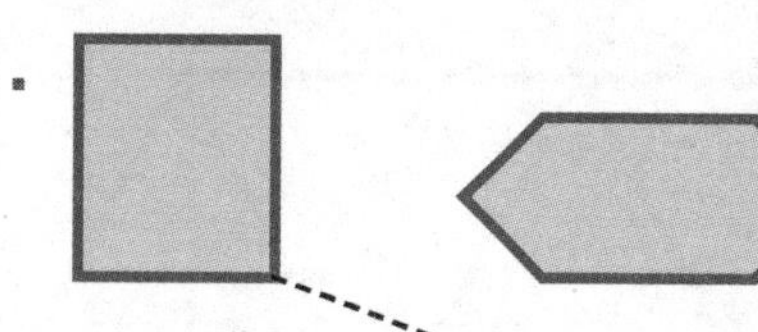  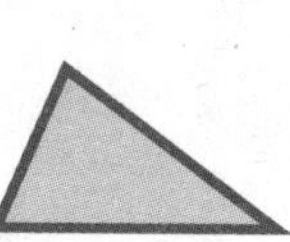

triángulo cuadrilátero pentágono hexágono

Nombra cada figura. Di cuántos lados y vértices tiene.

2. 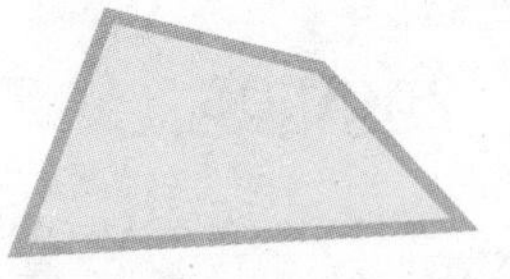

____ lados

____ vértices

Figura: ____________

3. 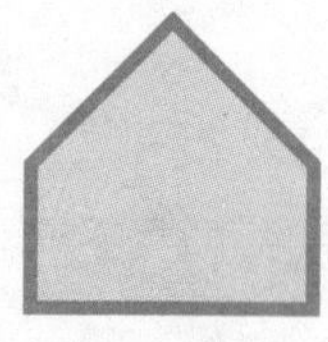

____ lados

____ vértices

Figura: ____________

Nombre ____________________

Herramientas Evaluación

Práctica independiente

Empareja cada figura con su nombre.

4. 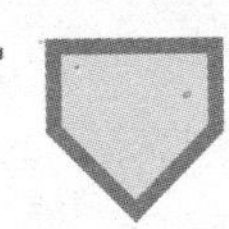  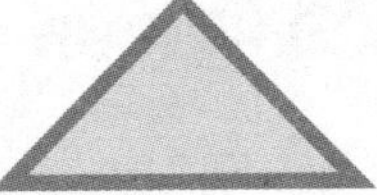 

triángulo cuadrilátero pentágono hexágono

5. 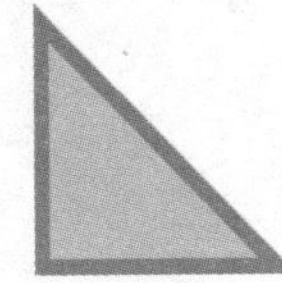   

triángulo cuadrilátero pentágono hexágono

Dibuja la figura. Di cuántos lados y vértices tiene.

6. Cuadrilátero

_____ lados

_____ vértices

7. Hexágono

_____ lados

_____ vértices

8. Triángulo

_____ lados

_____ vértices

9. **Razonamiento de orden superior** Bianca dibujó un triángulo y un pentágono. ¿Cuántos lados y vértices dibujó en total? Dibuja las figuras.

_____ lados _____ vértices

Resolución de problemas Resuelve los problemas.

10. Representar Marcos tiene 4 palillos. Los coloca de la manera que se muestra. ¿Qué figura puede formar Marcos si coloca un palillo más?

____

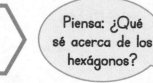

11. Vocabulario Conecta todos los puntos para formar dos figuras que tengan **vértices**. Nombra las figuras que formaste.

______________ ______________

12. Razonamiento de orden superior Rafi dijo que un cuadrado es un cuadrilátero. Susan dijo que un cuadrado es un cuadrado, no un cuadrilátero. ¿Quién tiene razón? Explícalo.

____
____
____
____
____
____

13. Práctica para la evaluación ¿Cuál de las figuras **NO** es un hexágono?

Ⓐ 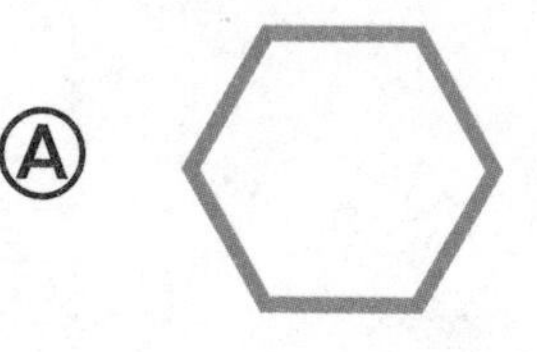

Ⓑ 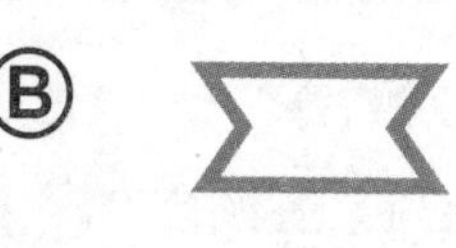

Ⓒ 

Ⓓ 

Piensa: ¿Qué sé acerca de los hexágonos?

Nombre ______________________

Resuélvelo y coméntalo Fíjate en las tres figuras planas que siguen. ¿En qué se parecen? ¿En qué se diferencian? Mide la longitud de los lados para ayudarte a describirlas. Nombra cada figura.

Lección 13-2

Polígonos y ángulos

Puedo...
describir las figuras planas por su forma.

También puedo buscar patrones.

Polígono

Una figura plana cerrada con 3 o más lados se llama polígono.

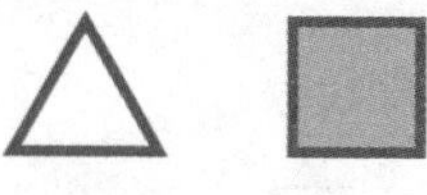

Ya sabes los nombres de estos polígonos.

No son polígonos.

Los polígonos no son figuras abiertas. Los polígonos no tienen lados curvos.

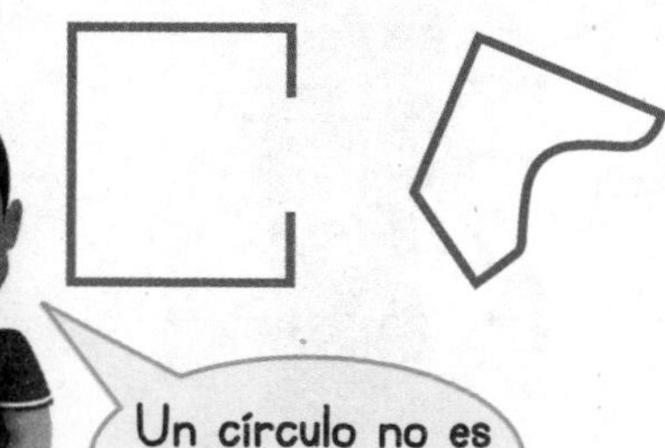

Un círculo no es un polígono.

Ángulo

Los polígonos tienen ángulos. Tienen la misma cantidad de ángulos que de lados y vértices.

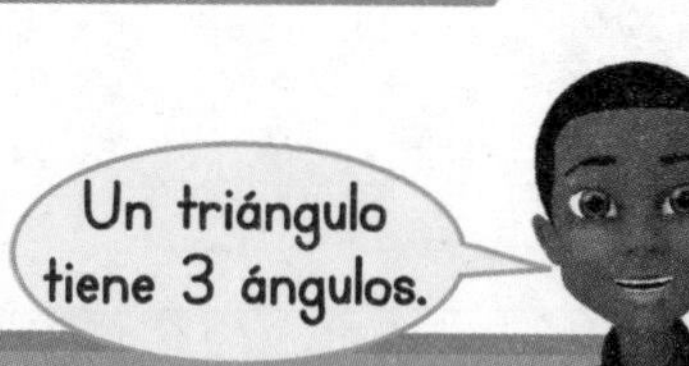

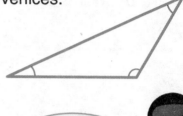

Un triángulo tiene 3 ángulos.

Ángulo recto

Un ángulo recto forma una esquina cuadrada. Un cuadrado tiene 4 ángulos rectos. El siguiente pentágono tiene 3 ángulos rectos.

¡Convénceme! ¿Cuántos ángulos tiene esta figura? ¿Cuántos ángulos rectos tiene? Nombra la figura.

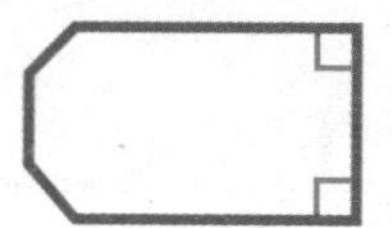

Práctica guiada Escribe cuántos ángulos tiene y el nombre de la figura.

1. 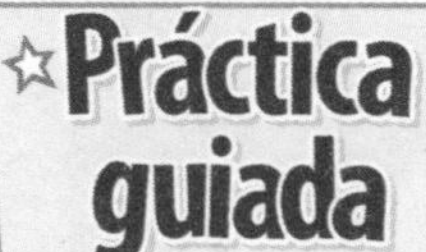

_____ ángulos

Figura: ____________

2. 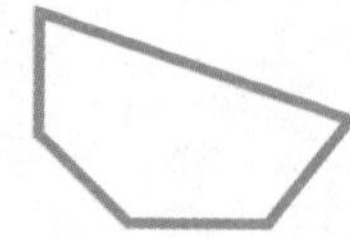

_____ ángulos

Figura: ____________

3. 

_____ ángulos

Figura: ____________

4. 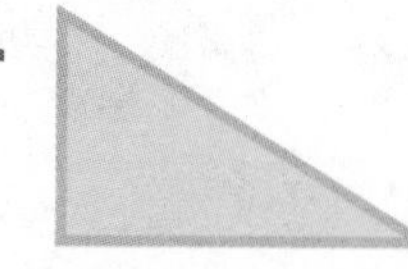

_____ ángulos

Figura: ____________

Nombre ____

Práctica independiente

Escribe la cantidad de ángulos y luego nombra la figura.

5. 

_____ ángulos

Figura: ____________

6. 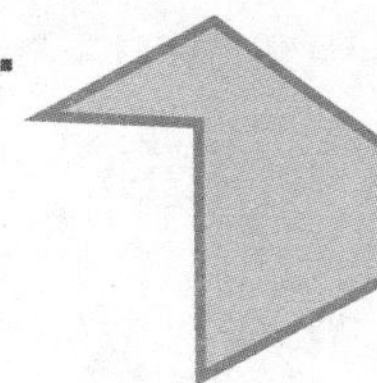

_____ ángulos

Figura: ____________

7. 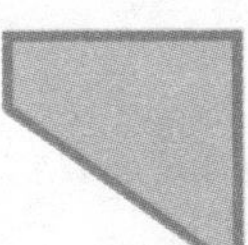

_____ ángulos

Figura: ____________

8. 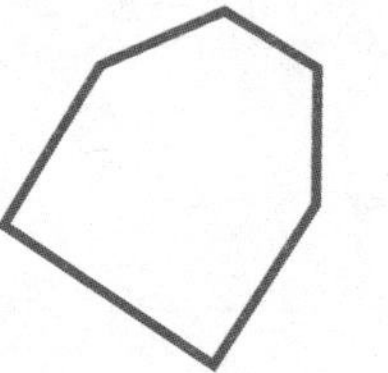

_____ ángulos

Figura: ____________

9. 

_____ ángulos

Figura: ____________

10. 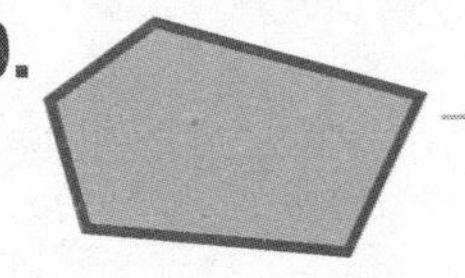

_____ ángulos

Figura: ____________

11. Razonamiento de orden superior Dibuja un polígono con 2 ángulos rectos y 2 ángulos que no sean rectos. Nombra la figura que dibujaste.

¿Cuántos ángulos en total tendrá tu polígono?

Resolución de problemas Resuelve los problemas.

12. Hacerlo con precisión ¿Cuáles son las figuras planas que están unidas en la pelota de fútbol?

13. enVision® STEM Las abejas hacen panales. La figura de un panal usa menos cera que otras figuras. Di qué figura es y cuántos ángulos tiene.

14. Razonamiento de orden superior Dibuja la figura de un polígono que tenga 7 ángulos. ¿Cuántos lados tiene el polígono? ¿Cuántos vértices tiene?

15. Práctica para la evaluación Nombra la figura que forma la señal de tránsito. Escribe 3 cosas que describan la figura.

Nombre ______________________________

Lección 13-3

Dibujar figuras bidimensionales

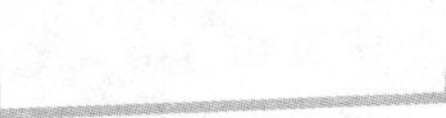

Puedo...
dibujar figuras de polígonos.

También puedo hacer mi trabajo con precisión.

Resuélvelo y coméntalo Dibuja un polígono con 3 lados que tengan la misma longitud. Luego, dibuja otro polígono con 3 lados que tengan longitudes diferentes.

Mide las longitudes de los lados que dibujaste y di 4 maneras en que se parecen las figuras.

Lados: Misma longitud | **Lados: Diferente longitud**

____

____

____

____

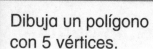

Puente de aprendizaje visual

Dibuja un polígono con 5 vértices.

Mi polígono tendrá 5 vértices. ¡Esto significa que tendrá 5 lados!

¡Dibujé un pentágono!

Dibuja un polígono con 4 lados que tengan la misma longitud.

¡Convénceme! Dibuja un cuadrilátero con 4 lados de la misma longitud y 4 ángulos rectos. Escribe 2 nombres para el cuadrilátero.

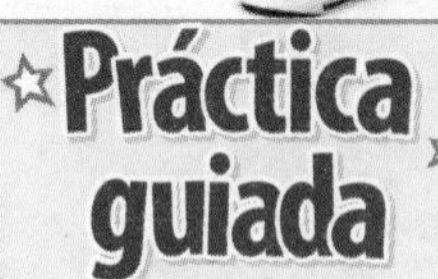

Práctica guiada Dibuja cada figura y completa las oraciones.

1. Dibuja un polígono con 3 vértices.

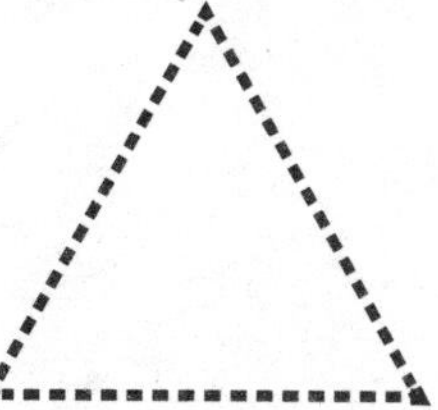

El polígono también tiene _____ lados.

El polígono es un _______________.

2. Dibuja un polígono con 6 lados.

El polígono también tiene _____ ángulos.

El polígono es un _______________.

Nombre ______________________________

Herramientas Evaluación

Práctica independiente

Dibuja cada figura y completa las oraciones.

3. Dibuja un polígono con 3 vértices y 1 ángulo recto.

El polígono también tiene

_____ lados.

El polígono es

un ____________________.

4. Dibuja un cuadrilátero con lados opuestos que tengan la misma longitud.

El polígono también tiene

_____ vértices.

El polígono es

un ____________________.

5. Dibuja un polígono con 4 lados que tengan la misma longitud.

El polígono también tiene

_____ ángulos.

El polígono es

un ____________________.

6. Dibuja un polígono con 4 lados que tengan diferentes longitudes.

El polígono también tiene

_____ ángulos.

El polígono es

un ____________________.

7. Dibuja un polígono con 5 vértices y 3 lados que tengan la misma longitud.

El polígono también tiene

_____ lados en total.

El polígono es

un ____________________.

8. Razonamiento de orden superior ¿Puedes dibujar un polígono con 3 vértices y 4 lados? Explícalo.

Resolución de problemas Resuelve los siguientes problemas.

9. Hacerlo con precisión Dibuja un rectángulo con 4 lados iguales.

¿De qué otra manera se puede llamar a esta figura? _______________

10. Dibuja 3 figuras. La primera figura es un cuadrilátero. La cantidad de vértices en cada figura aumenta de uno en uno.

Nombra la tercera figura. _______________

11. Razonamiento de orden superior El dueño de la pescadería Amal quiere un nuevo cartel. Quiere que el cartel tenga lados curvos. Dibuja un cartel para la pescadería Amal.

¿Es el cartel un polígono? Explícalo.

12. Práctica para la evaluación David dibujó dos polígonos diferentes. Uno de los polígonos era un cuadrado. Si David dibujó 9 lados y 9 vértices en total, ¿qué otro polígono dibujó?

Ⓐ 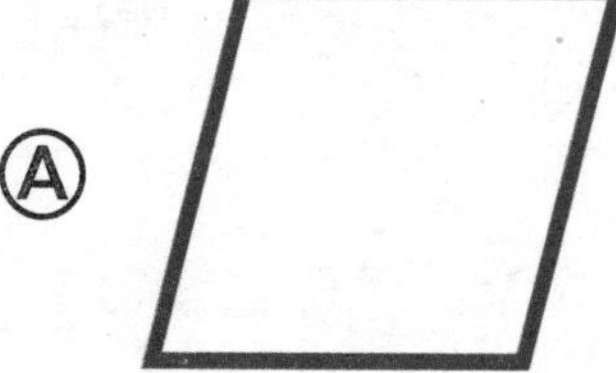

 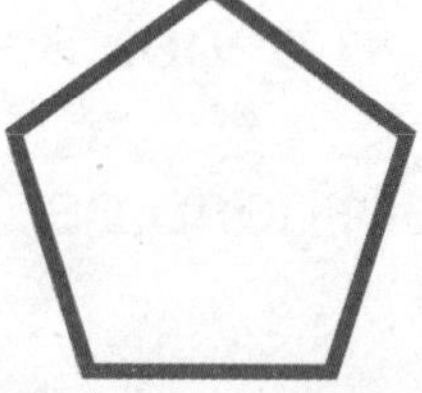

Nombre ______________________________

Lección 13-4

Cubos

Puedo...
dibujar cubos y describirlos por su forma.

También puedo buscar patrones.

Resuélvelo y coméntalo Describe las dos figuras de 4 o más maneras. Di en qué se parecen y en qué se diferencian. Usa una herramienta para incluir las medidas en tu descripción.

____

____

____

____

____

____

Un **cubo** es un sólido con 6 **caras** iguales, 12 **aristas** y 8 vértices.

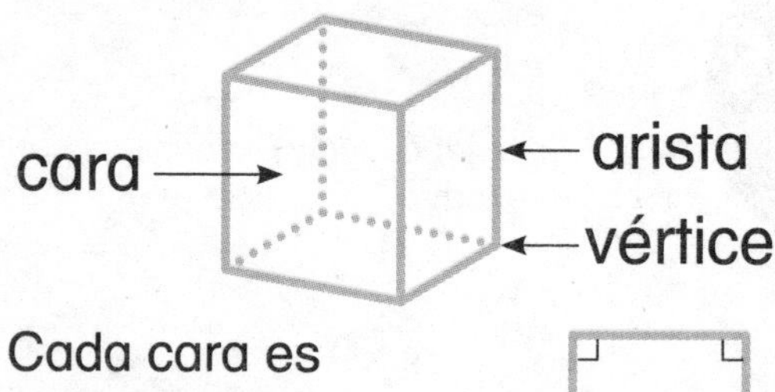

Cada cara es un cuadrado, con 4 aristas y 4 ángulos rectos.

Estos son cubos.

Estos **NO** son cubos.

Puedes usar papel punteado para dibujar un cubo. Las líneas punteadas te muestran las aristas que no puedes ver al mirar un cubo.

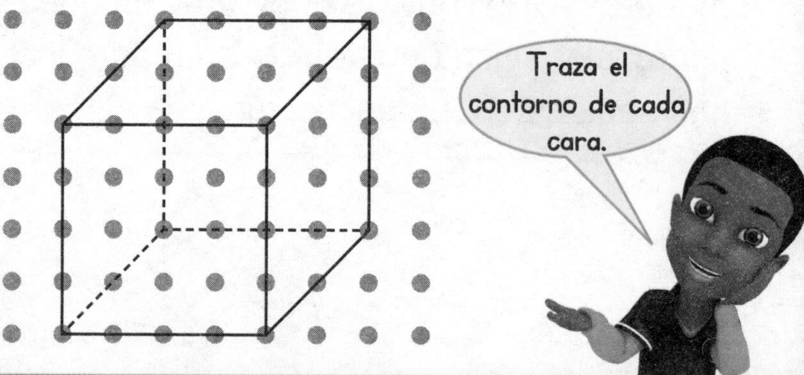

Traza el contorno de cada cara.

¡Convénceme! ¿Qué sólido tiene 6 caras iguales?

____

¿Cuál es la figura de cada cara?

____

Encierra en un círculo los cubos. Explica cómo sabes que son cubos.

1.

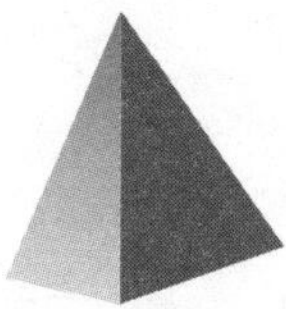
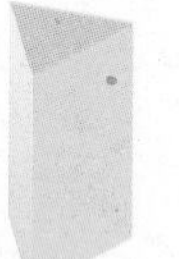
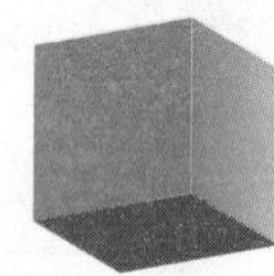

2. Usa el papel punteado para dibujar un cubo.

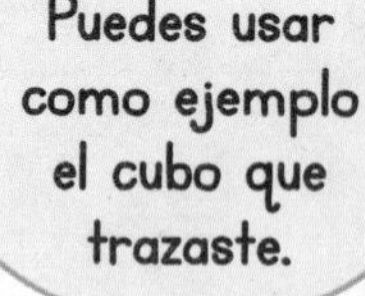

Puedes usar como ejemplo el cubo que trazaste.

Nombre ______

Herramientas Evaluación

Práctica independiente

Decide si la figura es un cubo. Luego, traza una línea de cada figura a *Es un cubo* o ***NO** es un cubo*.

3.

Es un cubo.

NO es un cubo.

4. Traza el siguiente cubo.

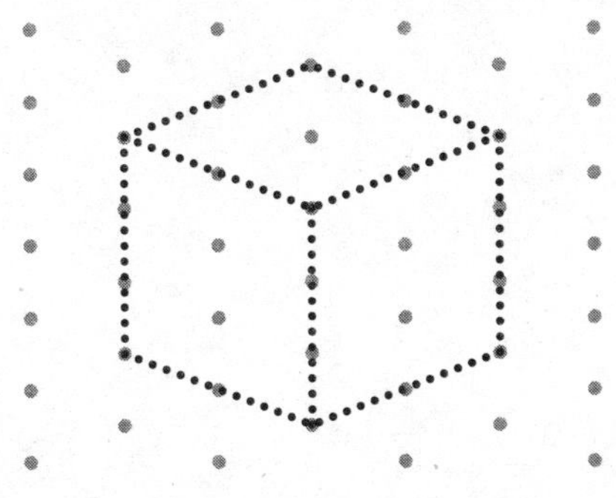

¿Cuántas caras puedes ver?

______ caras

Álgebra Usa lo que sabes sobre los cubos para escribir una ecuación y resolver los problemas.

5. ¿Cuántos vértices tienen estos dos cubos en total?

______ + ______ = ______

______ vértices

6. ¿Cuántas caras tienen estos dos cubos en total?

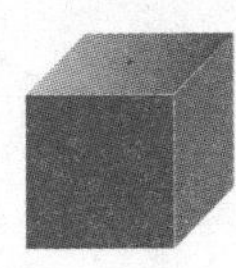 

______ + ______ = ______

______ caras

Resolución de problemas

Usa lo que sabes sobre los cubos para resolver los problemas.

7. **Explicar** Simón sostiene un sólido de 6 caras iguales, 12 aristas y 8 vértices. Simón dice que es un cubo. Carmen dice que es un cuadrado.
¿Quién tiene razón? Explícalo.

____

____

____

8. **Vocabulario** Encierra en un circulo la palabra de vocabulario que completa la oración.

vértices **caras** **aristas**

Un cubo tiene 6 ______________.

9. **Razonamiento de orden superior** Usa un cubo de unidades u otro tipo de cubo que no sea transparente.
Observa el cubo mientras lo volteas en cualquier dirección.

¿Cuál es la mayor cantidad de caras que puedes ver a la vez? Explícalo.

____

____

____

____

10. **Práctica para la evaluación** Completa las oraciones sobre los cubos.

Un cubo es un ______________.

Un cubo tiene _____ caras iguales,

_____ vértices y _____ aristas.

Nombre ______________________________

Lección 13-5

Partes iguales

Puedo...
cubrir rectángulos con cuadrados iguales y contarlos para hallar la cantidad total.

También puedo representar con modelos matemáticos.

Resuélvelo y coméntalo ¿Cuántos cuadrados iguales cubren este rectángulo? ¿Cómo lo puedes mostrar con una ecuación de suma?

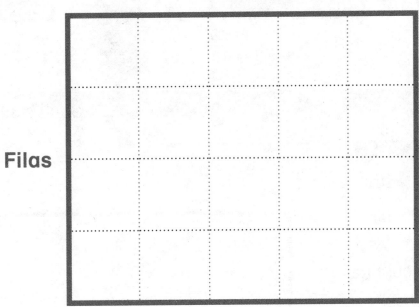

_____ partes iguales

Ecuación: ______________________

¿Cuántos cuadrados rojos pueden cubrir este rectángulo?

Empieza así:

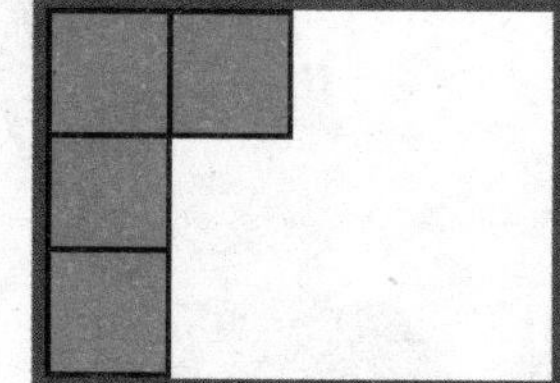

NO así:

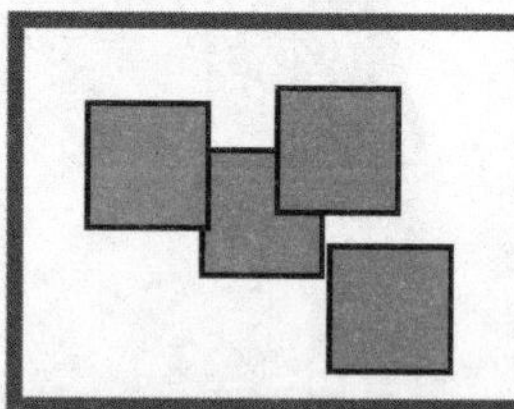

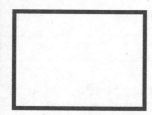

Cuenta. Cada fila tiene 4 cuadrados. Puedes sumar los cuadrados por filas.

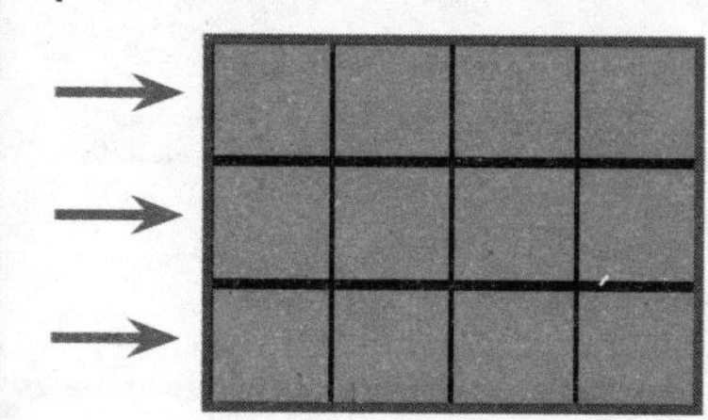

4 + 4 + 4 = 12

Cuenta. Cada columna tiene 3 cuadrados. Puedes sumar los cuadrados por columnas.

3 + 3 + 3 + 3 = 12

¡Convénceme! Explica cómo puedes cubrir un rectángulo con cuadrados iguales como ayuda para hallar la cantidad total de cuadrados.

Resuelve los problemas.

1. Usa fichas cuadradas para cubrir el rectángulo. Traza las fichas. Sigue el ejemplo de la Columna 1.

2. Cuenta y suma. ¿Cuántos cuadrados cubren el rectángulo?

Suma por filas: ____ + ____ + ____ = ____

Suma por columnas:

____ + ____ + ____ + ____ + ____ + ____ = ____

Nombre ______

Práctica independiente

Usa fichas cuadradas para cubrir cada rectángulo. Traza las fichas y cuenta los cuadrados.

3.

Suma por filas:

___ + ___ + ___ + ___ = ___

Suma por columnas:

___ + ___ + ___ + ___ + ___

= ___

4.

Suma por filas:

___ + ___ + ___ + ___ = ___

Suma por columnas:

___ + ___ + ___ + ___ = ___

5. **Sentido numérico** Dibuja un rectángulo que esté dividido en 6 cuadrados iguales.

Resolución de problemas Resuelve los problemas.

6. **Buscar patrones** Lisa hornea pan de maíz. Lo divide en cuadrados iguales. ¿Cuántos cuadrados iguales hay?
Escribe dos ecuaciones para mostrar el total de porciones cuadradas.

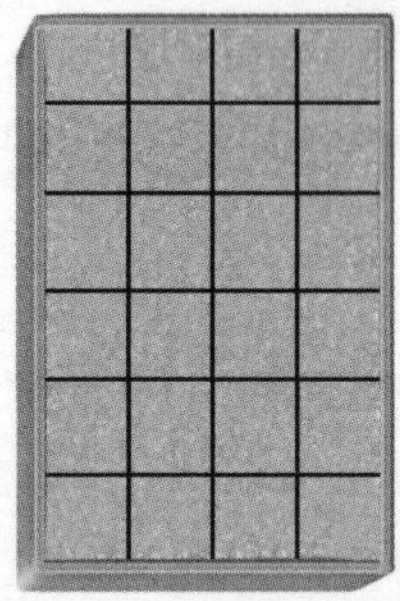

Filas: ____ + ____ + ____ + ____ + ____ + ____ = ____ porciones

Columnas: ____ + ____ + ____ + ____ = ____ porciones

7. **Vocabulario** Rotula las **columnas** y las **filas** del siguiente cuadrado.

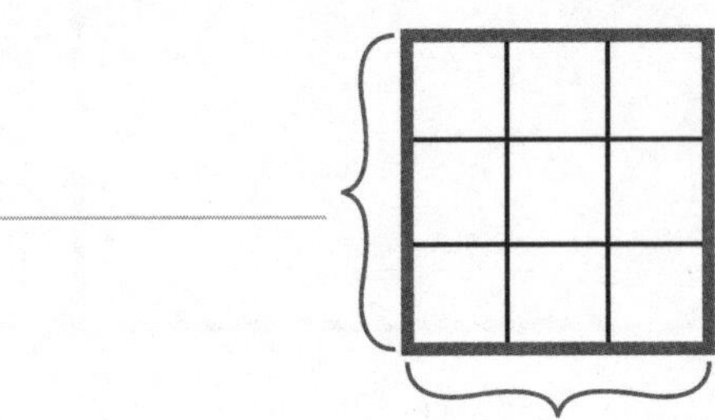

8. **Razonamiento de orden superior** Mira el cuadrado en el Ejercicio 7. ¿Qué observas en la cantidad de filas y columnas? Explícalo.

9. **Práctica para la evaluación** Cuenta los cuadrados iguales en las filas y columnas del rectángulo. Luego, usa los números de las tarjetas para escribir los números que faltan en las ecuaciones.

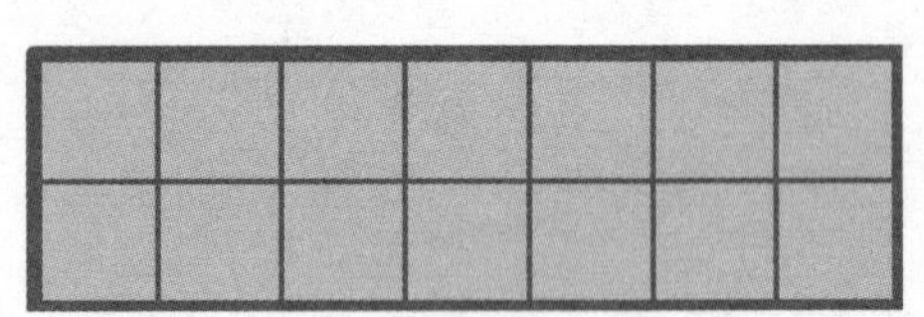

7

Filas: ____ + ____ = ____

Columnas: ____ + ____ + ____ + ____ + ____ + ____ + ____ = ____

Nombre ______________________________

Lección 13-6

Dividir figuras

Puedo…
dividir círculos y rectángulos en medios, tercios y cuartos.

También puedo razonar sobre las matemáticas.

Resuélvelo y coméntalo Dobla un cuadrado de papel a la mitad para obtener partes iguales. ¿Cuántas partes iguales tienes?

Dobla otro cuadrado de papel dos veces para obtener partes iguales. ¿Cuántas partes iguales tienes?

Dibuja las líneas por donde doblarás en los siguientes cuadrados. ¿Qué puedes decir sobre la cantidad de veces que doblaste el cuadrado y la cantidad de partes iguales?

Doblar 1 vez	Doblar 2 veces
_____ partes iguales	_____ partes iguales

¿Son iguales estas partes?

2 **partes iguales**

partes **NO** iguales

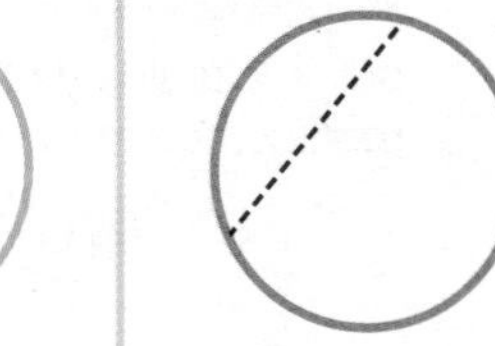

Estas partes son **medios**.

Estas partes no son medios.

¿Son iguales estas partes?

3 partes iguales

partes **NO** iguales

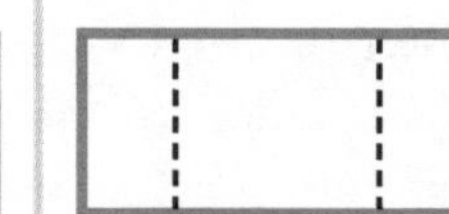

Estas partes son **tercios**.

Estas partes no son tercios.

¿Son iguales estas partes?

4 partes iguales

partes **NO** iguales

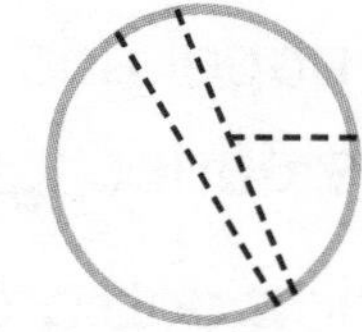

Estas partes son **cuartos**.

Estas partes no son cuartos.

Puedes mostrar partes iguales de maneras diferentes.

Cada parte es un cuarto del cuadrado.

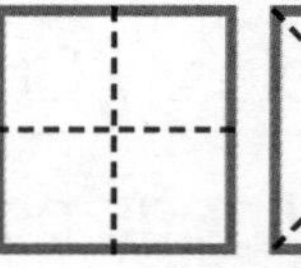

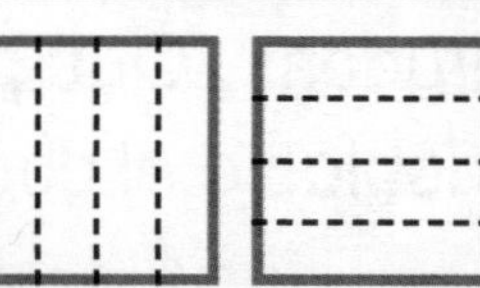

¡Convénceme! Divide este rectángulo en tres partes iguales. ¿Cuántos tercios hay en una parte? ¿Cuántos tercios hay en el rectángulo entero?

Práctica guiada

Resuelve los problemas.

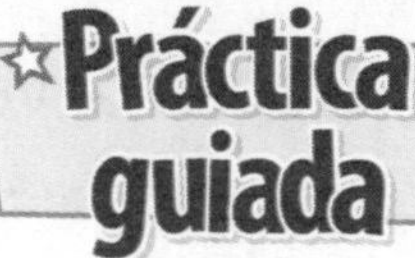

1. Divide cada cuadrado en medios de cuatro maneras diferentes.

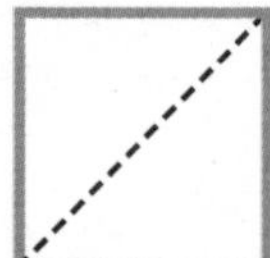
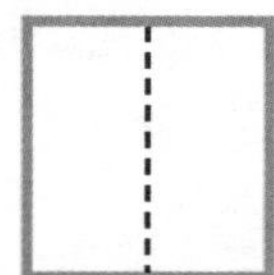
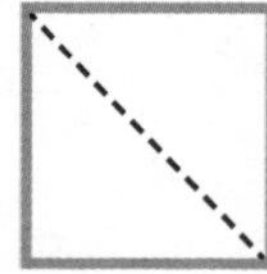

2. Di qué parte del entero es cada parte.
Escribe *un medio de*, *un tercio de* o *un cuarto de*.

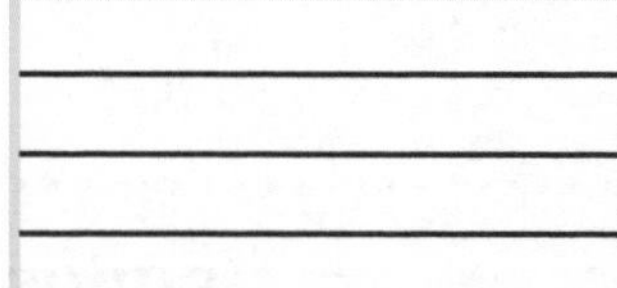

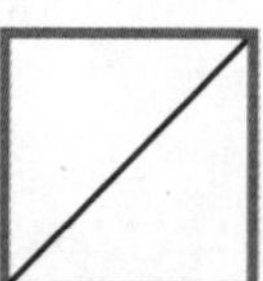

Nombre ____________________

☆ Práctica independiente

Divide cada figura en las partes iguales que se indican. Muestra dos maneras. Luego, completa las oraciones.

3. 3 partes iguales

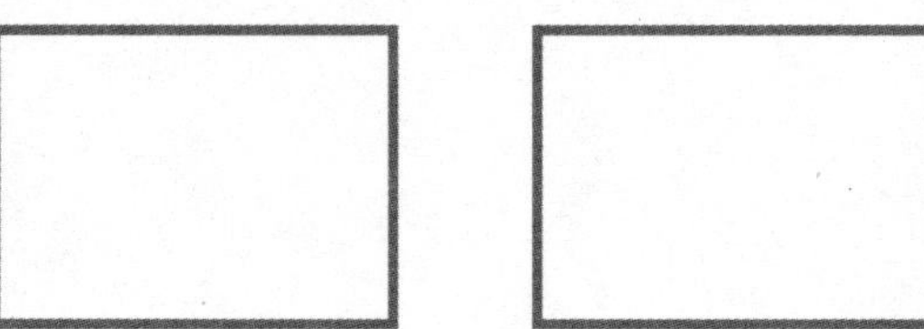

Cada parte es ____________ un entero.

Cada entero tiene ____________________.

4. 4 partes iguales

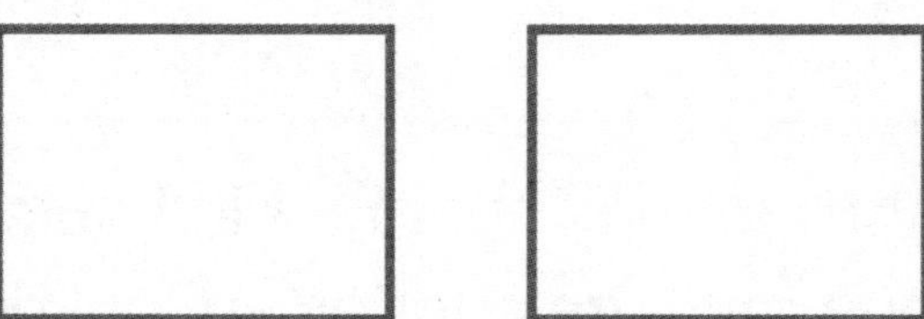

Cada parte es ____________ un entero.

Cada entero tiene ____________________.

5. 2 partes iguales

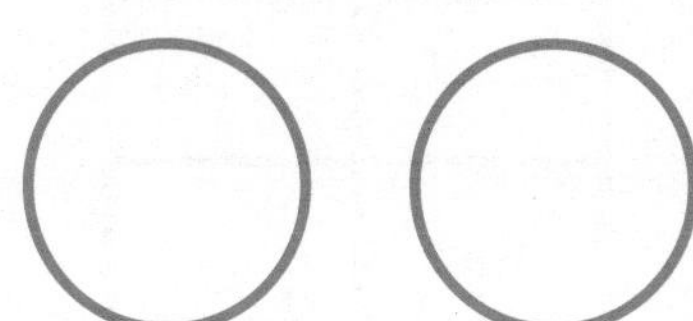

Cada parte es ____________ un entero.

Cada entero tiene ____________________.

6. Razonamiento de orden superior Dibuja la figura que sigue en el patrón.

   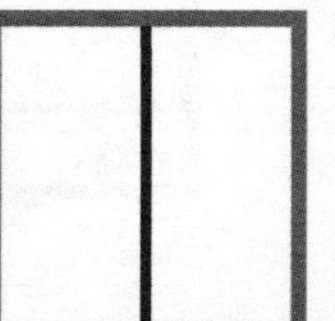  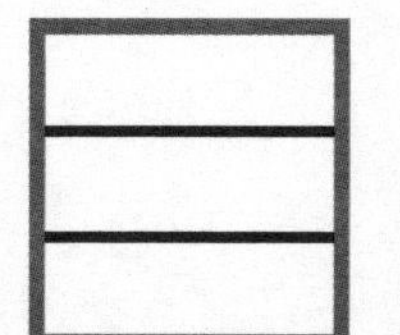 

Resolución de problemas Resuelve los problemas.

7. **Representar** Lionel cortó un waffle en medios. Traza líneas para mostrar 3 maneras diferentes en que pudo haber cortado el waffle.

8. **enVision® STEM** Tina está plantando en su jardín. Quiere tener partes iguales para frijoles, tomates y pimientos. Haz un dibujo para mostrar cómo puede dividir su jardín.

9. **Razonamiento de orden superior** Traza líneas en el dibujo para resolver el problema.

4 amigos quieren compartir una sandía. ¿Cómo pueden cortar la sandía para que cada amigo reciba una parte igual?

Cada amigo recibe ______________.

10. **Práctica para la evaluación** Matt quiere una bandera que muestre cuartos. ¿Cuál de las banderas puede usar Matt? Escoge todas las que apliquen.

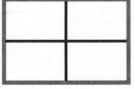

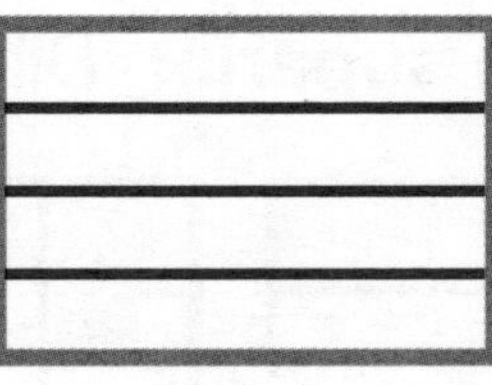 

Nombre ______________________________

Lección 13-7

Partes iguales, figuras diferentes

Puedo...
formar partes iguales que no tienen la misma forma.

También puedo construir argumentos matemáticos.

Resuélvelo y coméntalo Usa un crayón para dividir esta pizza en cuatro partes iguales. Compara tu respuesta con la de un compañero. ¿Tienen los dos cuatro partes iguales? ¿Lucen igual sus partes?

Aprendizaje visual A-Z Glosario

Puente de aprendizaje visual

¿Cómo se puede dividir este cuadrado en 3 partes iguales?

Puedes usar los cuadrados más pequeños como ayuda.

Puedes trazar líneas para formar 3 columnas o 3 filas.

Estos muestran partes iguales en las que todas tienen la misma forma.

Este muestra partes iguales que **NO** tienen la misma forma.

Cada parte tiene 3 cuadrados. Las partes son iguales.

Cada una de las maneras muestra 3 partes iguales.

Las partes iguales pueden tener formas diferentes.

¡Convénceme! ¿Cómo puedes asegurarte de que todas las partes son iguales?

Práctica guiada Traza líneas para mostrar dos maneras diferentes de dividir en 2 partes iguales.

1. 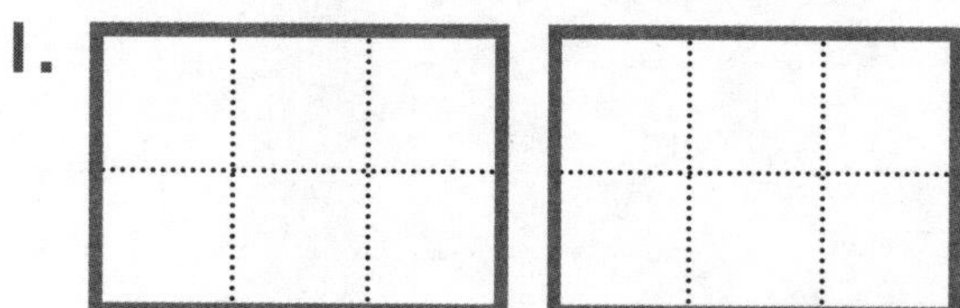

2. ¿Cuántos cuadrados hay en cada parte de los rectángulos?

____

3. Describe las partes iguales y el entero.

Cada parte es una mitad de un entero.

Cada entero tiene dos medios.

Nombre ______________________________

Práctica independiente

Traza líneas para mostrar dos maneras diferentes de dividir el rectángulo en 4 partes iguales. Luego, responde a las preguntas.

4. Muestra partes iguales que tengan la **misma forma**.

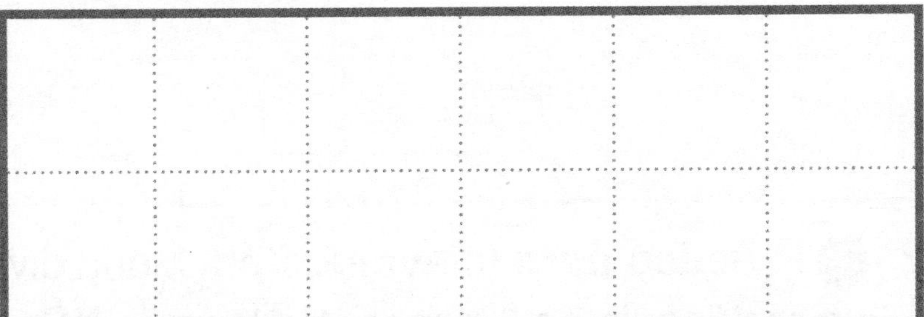

Muestra partes iguales que tengan **formas diferentes**.

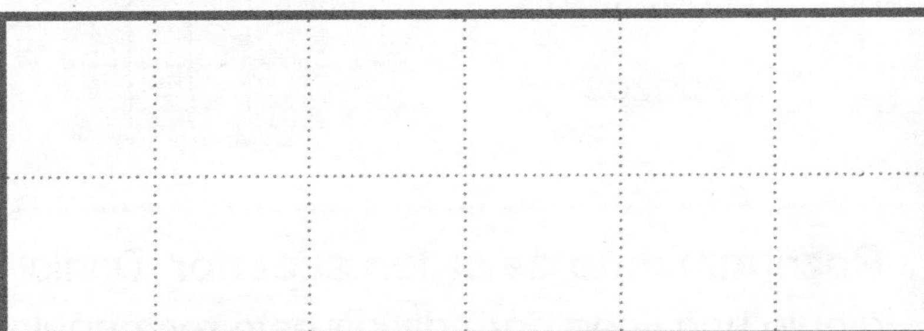

5. ¿Cuántos cuadrados hay en cada una de las partes iguales del Ejercicio 4? ______

6. Describe las partes iguales y el entero del Ejercicio 4.

Cada parte es ____________________ un entero.

Cada entero tiene ____________________.

Traza líneas para mostrar dos maneras diferentes de dividir el rectángulo en 3 partes iguales.

7.

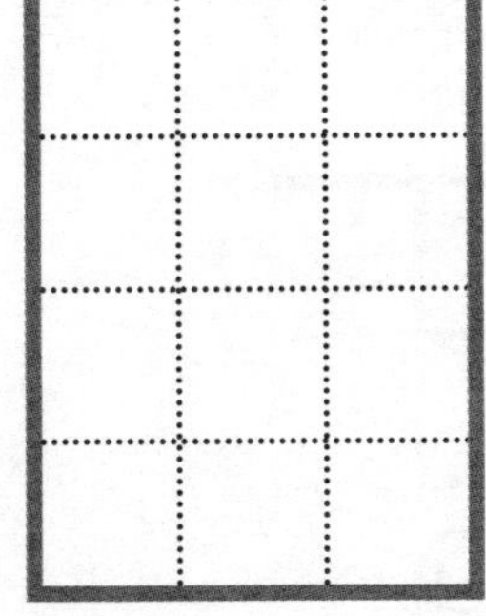

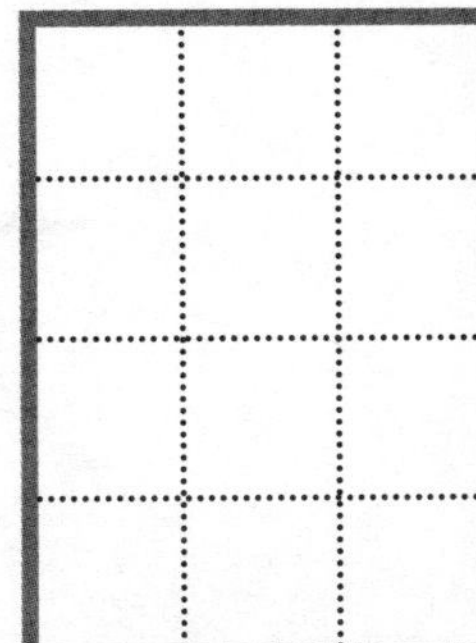

8. Razonamiento de orden superior ¿De qué manera las partes iguales de un rectángulo pueden tener formas diferentes?

____

____

____

Resolución de problemas Resuelve los problemas.

9. Alan quiere compartir este pan de maíz con 3 amigos. Alan y cada uno de sus amigos recibirán partes iguales.

¿Cuántos pedazos hay en cada parte?

_____ pedazos

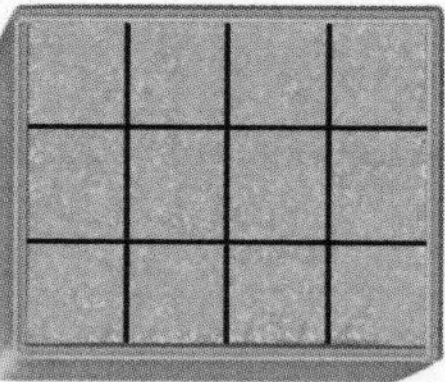

10. **Explicar** Pablo dice que las partes iguales pueden tener diferente forma y tamaño. ¿Tiene razón Pablo? Explícalo.

____

____

____

11. **Razonamiento de orden superior** Dania dibujó una línea para dividir este rectángulo en 2 partes iguales. ¿Son iguales las partes? ¿Por qué?

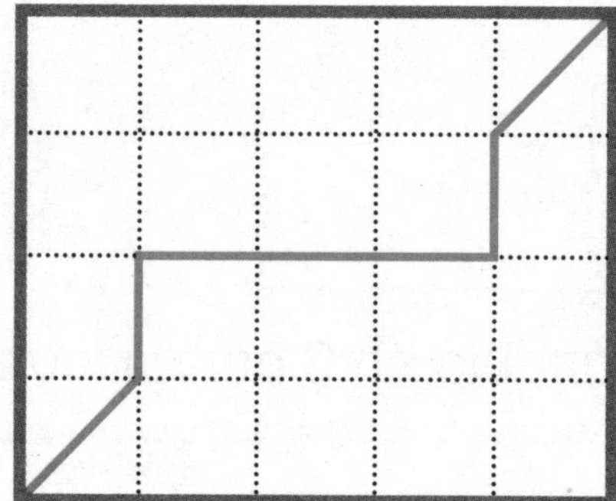

____

____

____

____

12. **Práctica para la evaluación** María divide un rectángulo en 3 partes iguales que **NO** tienen la misma forma. ¿Cuál puede ser el rectángulo de María?

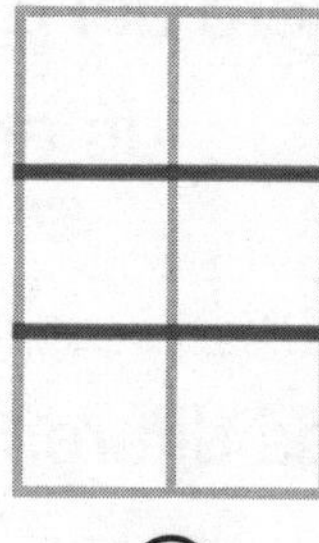

Ⓐ

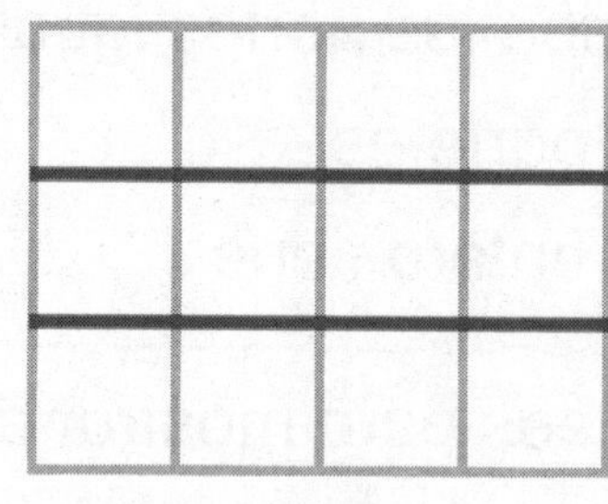

Ⓒ

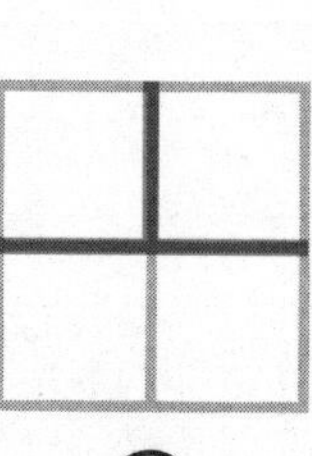

Ⓑ

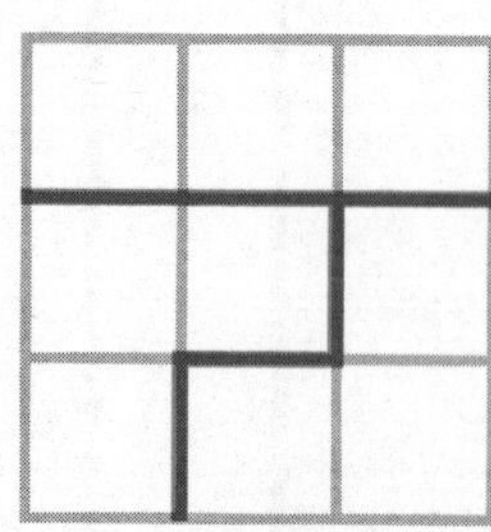

Ⓓ

Nombre ______________________

Lección 13-8

Razonamientos repetidos

Puedo...
usar razonamientos repetidos para dividir rectángulos en filas y columnas y crear diseños con partes iguales.

También puedo mostrar partes iguales de las figuras.

Resuélvelo y coméntalo Diseña dos banderas diferentes que tengan 15 cuadrados iguales cada una. Usa filas y columnas.

Haz tres partes iguales de distintos colores en cada bandera. Luego, escribe una ecuación para cada una que muestre el total de cuadrados.

Diseños de mi bandera

Ecuación: ______________________

Ecuación: ______________________

Hábitos de razonamiento

¿Hay algo que se repita en el problema?

¿De qué manera puedo usar la solución como ayuda para resolver otro problema?

Aprendizaje visual A-Z Glosario

Sam está diseñando una colcha de retazos cuadrada. La colcha debe tener 4 colores repartidos en partes iguales.

Ayuda a Sam a hacer dos diseños.

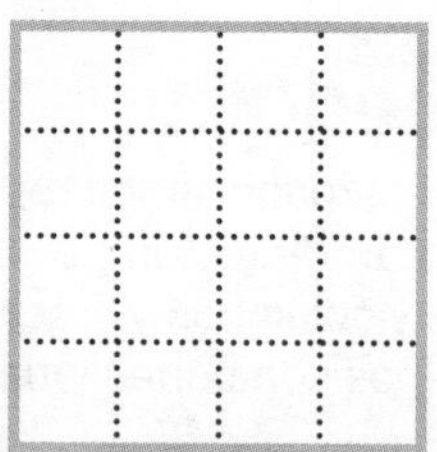

¿Cómo puedo saber qué cosas se repiten en el problema?

Cada parte tiene 4 cuadrados pequeños. Por tanto, cualquier figura con 4 cuadrados pequeños es una parte igual.

Puedo hacer partes que tengan la misma forma. Estos cuartos son todos cuadrados.

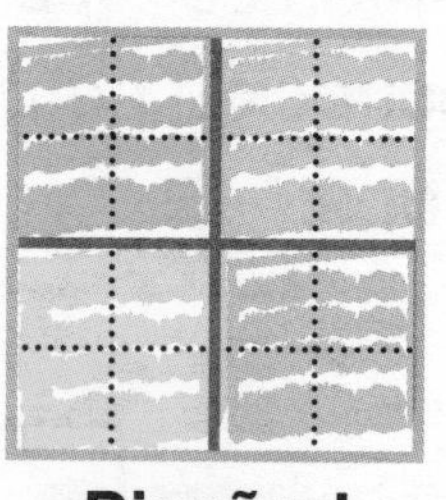

Diseño 1

En ambos diseños los cuartos tienen el mismo tamaño.

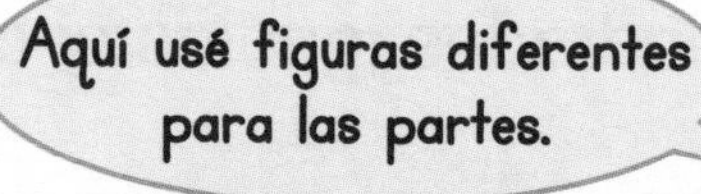

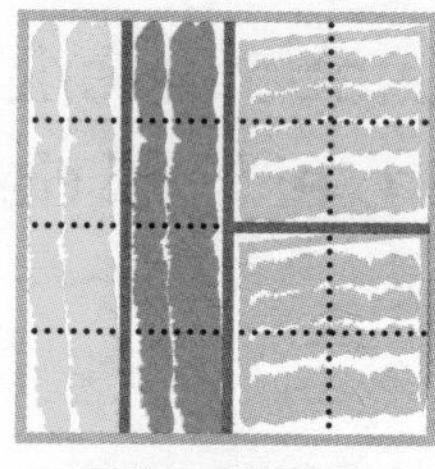

Diseño 2

¡Convénceme! ¿Cómo sabes que cada parte del diseño 2 es un cuarto del cuadrado entero?

Práctica guiada

Resuelve el problema. Usa crayones para colorear.

1. Ramón está haciendo un diseño. El diseño debe tener partes iguales de 3 colores. Crea dos posibles diseños para Ramón.

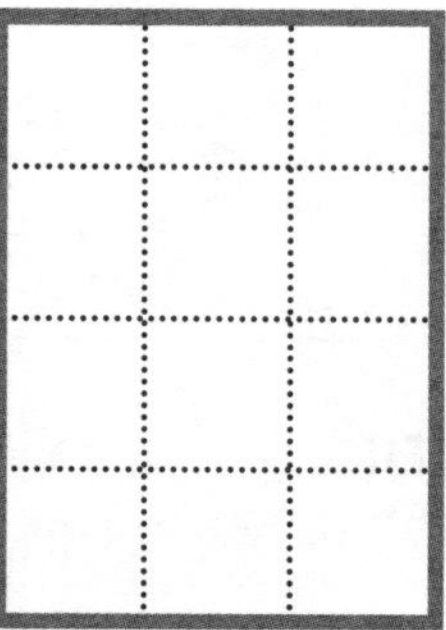

Diseño 1

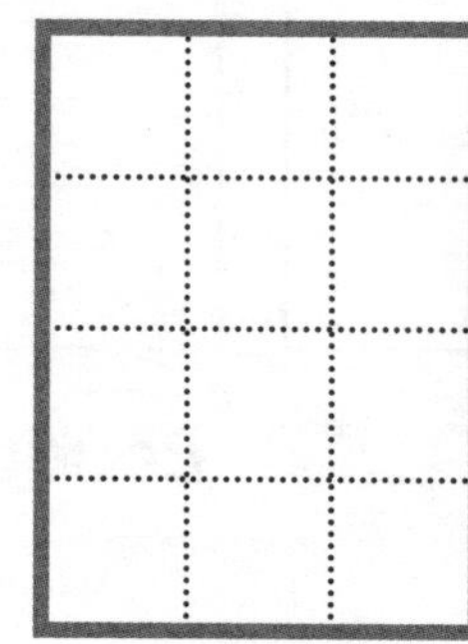

Diseño 2

Debes estar listo para explicar cómo usaste razonamientos repetidos como ayuda para resolver el problema.

Nombre ______________________

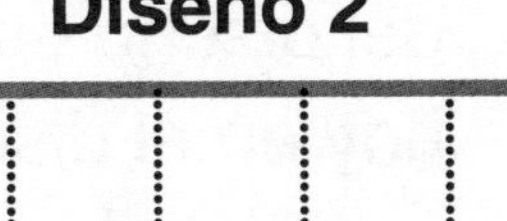

☆ Práctica independiente ☆ Resuelve los problemas. Usa crayones para colorear. Explica tu trabajo.

2. María quiere usar un diseño rectangular en una camiseta. El diseño debe tener 4 colores repartidos en partes iguales. Crea dos posibles diseños para María.

Diseño 1 **Diseño 2**

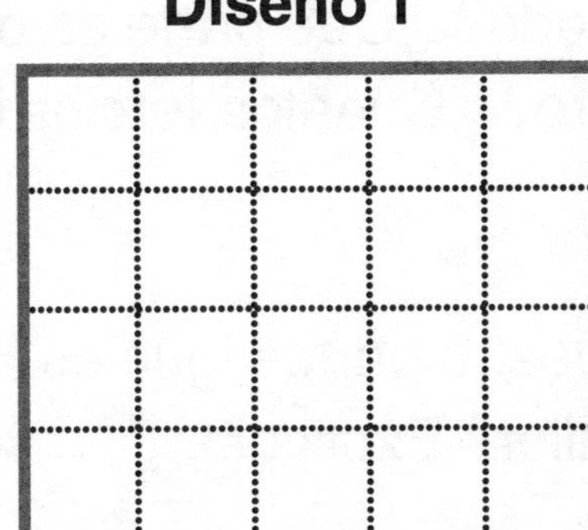

____

____

____

____

____

3. Clint quiere poner un círculo en su carrito de juguete. El círculo debe tener 3 colores repartidos en partes iguales. Crea dos posibles diseños para Clint.

Diseño 1 **Diseño 2**

____

____

____

____

____

Resolución de problemas

Tarea de rendimiento

Diseño con azulejos

El señor Miller creó este diseño rectangular con azulejos. ¿Qué parte del diseño es anaranjada? ¿Qué parte es amarilla? ¿Cuántas partes hay en el diseño entero? ¿Cuántos tercios hay en el entero?

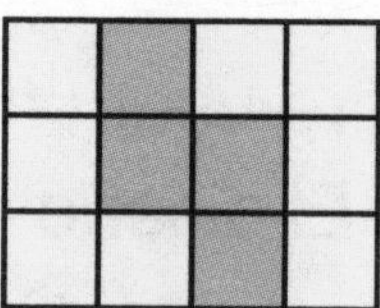

4. **Entender** ¿Cómo muestra partes iguales el diseño del señor Miller? Explícalo.

5. **Razonar** ¿Qué parte del diseño es anaranjada? ¿Qué parte del diseño es amarilla? ¿Cuántas partes hay en el diseño entero? ¿Cuántos tercios tiene el entero?

6. **Generalizar** Copia el diseño de los azulejos en esta cuadrícula. Coloréalo de anaranjado y amarillo como el diseño que está arriba.

¿Cómo copiaste el diseño? Describe una o dos maneras rápidas que usaste.

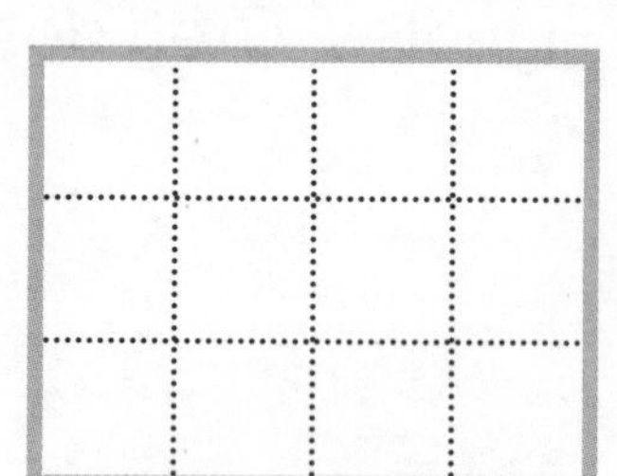

Nombre ____________________

Actividad de práctica de fluidez

Sigue la ruta

Halla cada suma o diferencia. Luego, sombrea una ruta desde **Salida** hasta **Meta**. Sigue las sumas y diferencias que sean números pares. Solo te puedes mover hacia arriba, abajo, izquierda o derecha.

Puedo...
sumar y restar hasta 100.

También puedo hacer mi trabajo con precisión.

Salida

69 − 23	31 + 25	78 − 47	97 − 49	72 + 12	76 − 38	67 − 47	48 + 24	46 + 37
84 − 61	73 − 55	68 + 29	11 + 17	37 + 58	86 − 51	21 + 38	82 − 18	81 − 62
43 + 42	27 + 49	35 + 48	46 − 32	73 − 26	30 + 31	46 − 28	47 + 41	62 − 39
25 + 16	60 − 36	50 − 29	39 + 43	60 − 45	64 + 23	29 + 35	56 + 41	94 − 61
35 + 42	85 − 23	24 + 56	58 + 36	97 − 38	25 − 16	38 + 62	79 − 49	59 + 23

Meta

Repaso del vocabulario

Lista de palabras

- ángulo
- ángulo recto
- arista
- cara
- cuadrilátero
- cuartos
- cubo
- hexágono
- medios
- partes iguales
- pentágono
- polígono
- tercios
- vértice

Comprender el vocabulario

Escribe *siempre, a veces* o *nunca.*

1. Un cubo tiene exactamente 4 caras. ______
2. Un ángulo recto forma una esquina cuadrada. ______
3. Los cuadriláteros son cuadrados. ______
4. Un sólido con caras tiene aristas. ______

Traza una línea de cada término a su ejemplo.

5. hexágono
6. pentágono
7. vértice

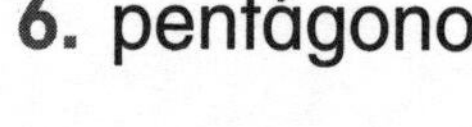

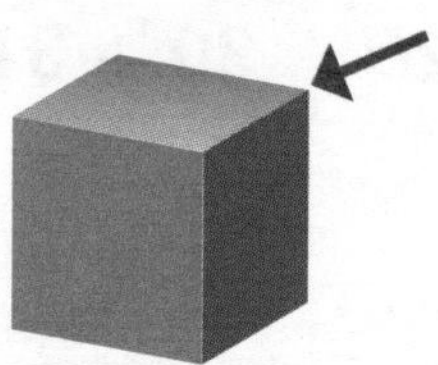

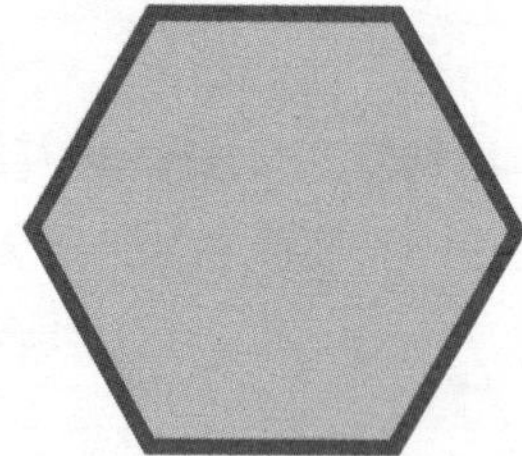

Usar el vocabulario al escribir

8. Di cómo puedes dividir un cuadrado en dos partes iguales. Luego, indica cómo puedes dividir el mismo cuadrado en 3 partes iguales. Usa términos de la Lista de palabras.

Nombre ______________________________

TEMA 13

Refuerzo

Grupo A

Puedes nombrar una figura plana por la cantidad de sus lados y vértices.

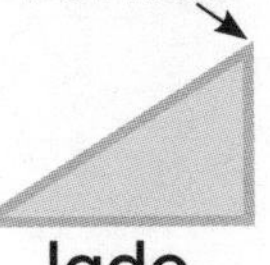

3 lados

3 vértices

Figura: Triángulo

4 lados

4 vértices

Figura: Cuadrilátero

Escribe la cantidad de lados y vértices. Nombra la figura.

1. ____ lados

____ vértices

Figura: ____________

2. 

____ lados

____ vértices

Figura: ____________

Grupo B

Puedes nombrar un polígono por la cantidad de sus ángulos.

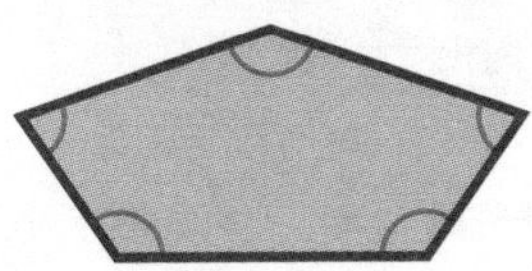

5 ángulos

Pentágono

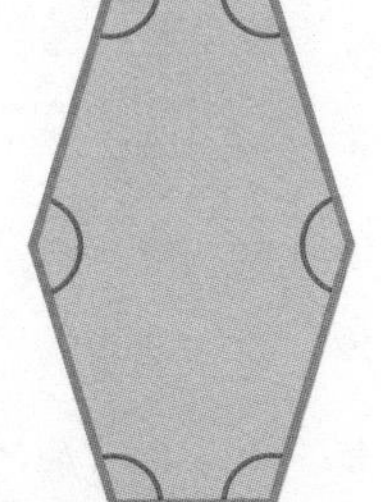

6 ángulos

Hexágono

Escribe la cantidad de ángulos. Luego, nombra la figura.

3. 

____ ángulos

Figura: ____________

4. 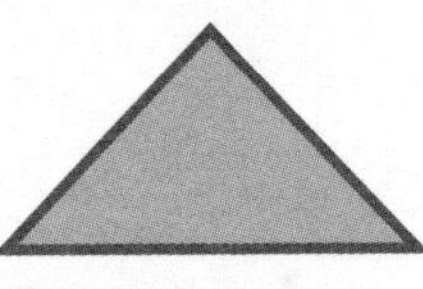

____ ángulos

Figura: ____________

Grupo C

Puedes dibujar un polígono con una cantidad dada de lados, vértices o ángulos.

Dibuja un polígono que tenga 4 lados. Dos lados tienen longitudes diferentes.

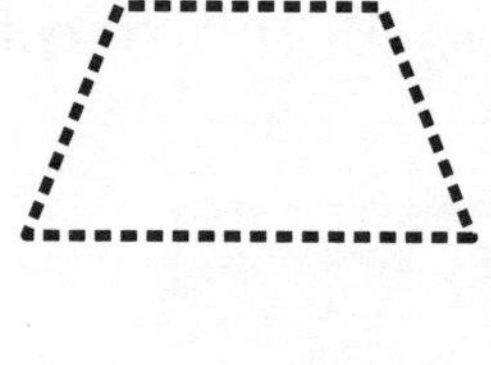

Dibuja un polígono que tenga 5 vértices.

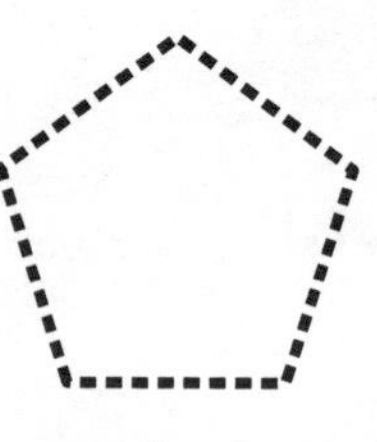

Dibuja un polígono que tenga 3 ángulos. Uno de ellos es recto.

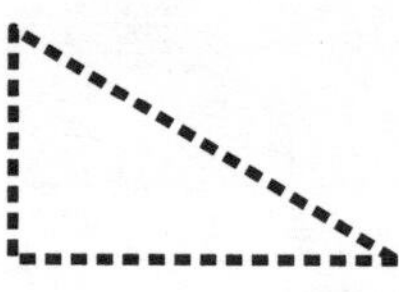

Dibuja los polígonos que se describen.

5. 6 lados

6. 3 vértices

7. 5 lados y 2 ángulos rectos

8. 8 ángulos

Grupo D

Puedes describir y dibujar cubos.

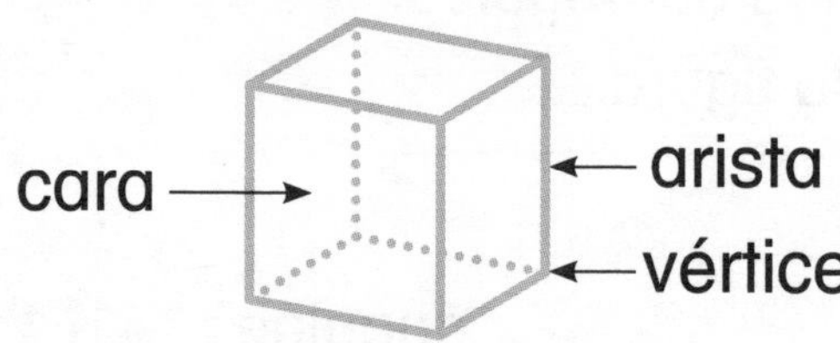

Todo cubo tiene 6 caras, 12 aristas y 8 vértices.

9. Marca con una X las figuras que **NO** son cubos.

10. Dibuja un cubo. Usa los puntos como ayuda.

Nombre ____________________

Grupo E

Puedes cubrir un rectángulo con cuadrados.

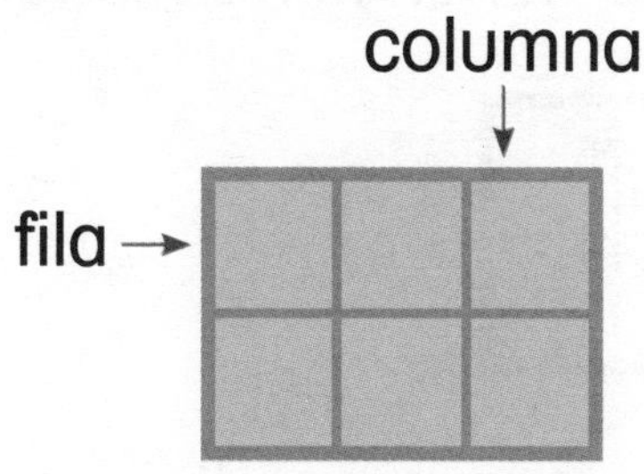

Cuenta por filas: $3 + 3 = 6$

Cuenta por columnas: $2 + 2 + 2 = 6$

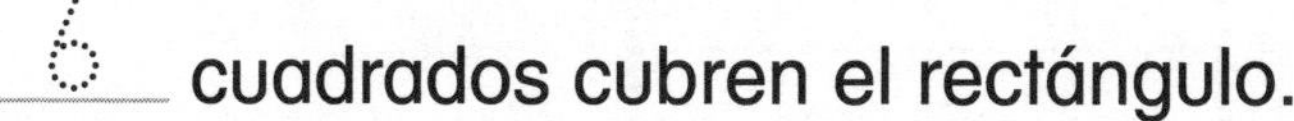
6 cuadrados cubren el rectángulo.

Usa fichas cuadradas para cubrir el rectángulo. Traza las fichas. Luego, cuenta los cuadrados.

11\.

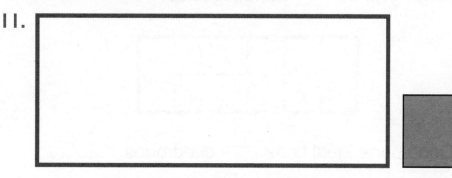

____ cuadrados cubren el rectángulo.

Grupo F

Puedes dividir círculos y rectángulos en partes iguales.

2 partes iguales son **medios**.

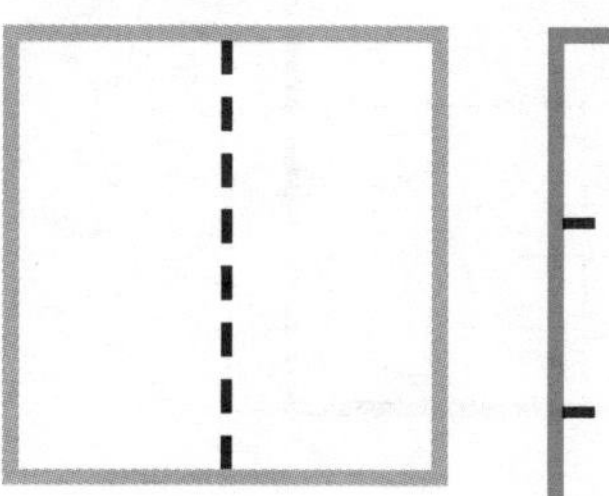

3 partes iguales son **tercios**.

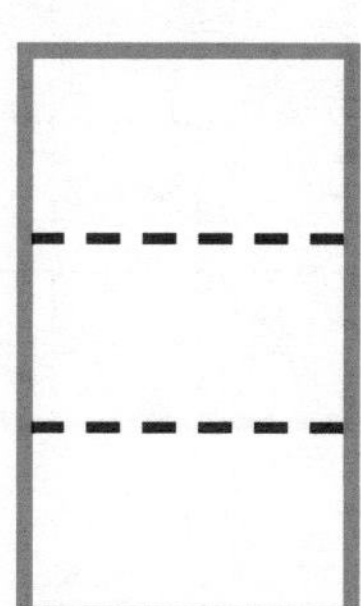

4 partes iguales son **cuartos**.

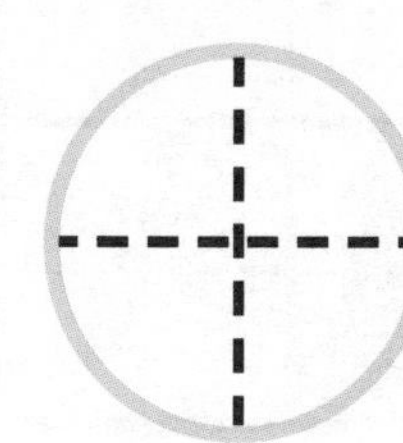

Divide cada figura en la cantidad dada de partes iguales. Muestra dos maneras.

12\. medios

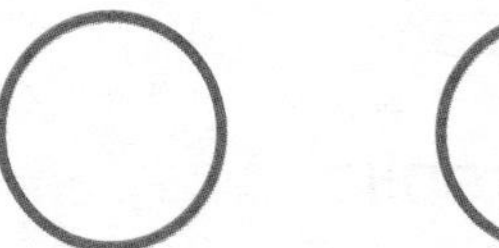

13\. tercios

14\. cuartos

Grupo G

Las partes iguales pueden tener formas diferentes.

Esta es una manera de dividir este rectángulo en 3 partes iguales.

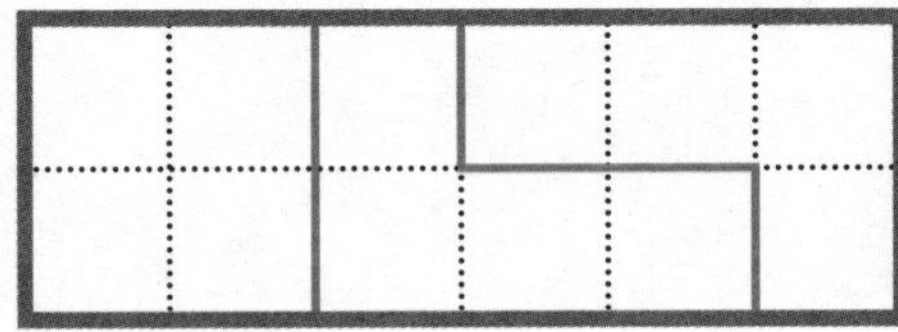

Cada parte igual tiene 4 cuadrados.

Dibuja líneas para mostrar dos maneras de dividir el rectángulo en 3 partes iguales.

15. partes iguales que **NO** tienen la misma forma

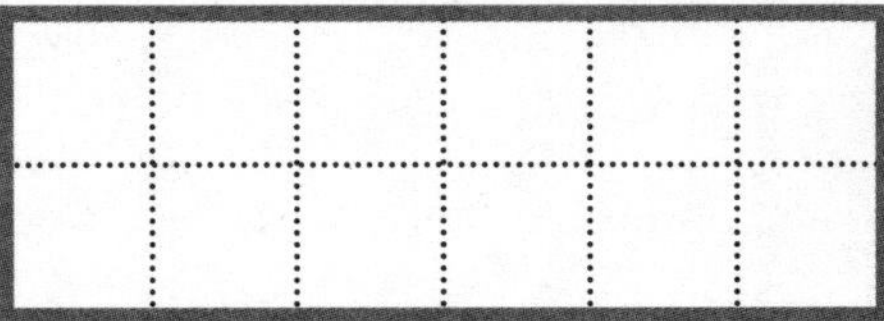

16. partes iguales que tienen la misma forma

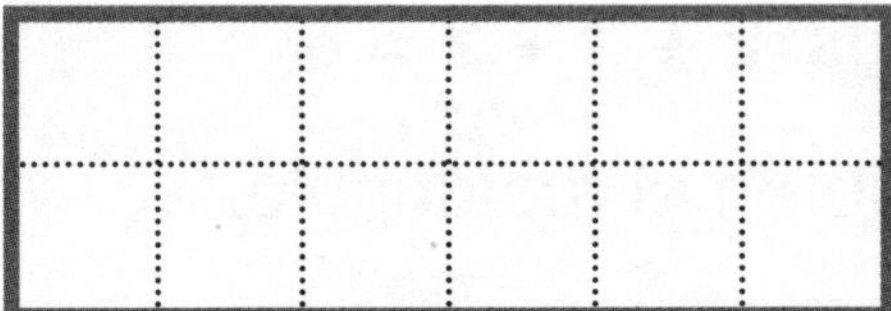

Grupo H

Hábitos de razonamiento

Razonamientos repetidos

¿Hay algo que se repita en el problema?

¿De qué manera puedo usar la solución como ayuda para resolver otro problema?

Usa el diseño que se muestra. Crea un diseño diferente con 3 partes iguales.

17.

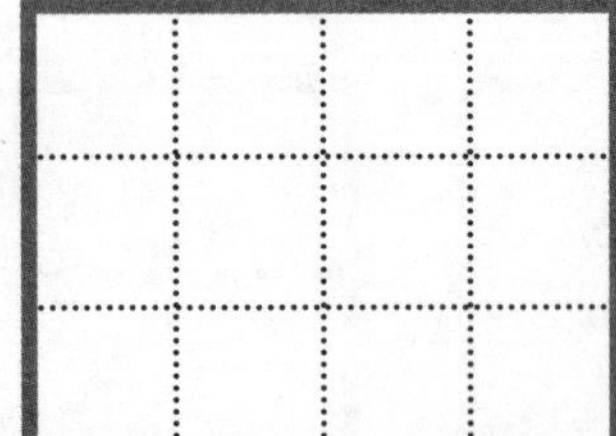

Nombre ______________________

1. ¿Qué polígonos son pentágonos?

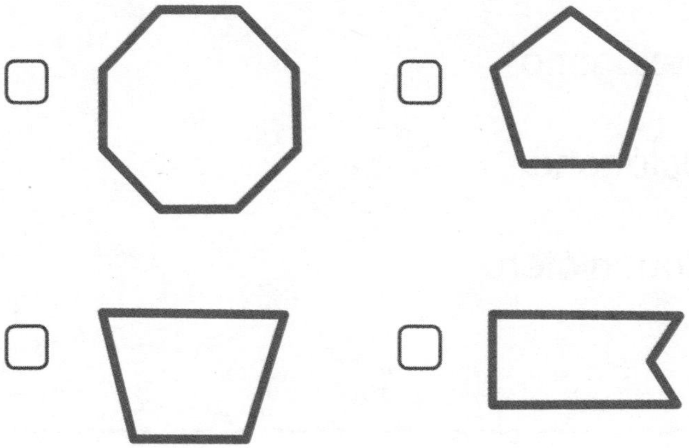

☐ ☐

☐ ☐

2. Rita dibujó un polígono. Tiene menos de 8 lados y más ángulos que un cuadrado. ¿Qué figura dibujó Rita?

Ⓐ Triángulo

Ⓑ Rectángulo

Ⓒ Hexágono

Ⓓ Cuadrilátero

3. ¿Qué rectángulos se muestran divididos en cuartos? Escoge todos los que apliquen.

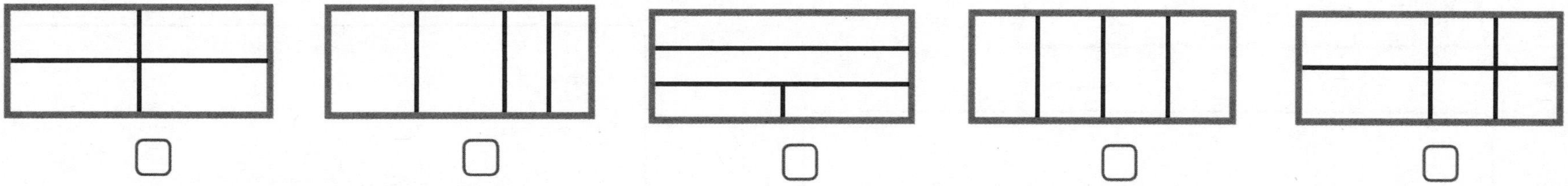

☐ ☐ ☐ ☐ ☐

4. Dibuja un polígono con 4 ángulos. Uno de los ángulos debe ser recto. Luego, nombra el polígono.

Nombre: ______________________

5. ¿Es este polígono un cuadrilátero? Escoge Sí o No.

Tengo 3 lados y 3 ángulos.	○ Sí	○ No
Tengo 4 lados y 4 ángulos.	○ Sí	○ No
Soy un cuadrado.	○ Sí	○ No
Soy un rectángulo.	○ Sí	○ No

6. Mandy dibujó un polígono con 6 lados y 6 ángulos. ¿Cuál de estas figuras dibujó?

Ⓐ Pentágono

Ⓑ Hexágono

Ⓒ Octágono

Ⓓ Cuadrilátero

7. Nombra la siguiente figura. Escribe tres cosas que la describan.

8. Dibuja el polígono que se describe. Luego, completa la oración.

Tengo 2 lados menos que un pentágono.
Tengo 1 ángulo menos que un cuadrado.
Tengo un ángulo recto.

La figura es un ______________.

9. Completa la oración para nombrar y describir el siguiente sólido.

Un _______ tiene _____ caras, _____ vértices

y _____ aristas.

10. Divide el círculo en 2 partes iguales. Luego, completa las oraciones.

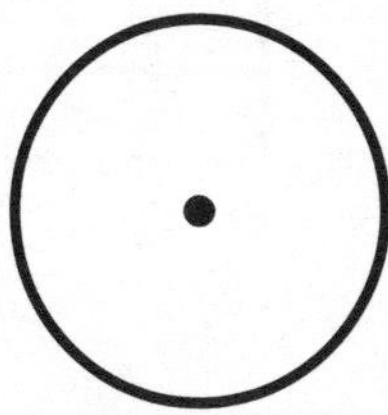

Cada parte es una _______ del todo o entero.
El todo o entero tiene _____ mitades.

11. Brad dice que solo hay dos maneras de dividir el siguiente rectángulo en 3 partes iguales. ¿Estás de acuerdo? Usa palabras y dibujos para explicarlo.

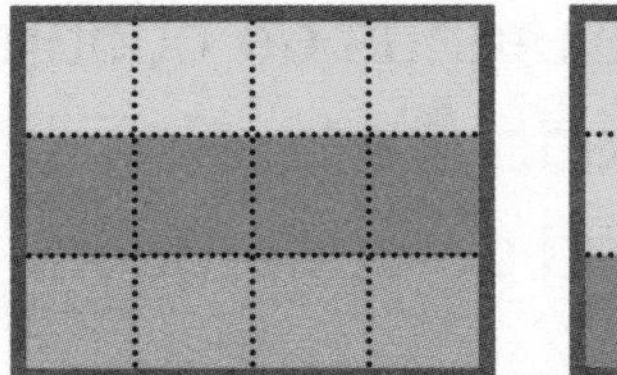
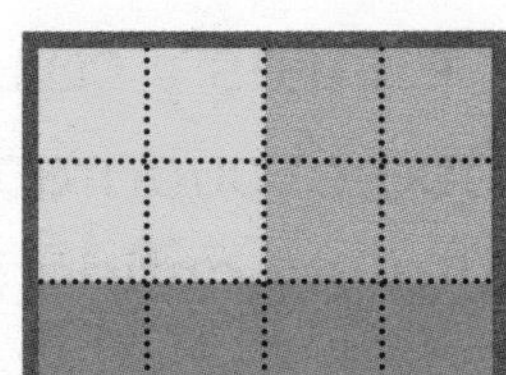

12. Cuenta los cuadrados en las filas y columnas del rectángulo. Usa los números de las tarjetas para escribir los números que faltan en las ecuaciones.

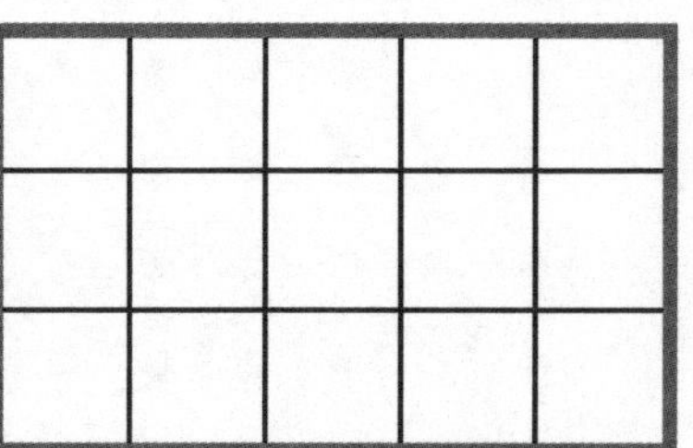

15 | 3 | 5

Filas: _____ + _____ + _____ = _____ cuadrados

Columnas: _____ + _____ + _____ + _____ + _____ = _____ cuadrados

13. Kerry quiere un diseño que muestre tercios. ¿Cuál de los diseños puede usar Kerry? Escoge todos los que apliquen.

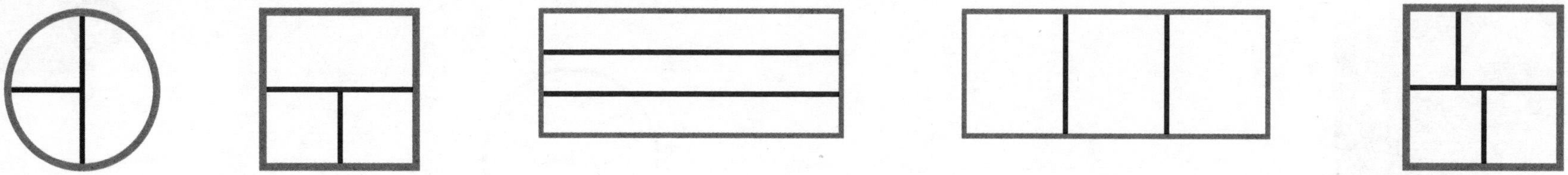

☐ ☐ ☐ ☐ ☐

14. ¿Es el sólido un cubo? Escoge Sí o No.

☐ Sí ☐ No ☐ Sí ☐ No ☐ Sí ☐ No ☐ Sí ☐ No

15. Usa el papel punteado. Dibuja un cubo.

16. Divide el rectángulo en filas y columnas de cuadrados del mismo tamaño que el cuadrado verde. Luego, cuenta y anota la cantidad de cuadrados.

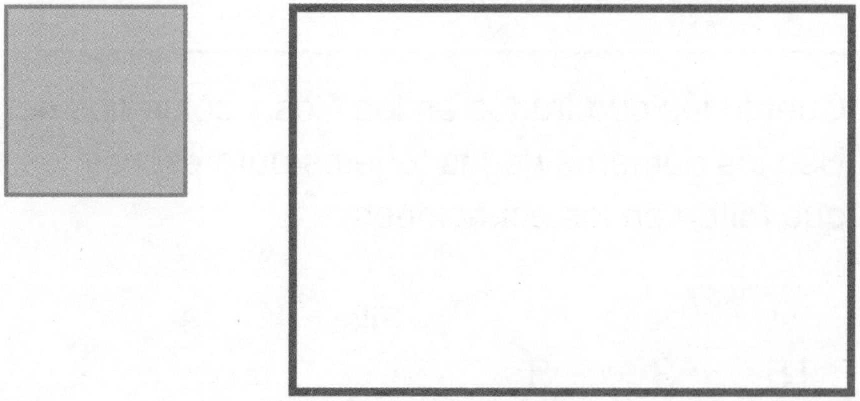

_____ cuadrados

Nombre ______________________________

Tarea de rendimiento

Casa feliz

Celia y su familia se mudaron a una nueva casa. Compraron diferentes cosas para cada cuarto.

1. Colgaron pinturas en la pared. Di el nombre de la figura del marco de cada cuadro.

____

____

2. La alfombra de la cocina tiene 5 lados y 5 vértices. Dibuja la figura de la alfombra.

Nombra la figura. ______________________

3. El papel de la pared tiene este patrón.

Di el nombre de la figura del patrón.

____

Escribe la cantidad de lados, vértices y ángulos de la figura.

_____ lados _____ vértices _____ ángulos

4. La sala tiene 2 mesas esquineras.

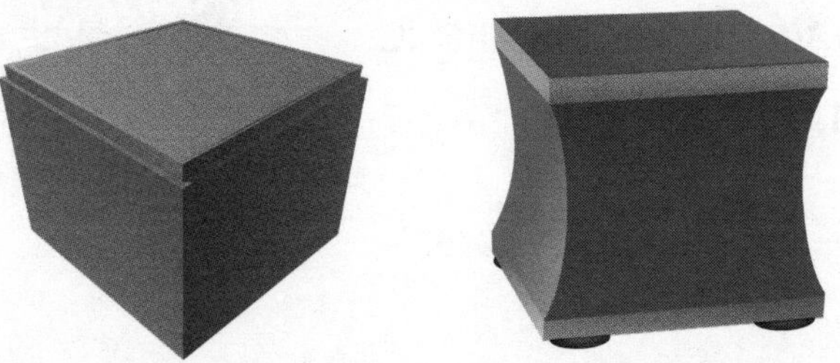

Encierra en un círculo la mesa que es un cubo. Explícalo.

____

____

____

____

____

5. Celia tiene una nueva colcha de retazos para su cama. Este es el diseño de la colcha.

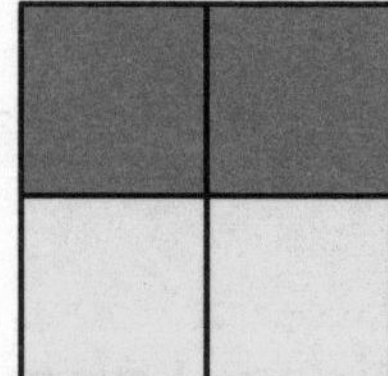

¿Qué parte es verde? __________

¿Qué parte es amarilla? __________

6. La mamá de Celia está haciendo una colcha de retazos con cuadrados pequeños. Quiere que tenga 4 colores que estén repartidos en partes iguales.

Parte A

Usa 4 colores para hacer un posible diseño de colcha. Haz las partes iguales con la misma forma.

Diseño 1

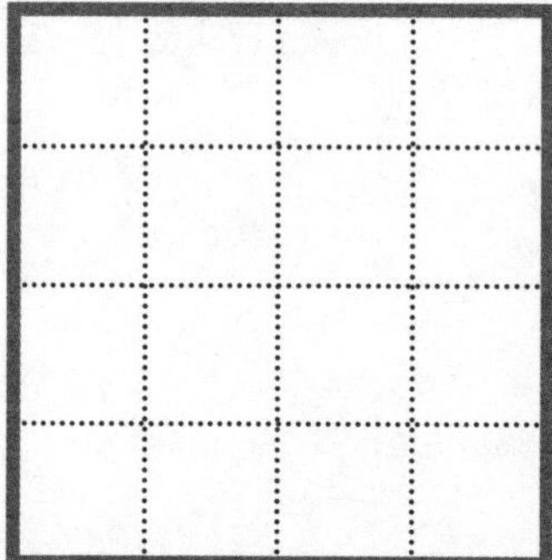

Parte B

Usa 4 colores para hacer un diseño diferente de colcha. Haz que las partes iguales tengan formas diferentes.

Diseño 2

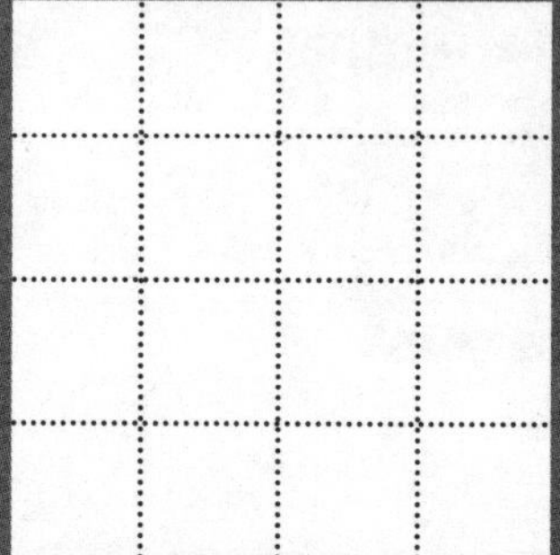

Más suma, resta y longitud

Pregunta esencial: ¿Cómo puedes sumar y restar longitudes?

¡Mira las olas grandes! ¡Y mira la roca grande!

El agua y la tierra de un área pueden ser de diferentes tamaños y formas.

¡Qué interesante! Hagamos este proyecto para aprender más.

Proyecto de enVision® STEM: Representar tierra, agua y longitud

Investigar Busca y comparte libros y otras fuentes que muestren las formas y clases de tierra y agua de un área. Haz un dibujo o un modelo para representar la tierra o el agua de un área.

Diario: Hacer un libro Muestra en un libro lo que averiguaste. En tu libro, también:

- haz un dibujo para mostrar la forma de cierta tierra o agua de tu área.
- inventa un cuento de matemáticas sobre longitudes. Haz un dibujo para mostrar cómo se resuelve el problema de tu cuento.

Nombre ______________________________

Vocabulario

1. Encierra en un círculo la mejor unidad de medida para **estimar** la **longitud** de un cuarto.

metro

centímetro

2. Encierra en un círculo la cantidad de pies que hay en 1 **yarda**.

2 pies

3 pies

4 pies

12 pies

3. El reloj muestra a qué hora empieza una clase de matemáticas. Encierra en un círculo *a. m.* o *p. m.*

a.m.

p.m.

Hacer una estimación

4. **Estima** la longitud del borrador en centímetros.

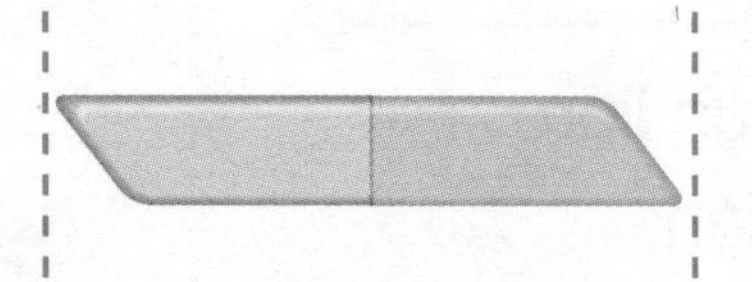

Aproximadamente _______ centímetros

Comparar

5. Una acera mide 632 yardas de longitud. Un sendero mide 640 yardas de longitud.

Usa <, > o = para comparar las longitudes.

632 ◯ 640

Rectángulos

6. Escribe las 2 longitudes que faltan en los lados del rectángulo.

4 cm

_______ cm

3 cm

_______ cm

Nombre ______________________________

Escoge un proyecto

¿Qué tan altas son las ruedas de Chicago?

Proyecto: Escribe un cuento sobre una rueda de Chicago

¿Qué tan grandes son los insectos?

Proyecto: Haz dibujos de insectos

¿Cómo puedes medir sin herramientas?

Proyecto: Haz un cartel para medir

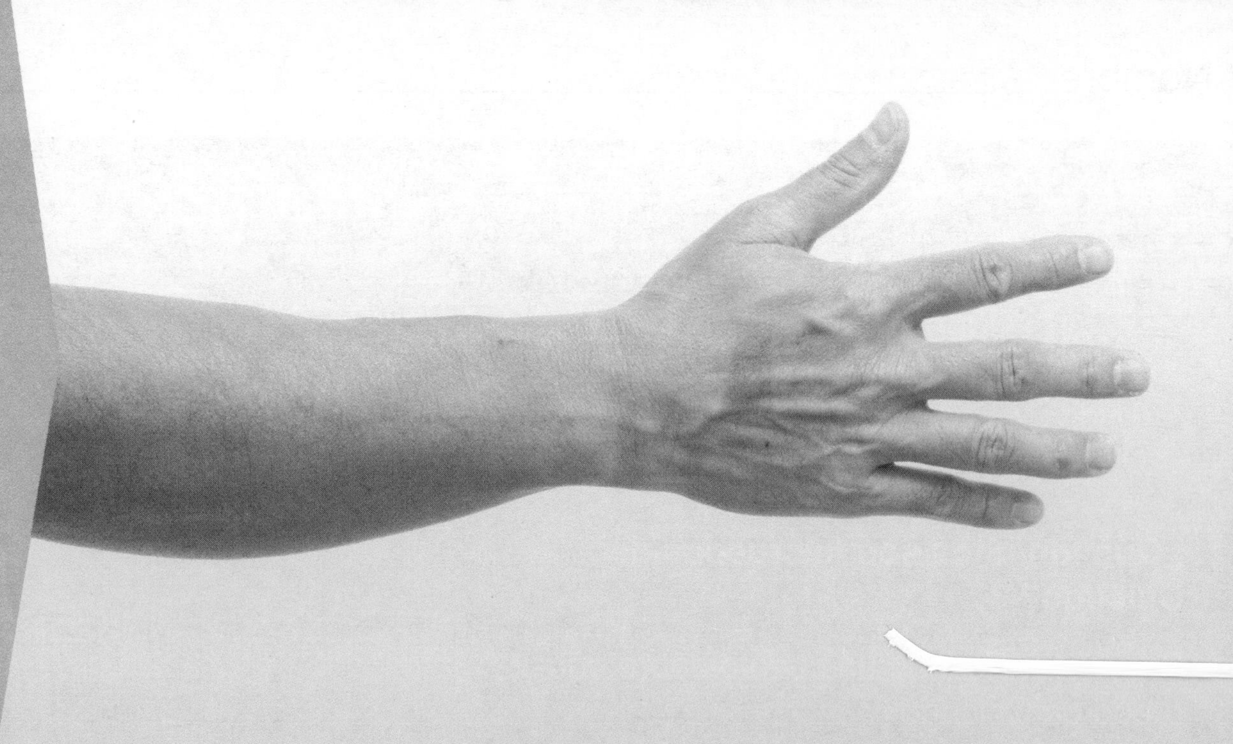

¿Cómo se cultivan algunos alimentos?

Proyecto: Dibuja el plan de un huerto

Nombre ____________________

Lección 14-1
Sumar y restar con medidas

Puedo...
resolver problemas sumando o restando medidas de longitud.

También puedo razonar sobre las matemáticas.

Resuélvelo y coméntalo La hormiga trepó por el borde de este rectángulo azul. Mide la distancia total que trepó la hormiga. Debes estar listo para mostrar y explicar tu trabajo.

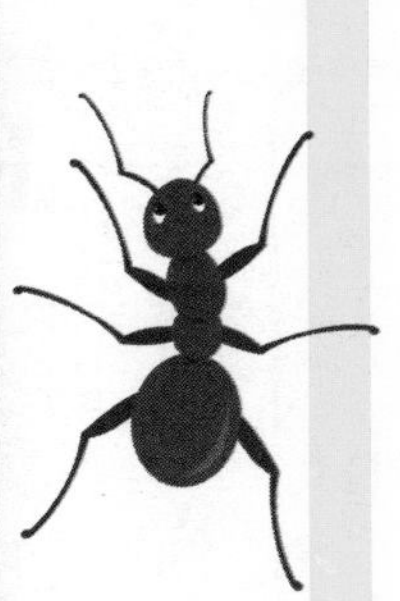

Puente de aprendizaje visual

El libro mide 9 pulgadas de longitud y 6 pulgadas de ancho.

¿Qué distancia hay alrededor de la cubierta del libro?

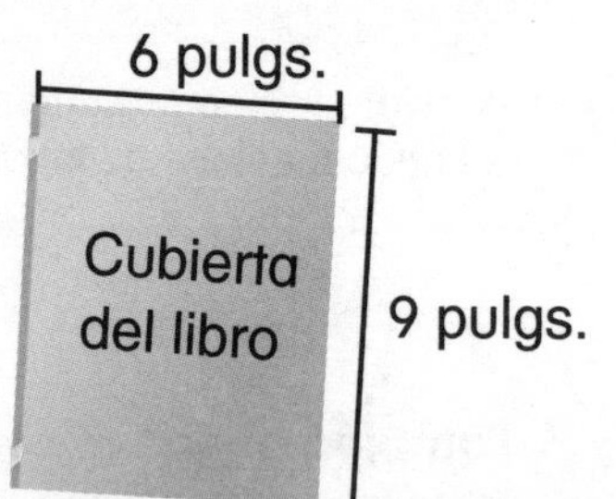

Suma las longitudes de los cuatro lados para hallar la distancia que hay alrededor de la cubierta.

$9 + 6 + 9 + 6 = ?$

$18 + 12 =$

$10 + 10 + 8 + 2 =$

$20 + 10 = 30$

La distancia es 30 pulgadas.

¿Cuánto más largo que el brazo del niño es el brazo de la maestra?

Longitud del brazo en centímetros	
Maestra	66
Niño	47

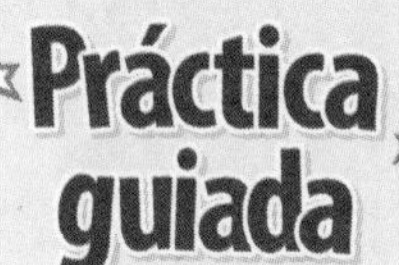

Resta para comparar las medidas.

$66 - 47 = ?$

(47 se descompone en 40 y 7; 7 se descompone en 6 y 1)

$66 - 40 = 26$

$26 - 6 = 20$

$20 - 1 = 19$

El brazo de la maestra es 19 centímetros más largo que el del niño.

¡Convénceme! Explica cómo hallar la distancia que hay alrededor de un parque cuadrado con lados que miden 2 millas cada uno.

☆Práctica guiada☆ Decide si necesitas sumar o restar. Luego, escribe una ecuación como ayuda para resolver los problemas.

1. ¿Qué distancia hay alrededor de la tarjeta de béisbol?

$10 + 7 + 10 + 7 = 34$

Distancia alrededor: 34 cm

2. ¿Qué distancia hay alrededor del rompecabezas?

____

Distancia alrededor: _______ pulgs.

Nombre ______________________________

Práctica independiente Decide si necesitas sumar o restar.
Luego, escribe una ecuación como ayuda para resolver los problemas.

3. ¿Qué distancia hay alrededor de la puerta?

____

Distancia alrededor: ______ pies

3 pies

7 pies

---

4. ¿Qué distancia hay alrededor del teléfono celular?

____

Distancia alrededor: ______ pulgs.

2 pulgs.

4 pulgs.

---

5. ¿Cuánto más larga que la bufanda azul es la bufanda roja?

____

______ pulgs. más larga

60 pulgs.

45 pulgs.

---

6. Álgebra ¿Cuál es la longitud del lado más corto del rectángulo? Completa la ecuación para resolver el problema.

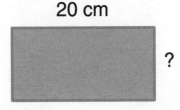

20 + ______ + 20 + ______ = 60

El lado más corto mide ______ centímetros.

20 cm

?

Resolución de problemas

Decide si necesitas sumar o restar. Luego, escribe una ecuación como ayuda para resolver los problemas.

7. **Representar** El girasol de Alicia mide 70 pulgadas de altura. El girasol de Ricardo mide 60 pulgadas de altura. ¿Cuánto más alto que el girasol de Ricardo es el de Alicia?

_______________ _____ pulgadas más alto

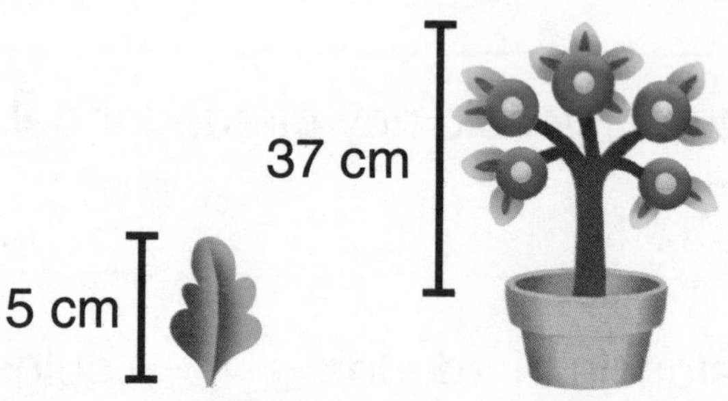

8. **Representar** Benito compara las longitudes de una hoja y una planta. La hoja mide 15 centímetros. La planta mide 37 centímetros. ¿Cuánto más corta que la planta es la hoja?

_______________ _____ centímetros más corta

9. **Razonamiento de orden superior** Tito lanzó una pelota a 42 pies de distancia y luego a 44 pies. Santiago lanzó una pelota a 38 pies y luego a 49 pies. ¿Quién lanzó la pelota a la distancia más larga en total? Muestra tu trabajo.

10. **Práctica para la evaluación** ¿Qué distancia hay alrededor del mantel individual?

Ⓐ 28 pulgs.

Ⓑ 39 pulgs.

Ⓒ 56 pulgs.

Ⓓ 66 pulgs.

Nombre ______________________________

Lección 14-2

Hallar medidas desconocidas

Puedo...

sumar o restar para resolver problemas sobre medidas.

También puedo entender bien los problemas.

Resuélvelo y coméntalo Julia y Esteban cortaron un pedazo de hilo cada uno. La longitud total de los dos pedazos es 12 cm.

Mide cada pedazo de hilo.
Encierra en un círculo los pedazos de Julia y Esteban. Luego, explica tu razonamiento.

____

____

____

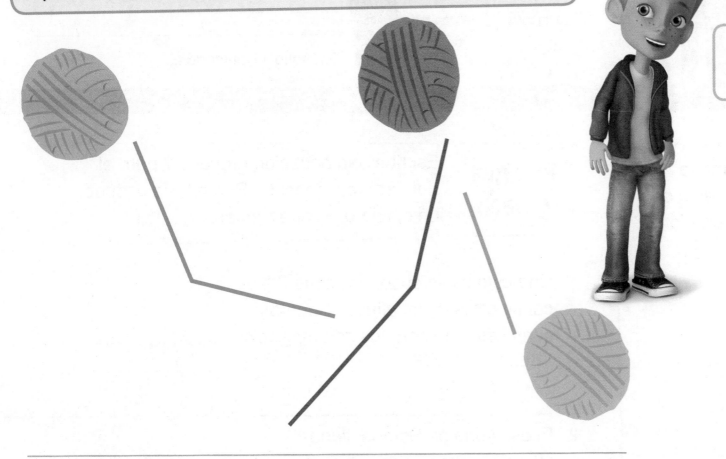

Mónica saltó 24 pulgadas. Tim saltó 7 pulgadas menos que Mónica. ¿Cuán lejos saltó Tim?

¿Qué operación debo usar?

Puedes escribir una ecuación de resta para representar el problema.

La longitud del salto de Tim es desconocida.

24	−	7	=	?
↑ longitud del salto de Mónica		↑ pulgadas menos		↑ longitud del salto de Tim

Puedes hacer un dibujo, como una regla de 1 yarda. Luego, cuenta hacia atrás para resolver el problema.

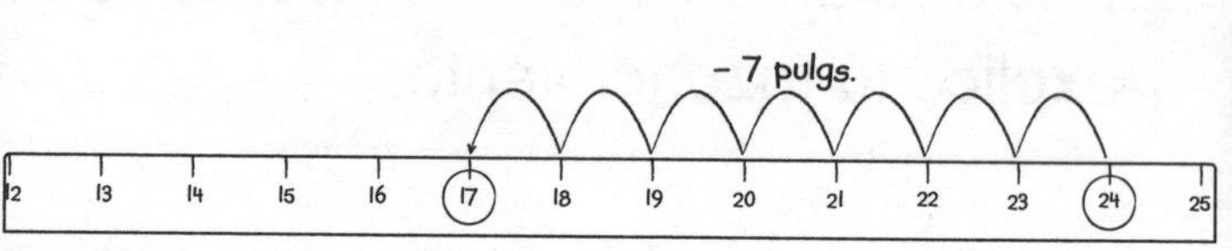

Tim saltó 17 pulgadas.

¡Convénceme! ¿Cómo te ayuda el dibujo de la regla de 1 yarda a resolver el problema anterior?

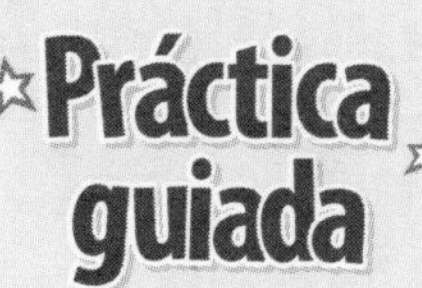

Escribe una ecuación que use ? para el número desconocido. Resuélvela usando un dibujo o de otra manera.

1. Una estampilla cuadrada tiene 2 centímetros de longitud. ¿Cuántos centímetros miden dos estampillas?

2 + 2 = ?

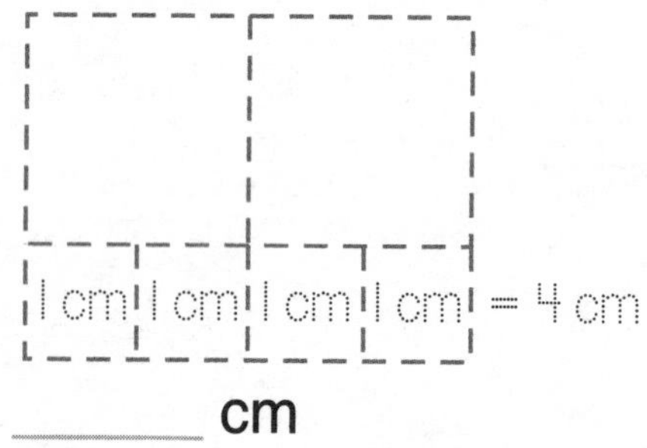

_____ cm

2. El escritorio de Samuel tiene 64 centímetros de longitud. Su tocador es 7 centímetros más largo. ¿Cuánto mide el tocador?

_______________ _____ cm

Nombre ______________________________

Práctica independiente

Escribe una ecuación que use ? para el número desconocido. Resuélvela usando un dibujo o de otra manera.

3. La caja de lápices de Felipe mide 24 centímetros de longitud. La caja de lápices de José es 3 centímetros más corta que la de Felipe. ¿Cuál es la longitud de la caja de lápices de José?

______________________________ ______ cm

---

4. Clark lanzó una pelota roja y una pelota azul. Lanzó la pelota roja a 17 pies de distancia. Lanzó la pelota azul 7 pies más lejos. ¿Cuán lejos lanzó Clark la pelota azul?

______________________________ ______ pies

---

5. **enVision**® STEM El mapa de Alicia muestra los lugares donde hay animales, tierra y agua en un zoológico.

La distancia alrededor de su mapa es 38 pulgadas. ¿Cuál es la longitud del lado que falta?

8 pulgs.

11 pulgs.

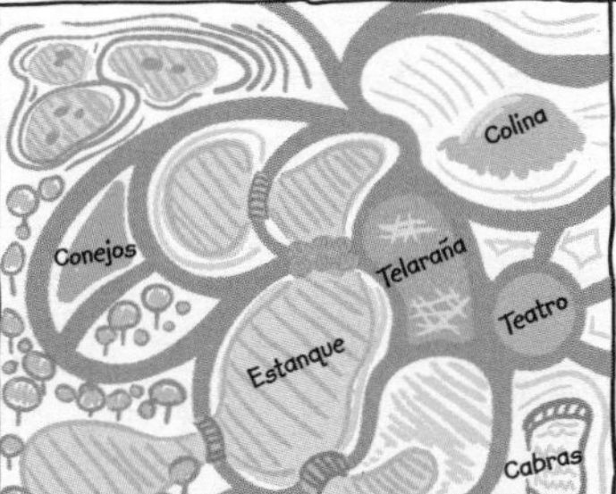

? pulgs.

8 pulgs.

____

______ pulgadas

Resolución de problemas Resuelve los problemas.

6. **Entender** Un perrito café mide 43 centímetros de altura. Un perrito con manchas es 7 centímetros más bajo que el perrito café. Un perrito blanco es 14 centímetros más alto que el perrito café. ¿Qué altura tiene el perrito con manchas? Piensa en lo que necesitas hallar.

_____ cm

7. **Vocabulario** Completa las oraciones usando los siguientes términos.

pie **yarda** **pulgada**

Un clip mide aproximadamente 1 _____.

Mi libro de matemáticas mide aproximadamente 1 _____.

Un bate de béisbol mide aproximadamente 1 _____.

8. **Razonamiento de orden superior** Juan saltó 15 pulgadas. Tito saltó 1 pulgada menos que Juan y 2 pulgadas más que Randy. ¿Quién saltó la mayor distancia? ¿Qué distancia saltó cada persona?

9. **Práctica para la evaluación** Kim medía 48 pulgadas en enero. Creció 9 pulgadas durante el año. ¿Cuánto medía Kim al final del año? Escribe una ecuación con un valor desconocido y luego haz un dibujo para resolverla.

____

_____ pulgs.

Nombre ____________________

Lección 14-3

Más sobre hallar medidas desconocidas

Puedo...
sumar y restar para resolver problemas de medidas usando dibujos y ecuaciones.

También puedo entender bien los problemas.

Resuélvelo y coméntalo Alex tiene una cinta que mide 45 pies de longitud. Corta un pedazo de la cinta. Ahora tiene 39 pies de cinta. ¿Cuántos pies de cinta cortó Alex?

Haz un dibujo y escribe una ecuación para resolver el problema. Muestra tu trabajo.

Una cuerda mide 28 cm. Alex corta un pedazo. La cuerda ahora mide 16 cm. ¿Qué longitud tiene el pedazo que Alex cortó?

Puedes escribir una ecuación de suma o de resta.

28 − ? − 16
(longitud original, longitud cortada, longitud actual)

16 + ? = 28
(longitud actual, longitud cortada, longitud original)

Puedes hacer un dibujo de 28 − ? = 16 o 16 + ? = 28.

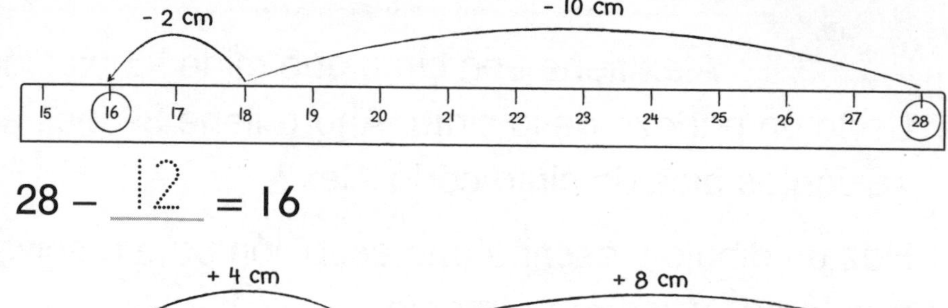

28 − 12 = 16

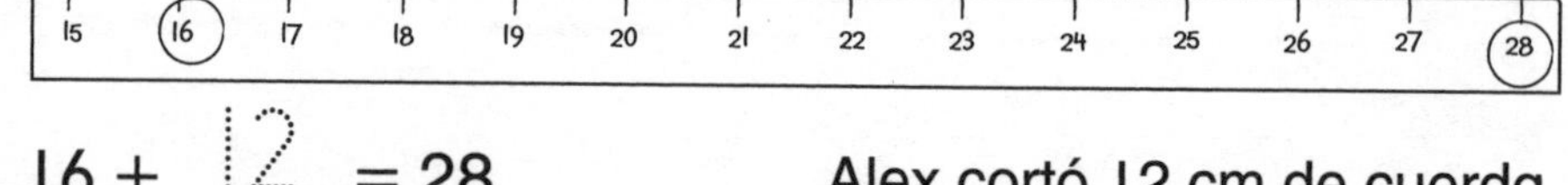

16 + 12 = 28

Alex cortó 12 cm de cuerda.

¡Convénceme! ¿Cómo te ayuda escribir una ecuación a resolver el problema anterior?

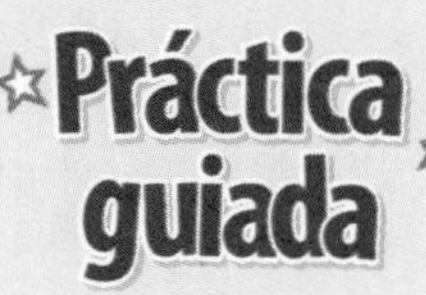

Escribe una ecuación que use ? para el número desconocido. Resuélvela usando un dibujo o de otra manera.

1. Una planta medía 15 pulgadas de altura. Creció y ahora mide 22 pulgadas de altura. ¿Cuántas pulgadas creció la planta?

15 + ? = 22

+ 5 pulgs. + 2 pulgs.

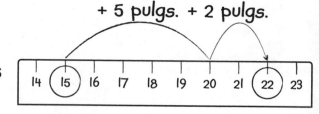

14 15 16 17 18 19 20 21 22 23

____

2. Cada autobús mide 10 metros de longitud. Cada bote mide 7 metros de longitud. ¿Cuál es la longitud total de dos autobuses y dos botes?

________ ________

Nombre ______________________________

Práctica independiente

Escribe una ecuación que use ? para el número desconocido. Resuélvela usando un dibujo o de otra manera.

3. La cuerda de Brent mide 49 pulgadas de longitud. Él corta un pedazo de la cuerda y ahora mide 37 pulgadas de longitud. ¿Cuánta cuerda cortó Brent?

________________ ________________

4. Susana corrió unos metros y se detuvo. Luego, corrió 22 metros más y llegó al total de 61 metros. ¿Cuántos metros corrió al principio?

________________ ________________

5. **Álgebra** Resuelve las ecuaciones. Usa la tabla.

○	=	12
☆	=	39
△	=	42
□	=	57

○ + ☆ = ______

□ − ☆ = ______

☆ + △ + ○ = ______

Resolución de problemas Resuelve los problemas.

6. **Entender** El bote amarillo es 15 pies más corto que el bote verde. El bote verde mide 53 pies de longitud. ¿Qué longitud tiene el bote amarillo? Piensa en lo que intentas hallar.

Escribe una ecuación para resolver el problema. Muestra tu trabajo.

_______ pies

7. **Vocabulario** Esteban midió la longitud de su pupitre. El pupitre mide 2 unidades.

Encierra en un círculo la unidad que usó Esteban.

metro **pie** **centímetro** **pulgada**

Lori midió la longitud de su gato. El gato mide 45 unidades.

Encierra en un círculo la unidad que usó Lori.

centímetro **yarda** **pulgada** **pie**

8. **Razonamiento de orden superior** La cinta de Luz mide 1 pie de longitud. La cinta de Kati mide 15 pulgadas de longitud. ¿De quién es la cinta más larga y cuántas pulgadas más mide la cinta? Explica tu razonamiento.

____

____

____

____

____

____

9. **Práctica para la evaluación** La botella de agua de Mary mide 25 cm, la de José mide 22 cm y la de Elsa mide 17 cm.

¿Qué enunciados son correctos? Escoge todos los que apliquen.

- ☐ La botella de Mary es 8 cm más larga que la de Elsa.
- ☐ La botella de José es 6 cm más larga que la de Elsa.
- ☐ La botella de José es 3 cm más corta que la de Mary.
- ☐ La botella de Elsa es 8 cm más larga que la de Mary.

Nombre ______________________________

Resuélvelo y coméntalo

Amelia caminó 18 cuadras el lunes y 5 cuadras el martes. ¿Cuántas cuadras caminó en total?

Usa la recta numérica para mostrar cuántas cuadras caminó Amelia. Luego, escribe una ecuación para mostrar tu trabajo.

Lección 14-4

Sumar y restar en una recta numérica

Puedo...

sumar y restar en una recta numérica.

También puedo representar con modelos matemáticos.

Amelia caminó 17 cuadras antes de la cena y 8 cuadras después. ¿Cuántas cuadras caminó en total?

Puedes usar una recta numérica para sumar longitudes. Primero, muestra las 17 cuadras que caminó Amelia antes de la cena. Luego, suma las 8 que caminó después.

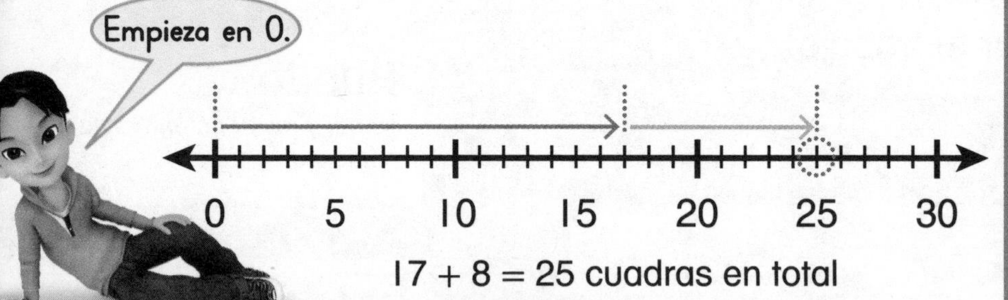

17 + 8 = 25 cuadras en total

Amelia compró 17 pies de cuerda. Cortó 8 pies de la cuerda para hacer una cuerda de saltar. ¿Cuántos pies de cuerda le sobran?

También puedes usar una recta numérica para restar longitudes. Primero, muestra los 17 pies de cuerda. Luego, resta los 8 pies de cuerda que cortó.

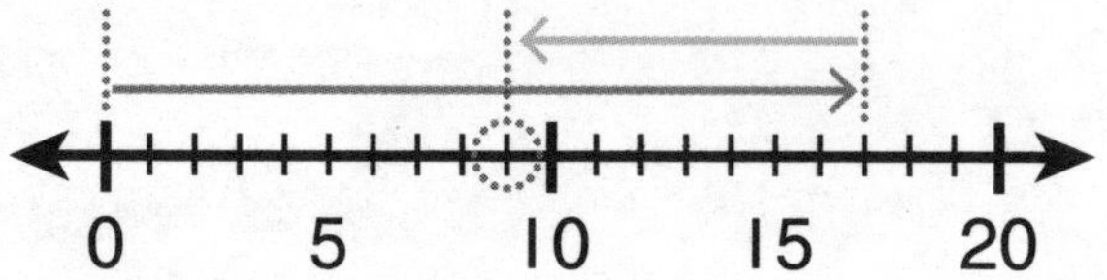

17 − 8 = 9 pies de cuerda que sobran

¡Convénceme! Explica cómo sumar 14 pulgadas y 11 pulgadas usando una recta numérica.

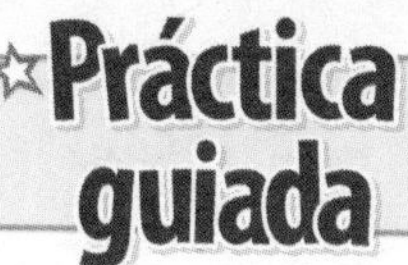

Usa las rectas numéricas para sumar o restar.

1. 21 + 7 = 28

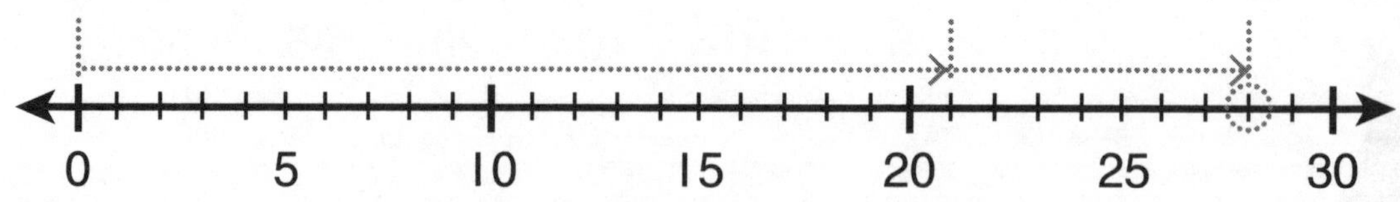

2. 28 − 14 = ______

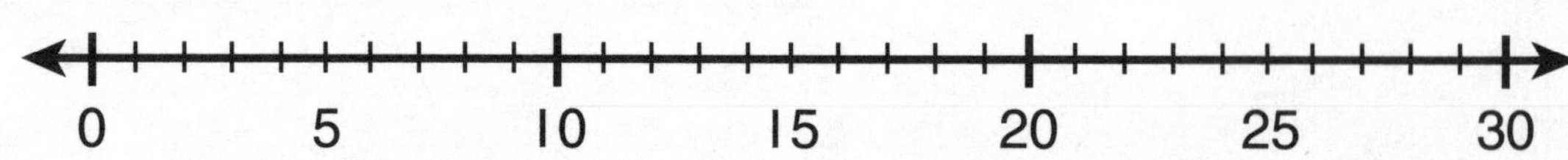

Nombre ______________________

Práctica independiente Usa las rectas numéricas para sumar o restar.

3. 80 − 35 = ______

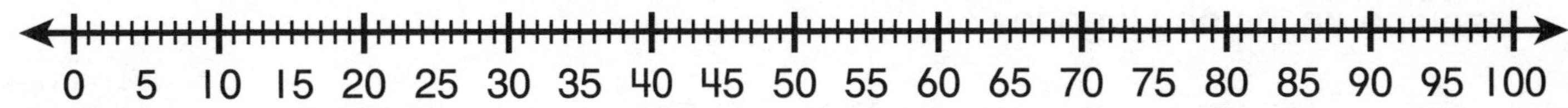

4. 19 + 63 = ______

5. Razonamiento de orden superior Usa la recta numérica para mostrar 15 pulgadas más 0 pulgadas. Explica tu razonamiento.

____

6. Sentido numérico Muestra los siguientes números como longitudes desde el 0 en la recta numérica. Dibuja cuatro flechas separadas.

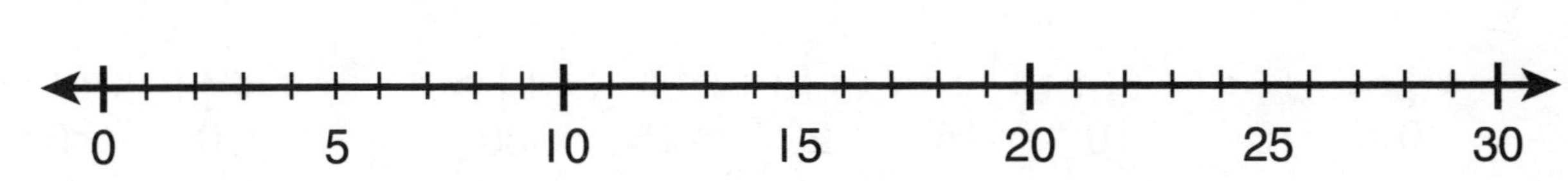

28

Resolución de problemas

Usa la recta numérica para resolver los problemas.

7. Usar herramientas Un equipo de fútbol americano avanza 15 yardas en la primera jugada. El equipo avanza 12 yardas en la segunda jugada. ¿Cuántas yardas avanza el equipo en las dos jugadas?

0 5 10 15 20 25 30

_____ yardas

8. Usar herramientas María compra 25 pies de tablas de madera. Usa 16 pies de las tablas para hacer un arenero. ¿Cuántos pies de tablas le sobran?

Una recta numérica es una herramienta que puedes usar para sumar y restar.

0 5 10 15 20 25 30

_____ pies

9. Razonamiento de orden superior Los corredores del equipo de atletismo corrieron 12 millas el lunes. El martes, corrieron 6 millas más que el lunes. ¿Cuántas millas corrieron en total en los dos días?

0 5 10 15 20 25 30

_____ millas

10. Práctica para la evaluación Débora tiene dos lápices. Un lápiz mide 9 cm de longitud y el otro lápiz mide 13 cm de longitud. ¿Cuál es la longitud total de los dos lápices?

Usa la recta numérica para mostrar tu trabajo.

_____ centímetros

Nombre ______________________________

Resuélvelo y coméntalo Escoge una herramienta para resolver cada parte del problema. Debes estar listo para explicar las herramientas que usaste y por qué las usaste.

¿Qué recta es más larga? ¿Cuánto más larga? Dibuja una recta que tenga esa misma longitud.

Resolución de problemas

Lección 14-5

Usar herramientas apropiadas

Puedo...
escoger la mejor herramienta y usarla para resolver problemas.

También puedo medir y comparar longitudes.

Hábitos de razonamiento

¿Cuál de estas herramientas puedo usar?

bloques de valor de posición
cubos
fichas
herramientas para medir
papel y lápiz
recta numérica
tecnología
cuerda

¿Estoy usando la herramienta correctamente?

Sara juega al fútbol. Está a 56 pies de la portería. Luego, corre 24 pies hacia la portería.

¿A cuántos pies de la portería está Sara ahora?

¿Cómo puedo usar una herramienta como ayuda para resolver el problema?

Puedo pensar en herramientas que me ayudarían. Luego, puedo escoger la mejor herramienta para usar.

Herramientas

bloques de valor de posición	herramientas para medir
cubos	papel y lápiz
cuerda	recta numérica
fichas	tecnología

No necesito una herramienta para medir. Se dan las unidades en pies. Necesito restar. Dibujaré una recta numérica.

$56 - 24 = ?$

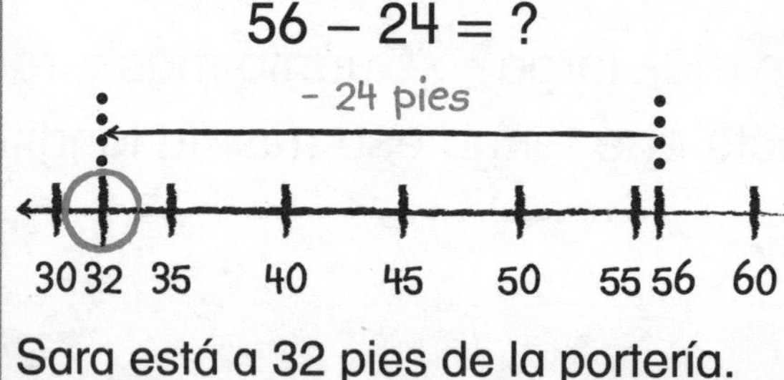

Sara está a 32 pies de la portería.

Puedo usar papel y lápiz para comprobar mi trabajo.

$$\begin{array}{r} 56 \\ -\ 20 \\ \hline 36 \\ -\ 4 \\ \hline 32 \end{array}$$

¡Convénceme! Explica por qué las fichas **NO** son la mejor herramienta para resolver el problema anterior.

Práctica guiada Escoge una herramienta para resolver el problema. Muestra tu trabajo. Explica por qué escogiste esa herramienta y cómo obtuviste tu respuesta.

1. Sara cortó 19 centímetros de cinta en dos pedazos. Un pedazo mide 11 centímetros de longitud. ¿Qué longitud tiene el otro?

Nombre ______________________________

Herramientas Evaluación

Práctica independiente

Resuelve los problemas. Muestra tu trabajo.

2. Trabaja con un compañero. Procura que cada uno mida el brazo del otro desde el hombro hasta la punta del dedo índice. Midan a la pulgada más cercana. ¿De quién es el brazo más largo y cuánto más largo es?

Escoge una herramienta para resolver el problema. Explica por qué escogiste esa herramienta y cómo obtuviste tu respuesta.

---

3. Marcel saltó 39 centímetros de altura. José saltó 48 centímetros de altura. ¿Cuánto más alto saltó José que Marcel?

¿Qué herramienta **NO** usarías para resolver este problema? Explícalo.

Resolución de problemas

Tarea de rendimiento

Veleros

Zak mide veleros en el muelle. El velero del Sr. Li mide 64 pies de longitud. El velero de la Sra. Flint es 25 pies más corto que el velero del Sr. Li.

Ayuda a Zak a hallar la longitud del velero de la Sra. Flint.

4. **Usar herramientas** ¿Qué herramienta **NO** usarías para resolver este problema? Explícalo.

5. **Hacerlo con precisión** ¿Sumarás o restarás para resolver el problema?

Escribe una ecuación. Usa ? para el valor desconocido.

¿Qué unidad de medida usarás?

6. **Explicar** ¿Cuál es la longitud del velero de la Sra. Flint? ¿Usaste una herramienta para resolver el problema? Explícalo.

Nombre ______________________________

Sombrea una ruta que vaya desde la **Salida** hasta la **Meta**. Sigue las sumas y diferencias que sean números impares. Solo te puedes mover hacia arriba, hacia abajo, hacia la derecha o hacia la izquierda.

Actividad de práctica de fluidez

Puedo...
sumar y restar hasta 100.

También puedo hacer mi trabajo con precisión.

Salida

80 − 23	94 − 73	21 + 22	45 + 36	19 + 24	86 − 53	14 + 15	25 − 17	35 + 49
65 − 21	97 − 35	35 + 23	12 + 20	98 − 12	74 − 48	27 + 48	54 + 46	53 − 31
51 + 21	35 + 52	28 + 43	18 + 31	51 − 38	79 − 24	95 − 30	61 − 29	30 + 24
55 − 27	60 − 17	27 + 39	29 + 49	62 − 28	36 + 56	59 − 31	42 − 26	87 − 45
36 + 16	38 + 25	88 − 53	33 + 18	34 + 49	45 − 32	62 − 23	97 − 38	19 + 74

Meta

TEMA 14

Repaso del vocabulario

Lista de palabras

- altura
- cálculo mental
- centímetro (cm)
- longitud
- metro (m)
- pie
- pulgada (pulg.)
- yarda (yd)

Comprender el vocabulario

Escoge términos de la Lista de palabras para completar los enunciados.

1. La longitud de tu dedo puede medirse mejor en centímetros o ________________.

2. 100 ________________ es igual a 1 metro.

3. El/la ________________ es cuán alto es un objeto desde abajo hacia arriba.

Escribe V para *verdadero* o F para *falso*.

4. ______ 1 yarda mide 5 pies de longitud.

5. ______ 12 pulgadas miden 1 pie de longitud.

6. ______ Un centímetro es más largo que un metro.

7. ______ Puedes hacer cálculos mentales.

Usar el vocabulario al escribir

8. Di cómo hallar la longitud total de dos pedazos de cuerda. Un pedazo de cuerda mide 12 pulgadas de longitud. El otro pedazo mide 9 pulgadas de longitud. Usa términos de la Lista de palabras.

Nombre ______________________

TEMA 14

Grupo A

¿Qué distancia hay alrededor del frente del librero?

4 pies

3 pies

Suma las longitudes. Escribe una ecuación.

4 + 3 + 4 + 3 = 14

Distancia alrededor: 14 pies

Refuerzo

Escribe una ecuación como ayuda para resolver el problema.

1. ¿Qué distancia hay alrededor del frente de la caja de crayones?

12 cm

9 cm

____

Distancia alrededor: ______ cm

Grupo B

La cuerda de una cometa mide 27 pies de longitud. Se corta un pedazo de la cuerda. Ahora la cuerda mide 18 pies de longitud. ¿Cuántos pies de cuerda se cortaron? Escribe una ecuación y haz un dibujo.

27 – ? = 18 o 18 + ? = 27

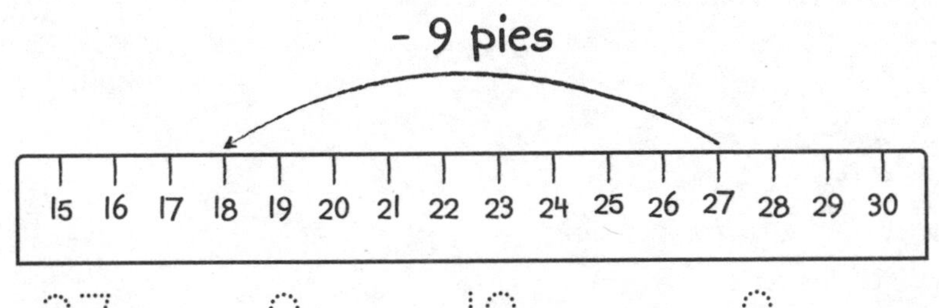

27 – 9 = 18 9 pies

Escribe una ecuación que use el símbolo ? para el número desconocido. Luego, haz un dibujo para resolver.

2. Un pedazo de hilo mide 42 pulgadas de longitud. María corta una parte del hilo. Ahora el pedazo mide 26 pulgadas de longitud. ¿Cuánto hilo cortó María?

____

Grupo C

Un libro mide 10 pulgadas de longitud. Otro libro mide 13 pulgadas de longitud. ¿Cuál es la longitud total de los dos libros?

Puedes representar 10 + 13 en una recta numérica.

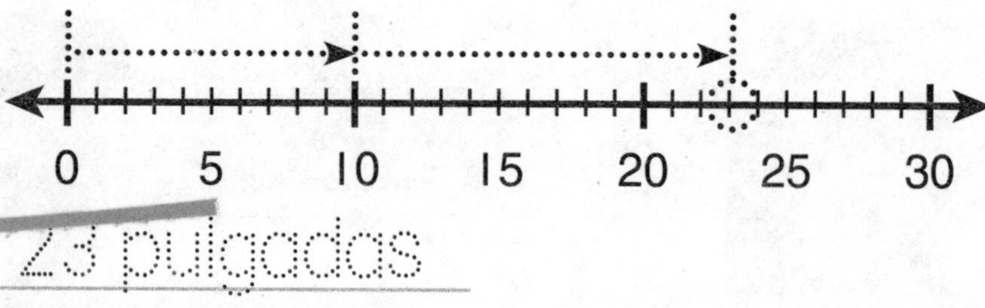

Resuelve el problema usando la recta numérica.

3. Un cuarto de la casa de Juana mide 15 pies de longitud. Otro cuarto mide 9 pies de longitud. ¿Cuál es la longitud total de los dos cuartos?

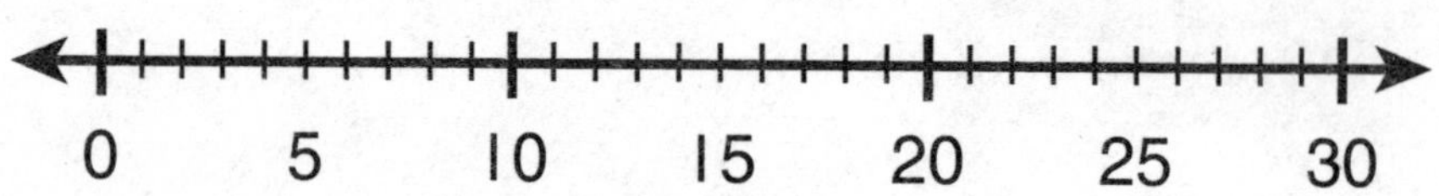

____

Grupo D

Hábitos de razonamiento

Usar herramientas

¿Cuál de estas herramientas puedo usar?

bloques de valor de posición	papel y lápiz
	recta numérica
cubos	tecnología
fichas	cuerda
herramientas para medir	

¿Estoy usando la herramienta correctamente?

Escoge una herramienta para resolver el problema.

4. El cordón de un zapato de David mide 45 pulgadas de longitud. Se rompe el cordón. Un pedazo mide 28 pulgadas de longitud. ¿Qué longitud tiene el otro pedazo?

Explica tu solución y por qué escogiste la herramienta que usaste.

Nombre ____________________

Práctica para la evaluación

1. Un cuaderno mide 7 pulgadas de longitud y 5 de ancho. ¿Cuál es la distancia total alrededor del cuaderno? Usa la siguiente imagen como ayuda.

Distancia alrededor: ______ pulgs.

2. Catalina mide 48 pulgadas. Tom es 2 pulgadas más alto que Catalina. Jaime es 3 pulgadas más bajo que Tom.

¿Cuánto mide Jaime?

Ⓐ 45 pulgadas
Ⓑ 47 pulgadas
Ⓒ 50 pulgadas
Ⓓ 53 pulgadas

3. Alexis tiene una cuerda que mide 7 pies de longitud. La cuerda de María mide 9 pies de longitud. La cuerda de Sam es 3 pies más larga que la cuerda de María.

Usa las medidas de las tarjetas para completar los enunciados.

2 pies	5 pies	12 pies

La cuerda de Sam mide __________ de longitud.

La cuerda de Alexis es __________ más corta que la cuerda de María.

La cuerda de Sam es __________ más larga que la cuerda de Alexis.

4. José monta en bicicleta 18 millas. Luego, monta en bicicleta 7 millas más.

Usa la recta numérica para hallar la distancia que montó José. Luego, explica tu trabajo.

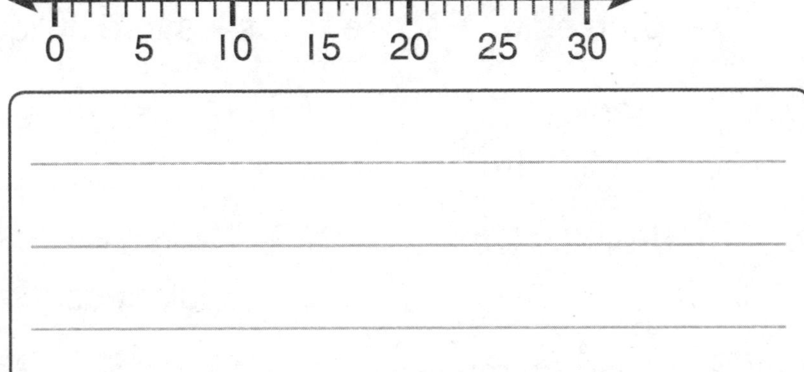

5. Pat dice que cada valor desconocido es igual a 25 cm. ¿Estás de acuerdo? Escoge Sí o No.

47 cm + ? = 72 cm	○ Sí	○ No
? + 39 cm = 54 cm	○ Sí	○ No
99 cm – 64 cm = ?	○ Sí	○ No
93 cm – ? = 68 cm	○ Sí	○ No

6. Graciela recibió una planta que medía 34 cm de altura. La planta creció y ahora mide 42 cm de altura. ¿Cuántos centímetros creció la planta?

Ⓐ 8 cm
Ⓑ 12 cm
Ⓒ 42 cm
Ⓓ 76 cm

7. Clara montó en bicicleta 26 millas el sábado y el domingo. El domingo montó en bicicleta 8 millas. ¿Cuántas millas montó en bicicleta el sábado?

Escribe una ecuación que represente el valor desconocido. Luego, usa la recta numérica para resolver el problema.

_____ ○ _____ = _____

_____ millas

8. Carlos tenía una cuerda que medía 18 cm de longitud. Le cortó 7 cm. ¿Cuánta cuerda le quedó?

A. ¿Qué herramienta podrías usar para resolver el problema? Escoge todas las que apliquen.

☐ Regla de centímetros
☐ Recta numérica
☐ Papel y lápiz
☐ Regla de pulgadas
☐ Taza de medir

B. Escribe una ecuación para representar el valor desconocido. Luego, dibuja una recta numérica para resolver la ecuación.

_____ ○ _____ = _____

_____ cm

Nombre ______________________________

Un día de pesca

Jaime y su familia van de pesca. Usan un bote y equipo de pesca para pescar.

1. Jaime lleva esta caja de pesca. ¿Qué distancia hay alrededor del frente de la caja? Escribe una ecuación como ayuda para resolver el problema.

____

Distancia alrededor: ______ centímetros

2. La caña de pescar de Jaime mide 38 pulgadas de longitud. La caña de pescar de su papá mide 96 pulgadas de longitud. ¿Cuánto más corta que la caña de pescar de su papá es la caña de pescar de Jaime?

Parte A Escribe una ecuación de resta que represente el problema.

____

Parte B Resuelve el problema.

______ pulgadas más corta

3. Jaime pesca un pez a 49 yardas de la costa. Luego, ayuda a remar para acercarse más a la costa. Ahora está a 27 yardas. ¿Cuántas yardas más cerca que cuando pescó el pez está Jaime de la costa ahora?

Parte A Escribe una ecuación de suma que represente el problema.

____

Parte B Resuelve el problema.

______ yardas

4. Jaime pesca un pez plateado de 12 pulgadas de longitud. Su hermana pesca un pez verde de 27 pulgadas de longitud.

¿Cuál es la longitud total de los dos peces? Usa la recta numérica para resolverlo.

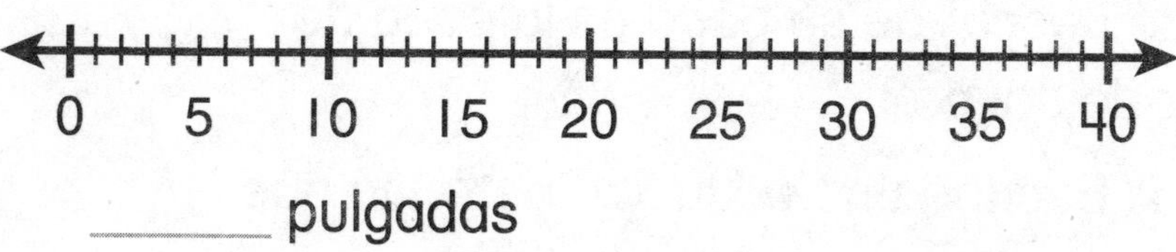

_____ pulgadas

5. Jaime tiene 27 yardas de sedal de pesca. Le da 12 yardas de sedal a un amigo. ¿Cuántas yardas de sedal le quedan?

0 5 10 15 20 25 30

_____ yardas

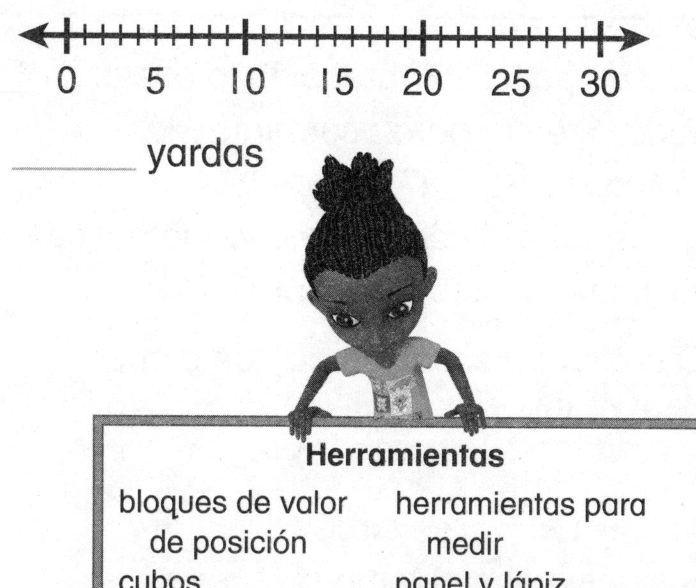

Herramientas
bloques de valor de posición
cubos
cuerda
fichas
herramientas para medir
papel y lápiz
recta numérica
tecnología

6. La familia de Jaime conoce a un señor que tiene un bote grande. Un lugar de estacionamiento en el muelle mide 32 pies de longitud. ¿Cabrán el carro y bote del señor en el lugar de estacionamiento?

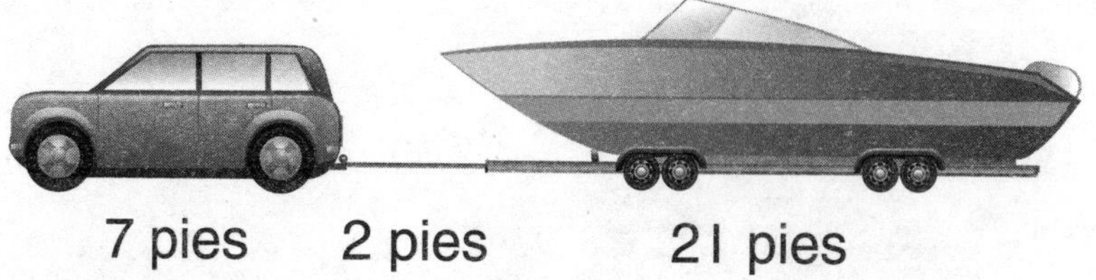

Parte A

¿Qué necesitas hallar? _____

_____

_____

_____

Parte B

¿Cuál es la longitud total? Escribe una ecuación para resolver el problema.

_____ _____

¿Cabrán el carro y el bote en el lugar de estacionamiento? Explícalo.

_____

_____

¿Qué herramienta usaste? _____

_____

Gráficas y datos

Pregunta esencial: ¿Cómo se pueden usar los diagramas de puntos, las gráficas de barras y las pictografías para mostrar datos y responder a preguntas?

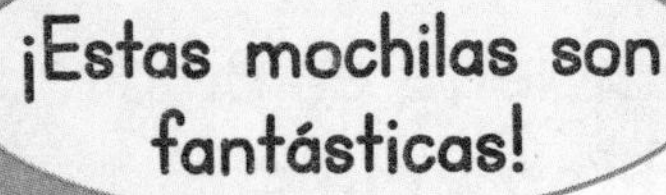

¡Estas mochilas son fantásticas!

¿Pero cuál de las dos te sirve más?

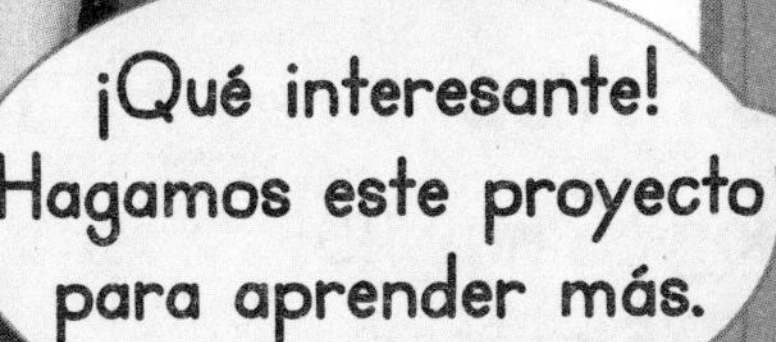

¡Qué interesante! Hagamos este proyecto para aprender más.

Proyecto de enVision STEM: Comparar objetos y datos

Investigar Trabaja con un compañero.
Compara dos mochilas.
¿En qué mochila caben más cosas?
¿Qué mochila tiene más partes?
¿Qué mochila es más fácil ponerse?
Piensa en otras maneras de comparar.

Diario: Hacer un libro Muestra en un libro lo que averiguaste. En tu libro, también:

- di una cosa buena y una cosa mala sobre cada mochila.
- dibuja diagramas de puntos, pictografías y gráficas de barras para mostrar y comparar datos.

Nombre ______________________________

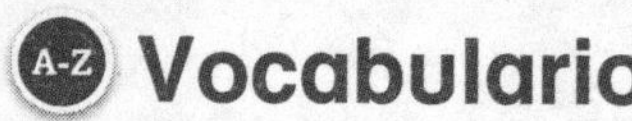

Vocabulario

1. Encierra en un círculo el número que tiene un 6 en el lugar de las **decenas**.

406

651

160

2. Encierra en un círculo las **marcas de conteo** que muestran 6.

Juguete favorito	
Carro	𝍸 II
Bloques	IIII
Muñecas	𝍸 I

3. Encierra en un círculo la **diferencia**.

$22 - 9 = 13$

$34 + 61 = 95$

Comparar números

4. En un zoológico hay 405 culebras y 375 monos. Compara la cantidad de culebras con la cantidad de monos.

Escribe $>$ o $<$.

405 ◯ 375

Interpretar datos

5.

Boletos vendidos para el picnic	
Juana	16
Pablo	18
Fátima	12

¿Quién vendió más boletos para el picnic?

____

Suma y resta

6. Brian anotó 24 puntos en un juego. Eva anotó 16 puntos en el mismo juego. ¿Cuántos puntos más que Eva anotó Brian?

_____ puntos más

Nombre ______________________________

Escoge un proyecto

PROYECTO 15A

¿Qué tipo de flores crecen en tu vecindario?

Proyecto: Haz una gráfica de datos de flores

PROYECTO 15B

¿Cuántas aves ves por día?

Proyecto: Crea un cartel sobre la observación de aves

PROYECTO 15C

¿Por qué deberías planear unas vacaciones en Florida?

Proyecto: Haz un folleto de viaje de Florida

MATEMÁTICAS EN 3 ACTOS: VISTAZO

Representación matemática

Del tamaño de una gorra

Antes de ver el video, piensa:

¿Cómo sabes qué tamaño de ropa usas? ¿Hay alguna manera de averiguarlo sin probártela?

Puedo...
representar con modelos matemáticos para resolver problemas relacionados con usar propiedades de las figuras bidimensionales y medidas.

Nombre ____________________

Resuélvelo y coméntalo Busca cuatro objetos que midan cada uno menos de 9 pulgadas de longitud. Mide la longitud de cada objeto a la pulgada más cercana. Anota las medidas en la tabla.

Luego, marca los datos en la recta numérica.

¿Cuál es el objeto más largo? ¿Cuál es el más corto?

Lección 15-1

Diagramas de puntos

Puedo...
medir las longitudes de objetos y luego hacer un diagrama de puntos para organizar los datos.

También puedo construir argumentos matemáticos.

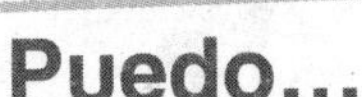

Objeto	Longitud en pulgadas

Longitudes de los objetos

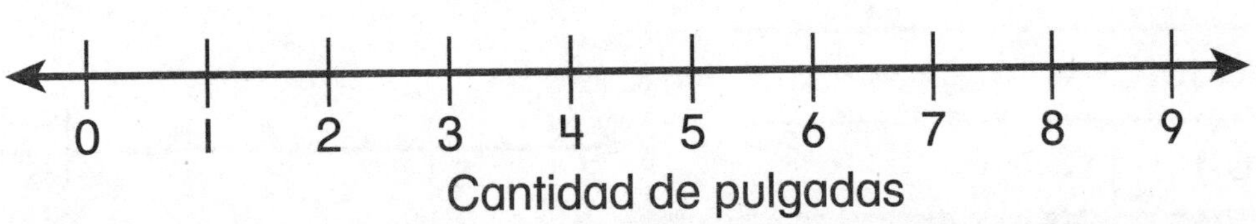

 Aprendizaje visual  Glosario

Puente de aprendizaje visual

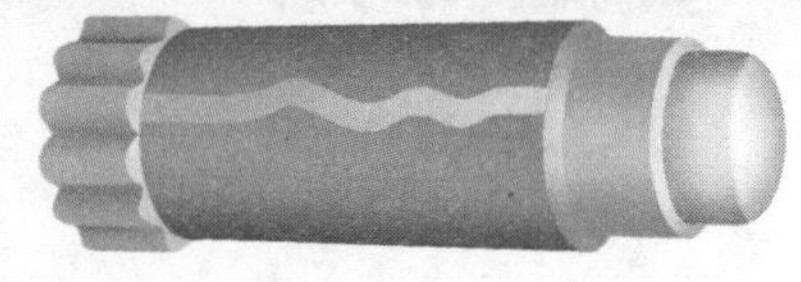

2 pulgadas de longitud

Puedes medir la longitud de objetos. Esta barra de pegamento grande mide 2 pulgadas de longitud.

Puedes usar una tabla para anotar los **datos** de las medidas.

Objeto	Longitud en pulgadas
Barra de pegamento	2
Cuerda	4
Pluma	6
Tijeras	4

Puedes hacer un **diagrama de puntos** para mostrar los datos. Coloca un punto sobre el número que representa cada longitud.

Los dos puntos sobre el 4 me indican que dos objetos miden 4 pulgadas de longitud.

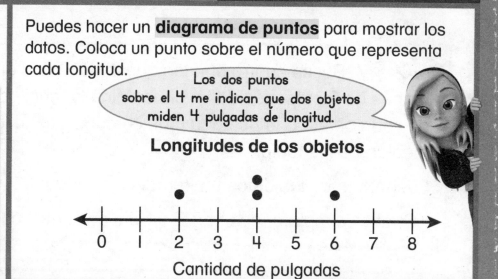

Longitudes de los objetos

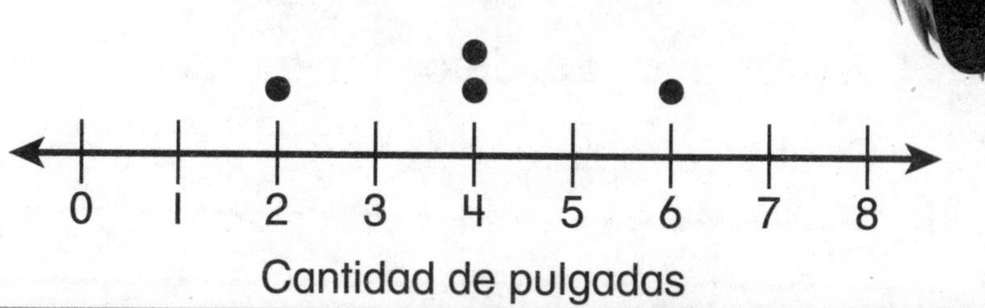

¡Convénceme! Mide la longitud de tu lápiz a la pulgada más cercana. Anota tu medida en el diagrama de puntos anterior. ¿Cómo cambia esto los datos?

Usa una regla para medir los objetos en pulgadas. Anota cada longitud en la tabla. Luego, haz un diagrama de puntos. Muestra cada longitud en el diagrama de puntos.

1. 4 pulgadas de longitud

   ____ pulgadas de longitud

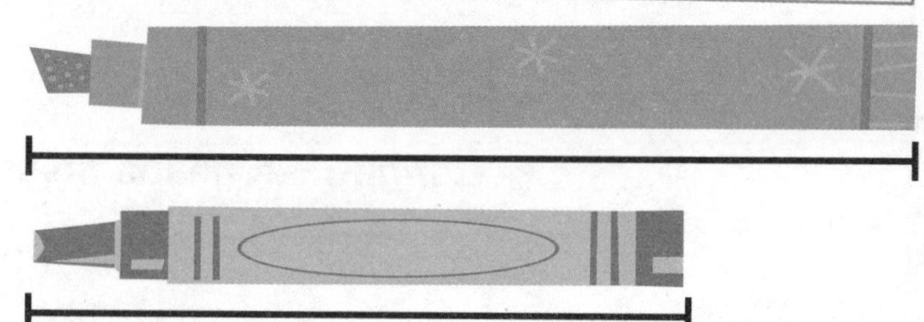

2.

Objeto	Longitud (pulgs.)
Marcador	4
Crayón	

Longitudes de los objetos

0 1 2 3 4 5

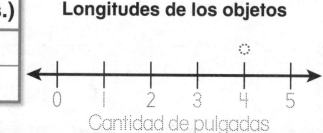

Cantidad de pulgadas

Nombre ______________________________

☆ Práctica independiente ☆ Usa una regla para medir cada objeto en pulgadas. Anota las longitudes en la tabla. Muestra las longitudes en el diagrama de puntos.

3. El pincel mide _____ pulgadas de longitud.

4. La tiza mide _____ pulgadas de longitud.

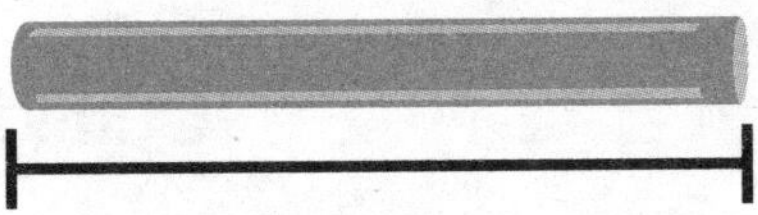

5. La pajilla mide _____ pulgadas de longitud.

6. La pluma mide _____ pulgadas de longitud.

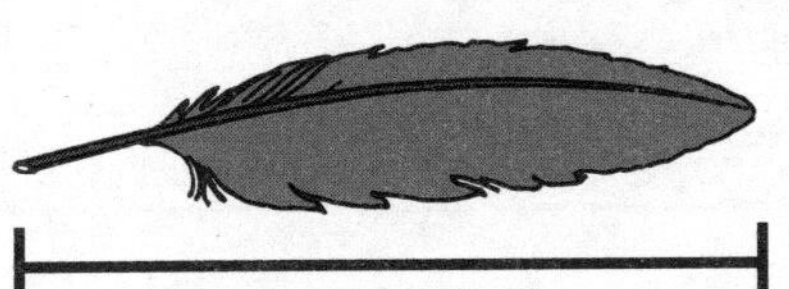

7.

Objeto	Longitud en pulgadas
Pincel	
Tiza	
Pajilla	
Pluma	

Longitudes de los objetos

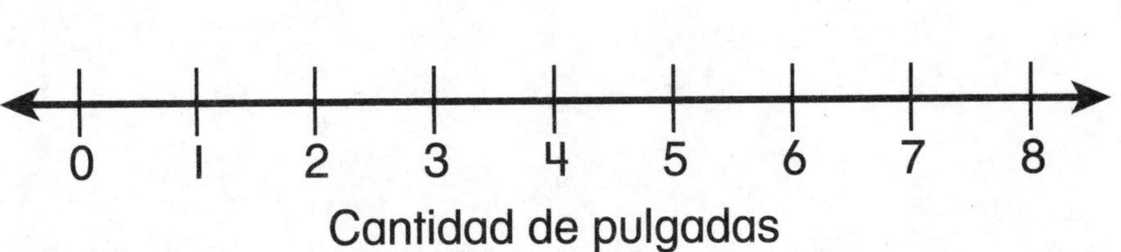

Resolución de problemas Resuelve los problemas. Usa el diagrama de puntos.

8. **Representar** Sofía midió la longitud de sus lápices de colores e hizo una tabla. Usa los datos para hacer un diagrama de puntos.

Color de lápiz	Longitud en pulgadas
Rojo	4
Azul	3
Verde	7
Amarillo	9

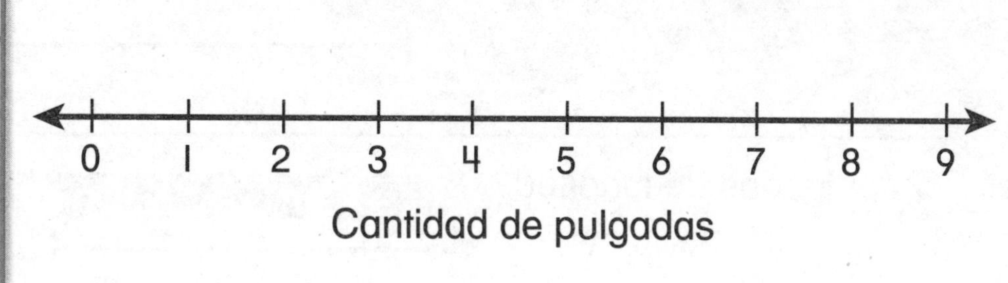

Un diagrama de puntos puede ayudarte a entender los datos.

9. ¿Cuál es la longitud del lápiz más corto? Explícalo.

____

____

10. **Razonamiento de orden superior** ¿Cuáles son las longitudes de los dos lápices que tienen una longitud total de 16 pulgadas? Explícalo.

____

____

____

11. **Práctica para la evaluación** Mide la longitud del lápiz morado en pulgadas. Escribe la longitud en el siguiente espacio. Anota tu medida en el diagrama de puntos del Ejercicio 8.

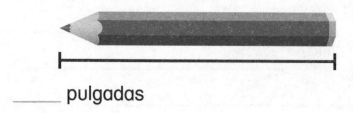

_____ pulgadas

Nombre ______________________________

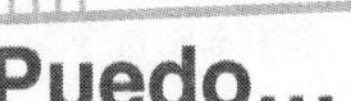

Resuélvelo y coméntalo

Mide la longitud de tu zapato a la pulgada más cercana. Luego, usa tus datos y los datos de tu clase para hacer un diagrama de puntos.

Di una cosa que aprendiste de los datos.

Lección 15-2

Más diagramas de puntos

Puedo...

medir las longitudes de objetos y luego hacer un diagrama de puntos para organizar los datos.

También puedo buscar patrones.

Longitudes de los zapatos

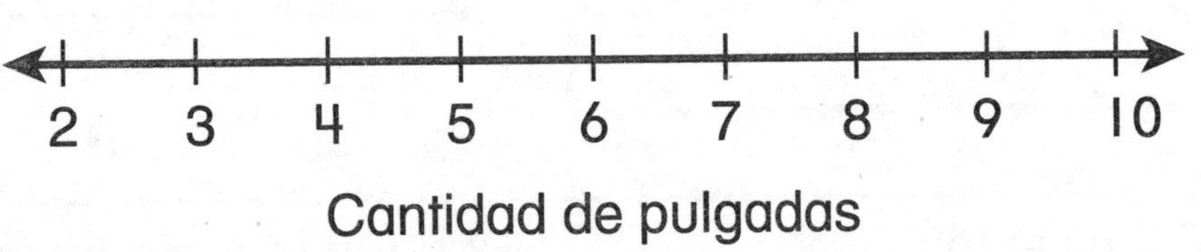

Puente de aprendizaje visual

Algunos estudiantes miden su estatura. Anotan los datos en una tabla. ¿Hay patrones en los datos?

Estaturas de los estudiantes en pulgadas			
46	48	47	49
49	47	46	48
48	49	50	47
49	48	49	51

Puedes hacer un diagrama de puntos para buscar patrones.

Para hacer un diagrama de puntos, dibuja una recta numérica. Escribe un título y rótulos que correspondan a tus datos.

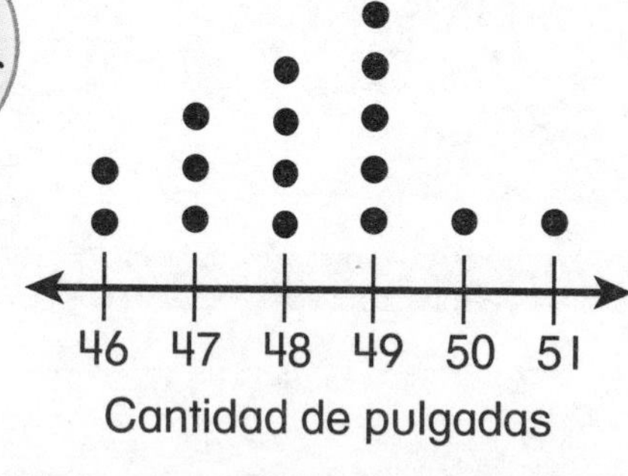

¡La estatura más común es 49 pulgadas!

Un diagrama de puntos te ayuda a organizar los datos.

¿Qué más muestran los datos?

¡Convénceme! En el ejemplo anterior, ¿cuántos estudiantes midieron su estatura? Di cómo lo sabes.

Práctica guiada Usa la tabla para hacer un diagrama de puntos. Luego, usa el diagrama de puntos para responder a las preguntas.

1.

Longitudes de las plumas (cm)			
7	5	6	4
9	4	7	6
6	8	6	4
7	5	8	6

Longitudes de las plumas

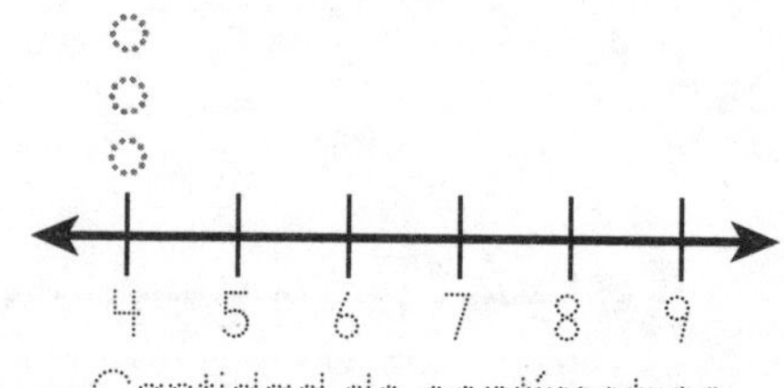

2. ¿Cuál es la longitud de pluma más común? 6 cm

3. ¿Por qué la recta numérica usa los números 4 a 9?

Nombre ____________________

Herramientas Evaluación

☆ Práctica independiente

Reúne datos y úsalos para completar el diagrama de puntos. Luego, usa el diagrama de puntos para resolver los problemas.

4. Mide la longitud de tu lápiz en centímetros. Reúne los datos sobre la longitud de los lápices de tus compañeros. Haz un diagrama de puntos con los datos.

Título: ____________________

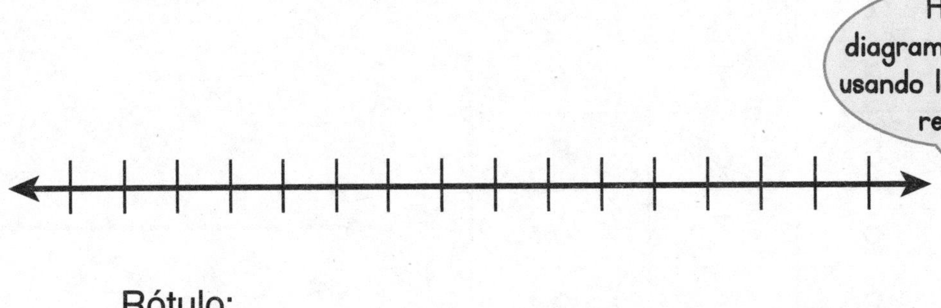

Haz un diagrama de puntos usando los datos que reuniste.

Rótulo: ____________________

5. ¿Cuál es la longitud del lápiz más largo?

____

6. ¿Cuál es la suma de las longitudes de los lápices más cortos y más largos?

____

7. ¿Cuál es la diferencia de longitud entre los lápices más cortos y los lápices más largos?

____

8. ¿Cuál es la longitud más común de los lápices?

____

9. **Vocabulario** Usa estas palabras para completar las oraciones.

los más largos **diagrama de puntos** **orden**

Un/Una ____________________ puede ayudarte a ver los datos en __________ .

Un diagrama de puntos muestra las longitudes de los objetos más cortos y ____________________ .

Resolución de problemas **Representar** Usa los datos de la tabla para completar el diagrama de puntos. Luego, usa el diagrama de puntos para resolver los problemas.

10.

Longitudes de los crayones en centímetros			
6	7	5	6
7	5	7	6
7	8	6	5
5	6	7	6
8	8	6	8

Título: ____________________

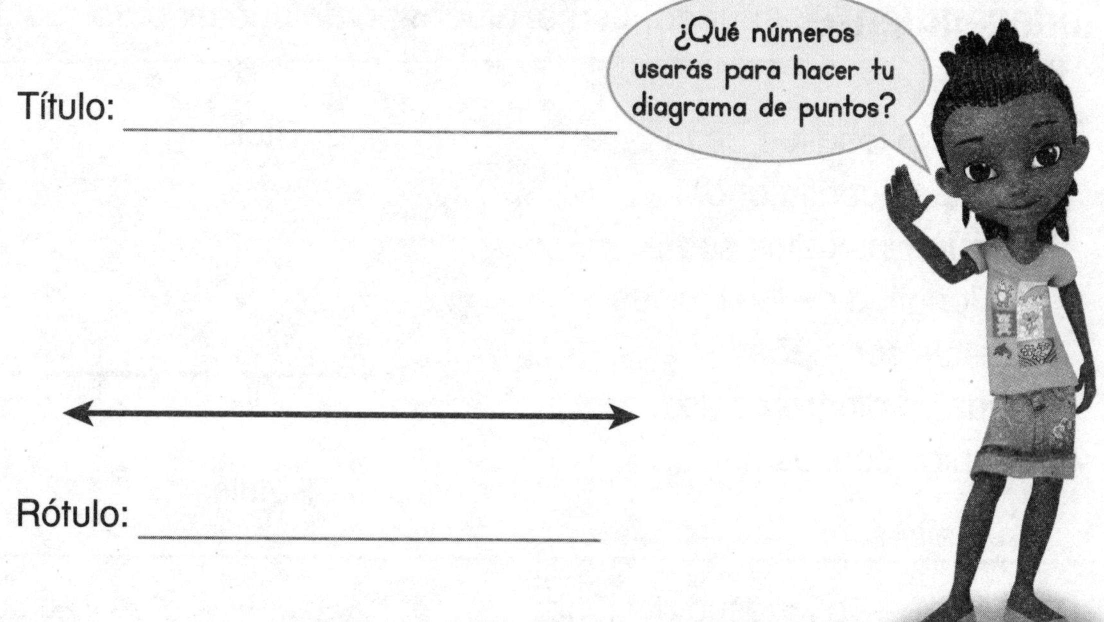

¿Qué números usarás para hacer tu diagrama de puntos?

Rótulo: ____________________

11. Razonamiento de orden superior Mide cinco veces la longitud de uno de tus crayones en centímetros. Haz un diagrama de puntos con los datos en otra hoja de papel. ¿Obtuviste la misma medida cada vez? Explícalo.

____

____

____

____

12. Práctica para la evaluación Mide la longitud del crayón azul al centímetro más cercano. Escribe la longitud en el siguiente espacio.

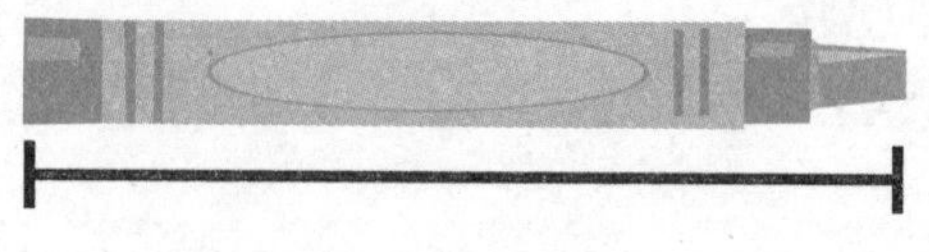

____

Luego, anota tu medida en el diagrama de puntos que hiciste en el Ejercicio 10.

Nombre ____________________

Lección 15-3

Gráficas de barras

Puedo...
dibujar gráficas de barras y usarlas para resolver problemas.

También puedo hacer mi trabajo con precisión.

Resuélvelo y coméntalo La gráfica muestra cuántos cumpleaños hay en una clase en cada estación.

Usa la gráfica para escribir cuántos cumpleaños hay en la tabla. ¿Cuántos cumpleaños más que en verano se celebran en primavera, otoño e invierno? Debes estar listo para explicar cómo lo sabes.

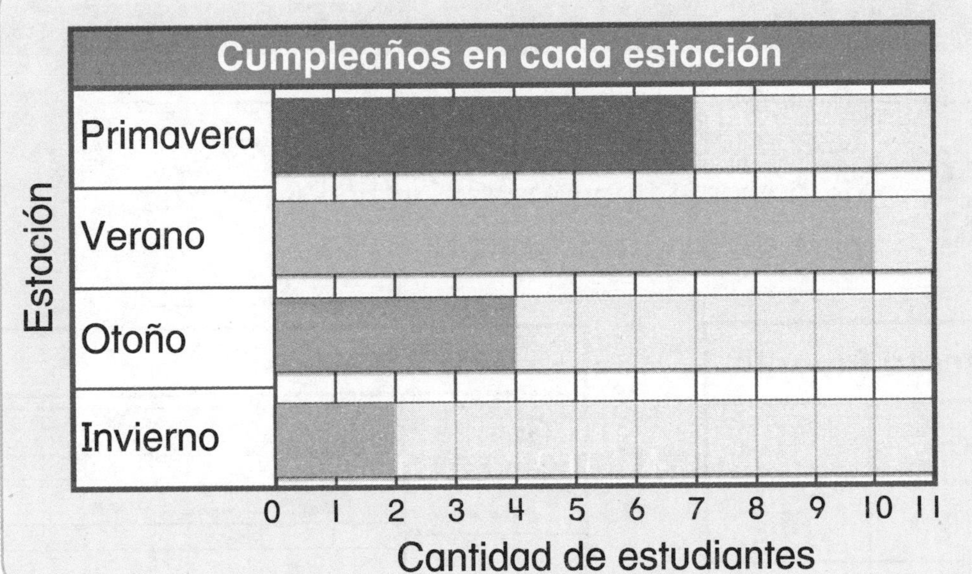

Cumpleaños en cada estación	
Primavera	
Verano	
Otoño	
Invierno	

Usa la tabla para hacer una **gráfica de barras**. Primero, escribe un título y rotula la gráfica.

Actividades favoritas	
Música	3
Danza	4
Arte	1
Teatro	6

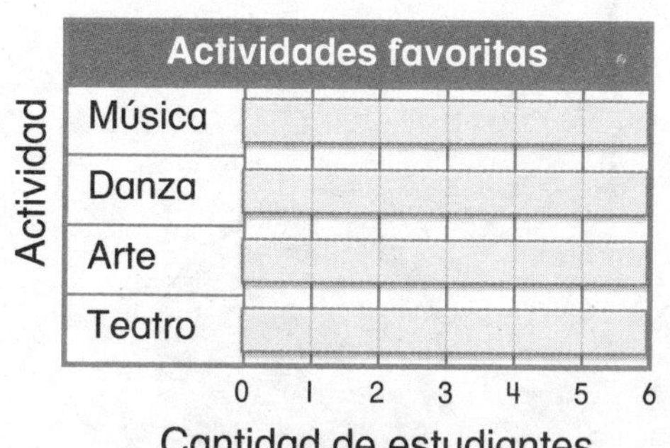

Luego, colorea las casillas para que cada actividad coincida con los datos.

La longitud de las barras te indica cuántos estudiantes prefieren cada actividad.

Actividades favoritas	
Música	3
Danza	4
Arte	1
Teatro	6

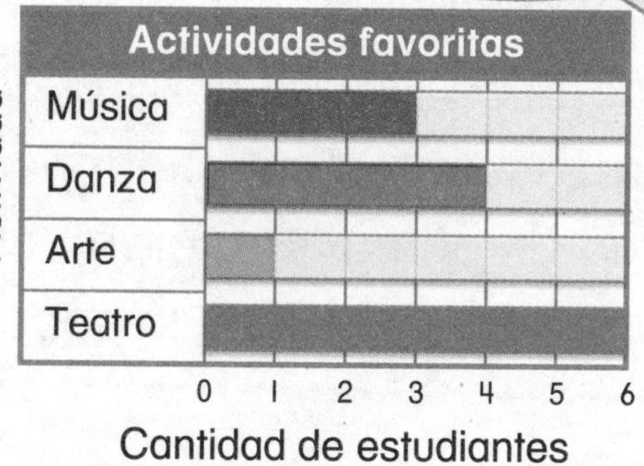

¡Convénceme! ¿Qué actividad escogió la mayoría de los estudiantes? Explica cómo lo sabes.

Usa la tabla para completar la gráfica de barras. Luego, usa la gráfica de barras para resolver los problemas.

Mascota favorita	
Gato	4
Perro	6
Pájaro	2
Tortuga	3

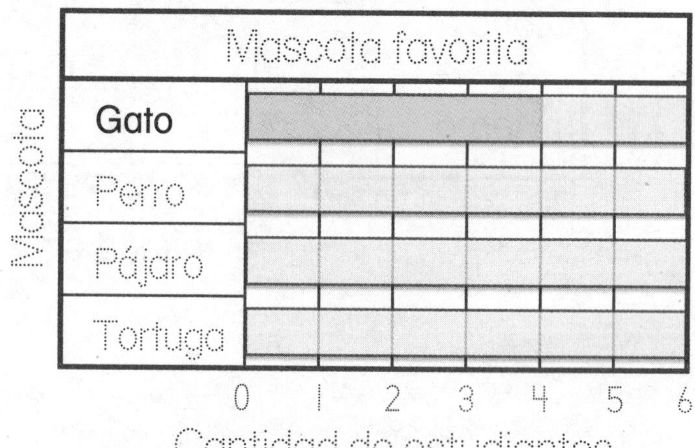

1. ¿Cuántos estudiantes escogieron un gato?
   4

2. ¿Cuántos estudiantes escogieron un pájaro o un perro?
   ______

Nombre ___

Herramientas Evaluación

Práctica independiente

Usa la gráfica de barras para resolver los problemas.

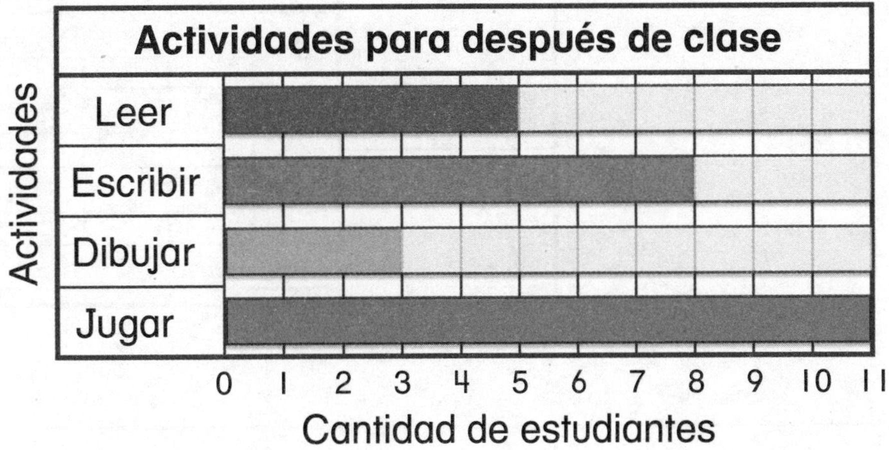

3. ¿Cuántos estudiantes escriben después de clase? ___

4. ¿Cuántos estudiantes menos que los que escriben después de clase dibujan?
___ estudiantes menos

5. ¿Qué actividad hace la menor cantidad de estudiantes después de clase?
___

6. ¿Cuántos estudiantes leen o dibujan después de clase? ___

7. ¿Qué actividad hace la mayor cantidad de estudiantes después de clase?
___

8. ¿Cuántos estudiantes más que los que leen después de clase juegan?
___ estudiantes más

9. Razonamiento de orden superior ¿Cómo variaría la gráfica si 2 estudiantes cambiaran su actividad de jugar a leer?

Resolución de problemas Resuelve los siguientes problemas.

10. **Representar** Greta fue a la granja. Compró 8 peras, 5 naranjas, 2 manzanas y 9 duraznos.

Usa estos datos para hacer una gráfica de barras.

11. **Razonamiento de orden superior** Mira la gráfica que hiciste en el Ejercicio 10. ¿Cómo variaría la gráfica si Greta devolviera 3 de las peras que compró?

12. **Práctica para la evaluación** Mira la gráfica de barras que hiciste en el Ejercicio 10. ¿Qué enunciados son correctos? Escoge todos los que apliquen.

- ☐ Greta compró la misma cantidad de peras y duraznos.
- ☐ Greta compró 3 naranjas más que manzanas.
- ☐ Greta compró 24 frutas en total.
- ☐ Greta compró 3 naranjas menos que peras.

Nombre ______________________________

Lección 15-4
Pictografías

Puedo...
dibujar pictografías y usarlas para resolver problemas.

También puedo buscar patrones.

Resuélvelo y coméntalo La pictografía muestra las materias favoritas de una clase. Dibuja una carita sonriente en la gráfica para mostrar tu materia favorita. Luego, pregúntales a tus compañeros y agrega sus datos.

¿Cuántos estudiantes respondieron a la encuesta?
¿Cuál es la materia que le gusta a la mayoría de los estudiantes?
¿A cuántos estudiantes les gusta más matemáticas o ciencias?

Materia favorita

Lectura	☺	☺	☺	☺				
Matemáticas	☺	☺	☺	☺	☺			
Ciencias	☺	☺	☺					
Estudios sociales	☺							
	1	2	3	4	5	6	7	8

Cantidad de estudiantes

Aprendizaje visual

A-Z
Glosario

Puente de aprendizaje visual

La tabla de conteo muestra los juegos de pelota favoritos de la clase de la Sra. Gómez.

Juegos de pelota favoritos	
Béisbol	II
Fútbol	~~IIII~~ III
Tenis	IIII

Puedes mostrar los mismos datos de otra manera.

Escoge un **símbolo** para representar los datos.

El símbolo será 🯅.
Cada 🯅 representa 1 estudiante.

Una **pictografía** usa dibujos para mostrar datos.

Puedes dibujar símbolos para mostrar los datos.

¡8 estudiantes escogieron fútbol!

Juegos de pelota favoritos	
Béisbol	🯅🯅
Fútbol	🯅🯅🯅🯅🯅🯅🯅🯅
Tenis	🯅🯅🯅🯅

Cada 🯅 = 1 estudiante

¡Convénceme! ¿En qué se parecen la tabla de conteo y la pictografía de los juegos de pelota favoritos de la clase de la Sra. Gómez?

Práctica guiada

Usa la tabla de conteo para completar la pictografía. Luego, usa la pictografía para resolver los problemas.

Colores favoritos	
Azul	~~IIII~~
Rojo	~~IIII~~ I
Morado	III

Colores favoritos	
Azul	✎ ✎ ✎ ✎ ✎
Rojo	
Morado	

Cada ✎ = 1 voto

1. ¿A cuántos estudiantes les gusta más el azul o el rojo?

   11 ______

2. ¿Qué color le gusta a la mayoría de los estudiantes?

   ______

Nombre ______________________ Herramientas Evaluación

☆ Práctica independiente

Usa la tabla de conteo para completar la pictografía. Luego, usa la pictografía para resolver los problemas.

3.

Estación favorita	
Primavera	IIII
Verano	~~IIII~~ ~~IIII~~
Otoño	~~IIII~~ I
Invierno	II

Estación favorita	
Primavera	
Verano	
Otoño	
Invierno	

Cada 🯅 = 1 voto

4. ¿A cuántos estudiantes les gusta más el otoño? _____

5. ¿Qué estación les gusta más a exactamente 4 estudiantes? ____________

6. ¿Qué estación le gusta más a la menor cantidad de estudiantes?

____

7. ¿Cuántos estudiantes menos que por el verano votaron por el invierno? _____

8. ¿Cuántos estudiantes más que por la primavera y el invierno juntos votaron por el verano? _____ estudiantes más

9. ¿A cuántos estudiantes les gusta la estación con la mayor cantidad de votos? _____

10. Razonamiento de orden superior Mira la pictografía anterior. ¿Cómo variaría la gráfica si 2 estudiantes cambiaran sus votos de verano a otoño?

____

____

Resolución de problemas

Usa la tabla de conteo para completar la pictografía.
Usa la pictografía para resolver los problemas.

11. Representar Bob hizo una tabla de conteo para mostrar los árboles que hay en el parque.

Árboles en el parque	
Abedul	III
Roble	~~IIII~~ I
Arce	~~IIII~~
Pino	II

Árboles en el parque	
Abedul	
Roble	
Arce	
Pino	

Cada 🌲 = 1 árbol

Puedes representar los datos usando una pictografía.

12. enVision® STEM Los abedules, robles, arces y pinos son árboles comunes en América del Norte. ¿Qué tipo de árbol es el más común del parque?

____

13. Razonamiento de orden superior ¿Cuántos abedules y arces hay en total?

____

14. Práctica para la evaluación Dibuja una pictografía para mostrar los datos de la tabla.

Bebida favorita	
Leche	III
Jugo	IIII
Agua	I

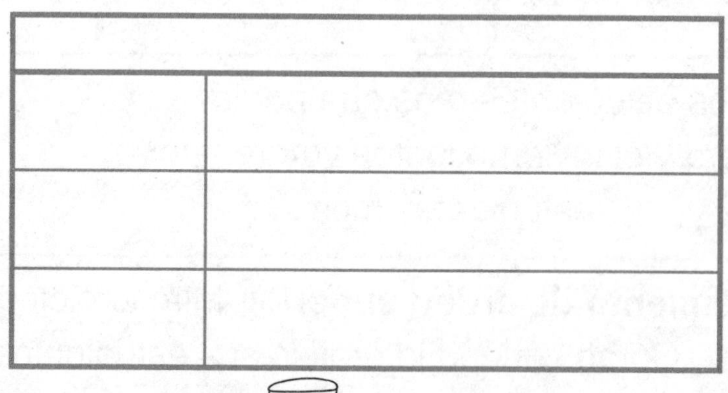

Cada 🥛 = 1 voto

Nombre ______________________________

Lección 15-5

Sacar conclusiones a partir de gráficas

Puedo...
sacar conclusiones a partir de gráficas.

También puedo representar con modelos matemáticos.

Resuélvelo y coméntalo 7 estudiantes votaron por la tortuga como su animal de estanque favorito. 10 estudiantes votaron por la rana. 4 estudiantes votaron por los peces.
Haz una pictografía para mostrar los datos.
Escribe dos cosas que notes sobre los datos.

Animales de estanque favoritos

Tortuga	
Rana	
Peces	

Cada ★ = 1 voto

1. ______________________________

2. ______________________________

Mira la gráfica de barras. ¿Qué muestra?

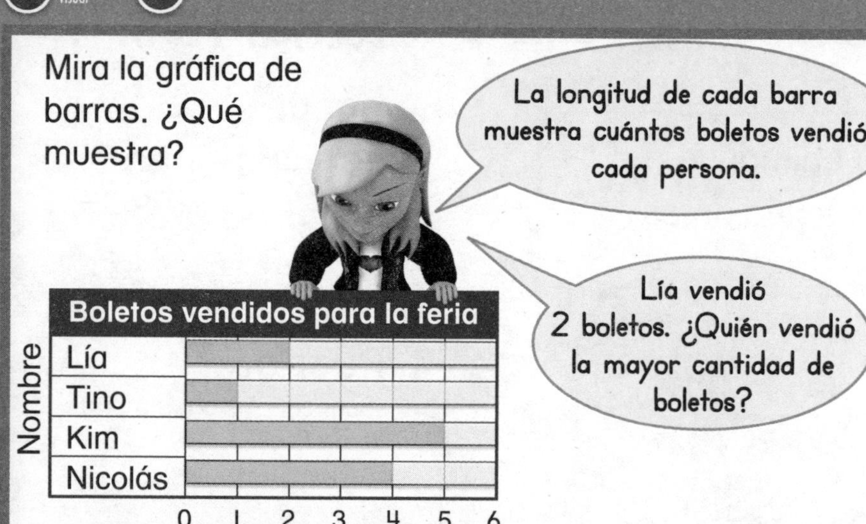

También puedes comparar la información y resolver problemas.

Boletos vendidos para la feria

Nombre: Lía, Tino, Kim, Nicolás

0 1 2 3 4 5 6

Cantidad de boletos vendidos

$5 - 1 = 4$
Kim vendió 4 boletos más que Tino.

$5 - 4 = 1$
Nicolás vendió 1 boleto menos que Kim.

¡Convénceme! Mira la gráfica anterior. ¿Cuántos boletos vendieron Kim y Nicolás en total? ¿Cómo lo sabes?

Usa la gráfica de barras para resolver los problemas.

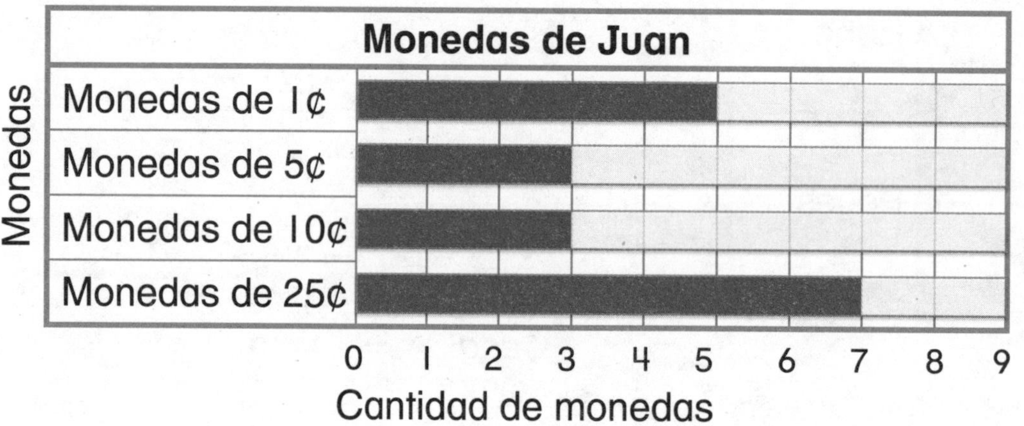

1. ¿Cuántas monedas de 1¢ tiene Juan?

   5

2. Juan gasta 3 monedas de 25¢. ¿Cuántas le quedan?

   ____

Nombre ______________________

Herramientas Evaluación

Práctica independiente

Usa la gráfica de barras para resolver los problemas.

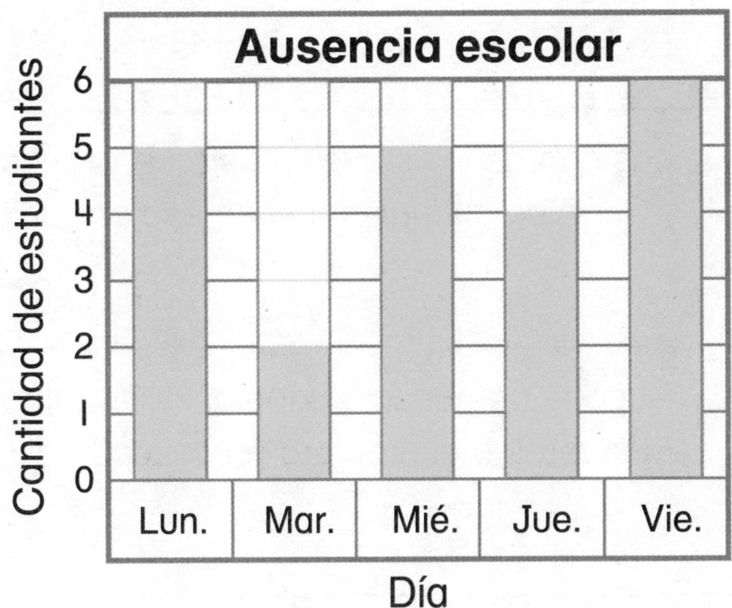

3. ¿Cuántos estudiantes en total faltaron el martes y el jueves?

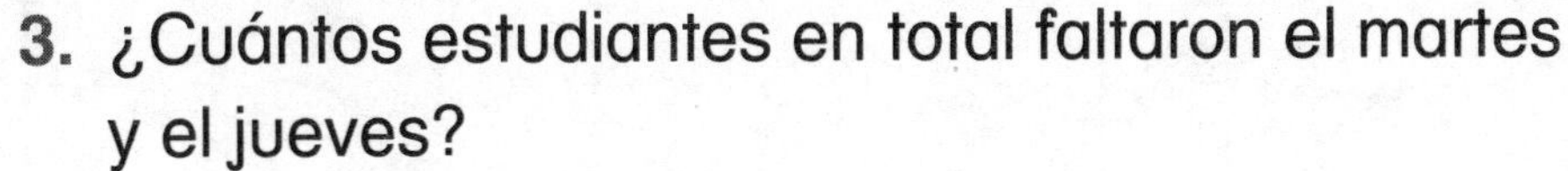

_____

4. ¿Qué día estuvieron ausentes menos estudiantes: el lunes o el viernes? ¿Cuántos menos?

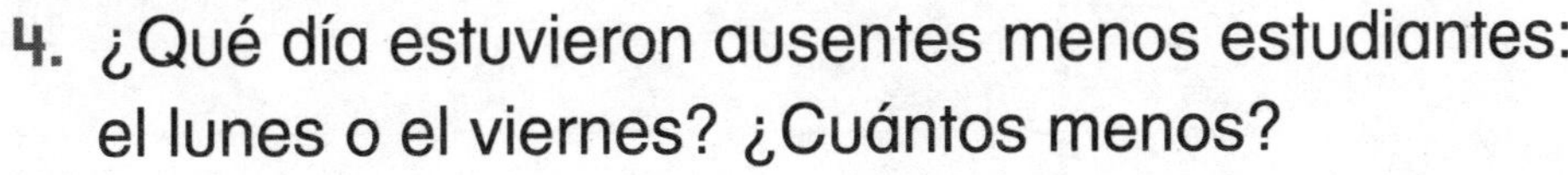

____

5. Tres estudiantes que faltaron el viernes eran niños. ¿Cuántas niñas estuvieron ausentes el viernes?

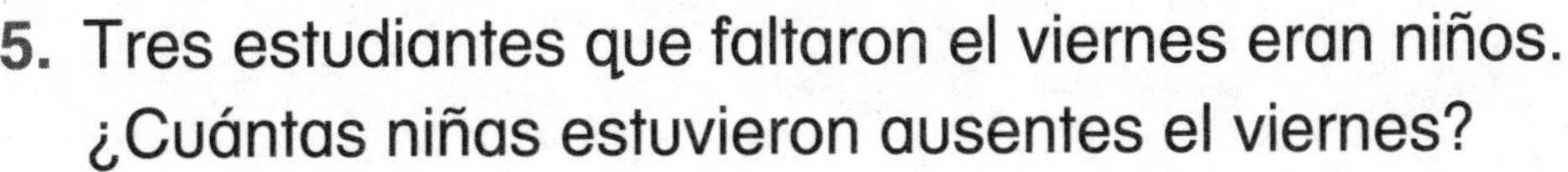

_____

6. ¿En qué dos días estuvo ausente la misma cantidad de estudiantes?

____

7. ¿Qué día estuvieron ausentes más estudiantes: el miércoles o el jueves? ¿Cuántos más?

____

8. **Razonamiento de orden superior** La gráfica muestra cuántos estudiantes faltaron la semana pasada. Esta semana, 19 estudiantes faltaron. Compara las cantidades de ausencias de esta semana con las de la semana pasada.

____

____

____

____

Resolución de problemas Usa la gráfica de barras para resolver los problemas.

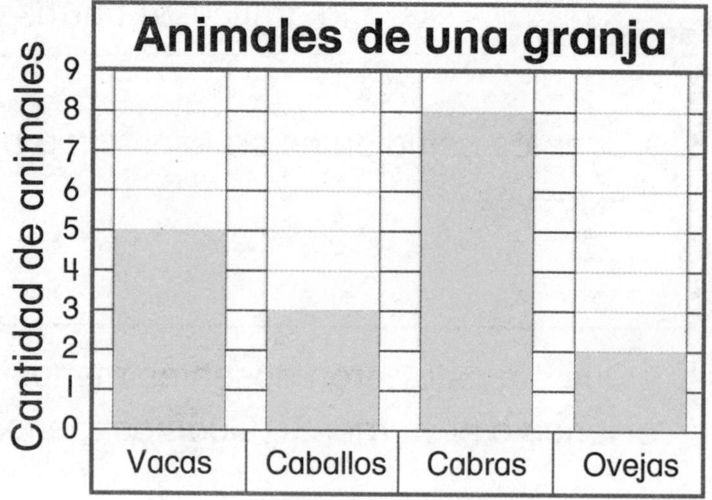

9. Entender Completa las oraciones.

En la granja hay_____ vacas y _____ caballos.

En la granja hay_____ cabras y _____ ovejas.

10. Las cabras y las ovejas están en el mismo corral. ¿Cuántos animales hay en ese corral?

_____

11. Supón que nacen 3 cabritas. ¿Cuántas cabras en total tendría el granjero entonces?

_____

12. ¿Cuántos caballos menos que vacas hay en la granja?

_____ caballos menos

13. Escribe los nombres de los animales en orden del número mayor al número menor.

_____

14. Razonamiento de orden superior ¿Crees que todas las barras de una gráfica de barras deben tener el mismo color? Explícalo.

_____

_____

15. Práctica para la evaluación El granjero quiere comprar unas ovejas. Quiere tener tantas ovejas como vacas. ¿Cuántas ovejas más necesita comprar?

_____ ovejas más

Nombre ______________________________

Resuélvelo y coméntalo Haz una pictografía para mostrar cuántos cubos conectables, fichas y cubos de unidades tienes. Luego, escribe y resuelve un problema sobre tus datos.

Herramientas matemáticas	
Cubos conectables 	
Fichas 	
Cubos de unidades 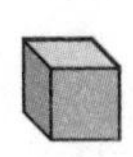	

Cada ______ = 1 herramienta matemática

____

____

____

Resolución de problemas

Lección 15-6

Razonar

Puedo...
razonar sobre los datos de las gráficas de barras y pictografías para escribir y resolver problemas.

También puedo mostrar partes iguales en las figuras.

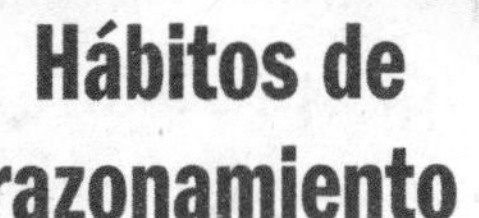

Hábitos de razonamiento

¿Qué significan los símbolos?
¿Cómo se relacionan los números del problema?

La gráfica de barras muestra cuántas estampillas ha coleccionado cada estudiante.

Escribe y resuelve un problema sobre los datos de la gráfica de barras.

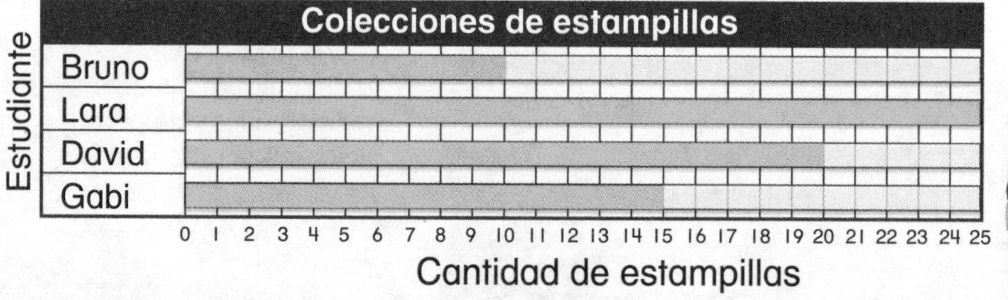

¿Cómo puedo usar el razonamiento para escribir y resolver un problema?

Puedo mirar las barras para verificar cuántas estampillas tiene cada estudiante.

Puedo escribir un problema para comparar cuántas estampillas tienen dos estudiantes.

Mi problema

¿Cuántas estampillas más que Gabi tiene Lara?

25 - 15 = 10
10 estampillas más

¡Convénceme! Usa el razonamiento para escribir tu propio problema sobre los datos de la gráfica. Luego, resuélvelo.

Práctica guiada Usa la gráfica de barras para escribir y resolver los problemas.

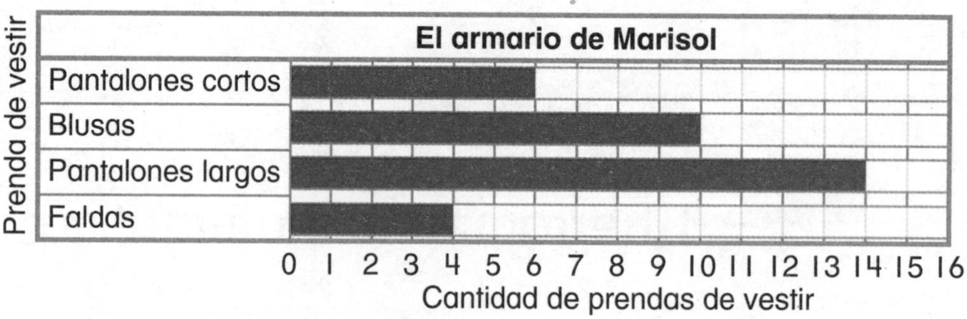

1. ¿Cuántas blusas y faldas hay en total?

___ ◯ ___ = ___

2. ______

___ ◯ ___ = ___

Nombre ______________________________

Práctica independiente

Usa la gráfica de barras para escribir y resolver problemas.

3. ______________________________

____

____

_____ ◯ _____ = _____

____

____

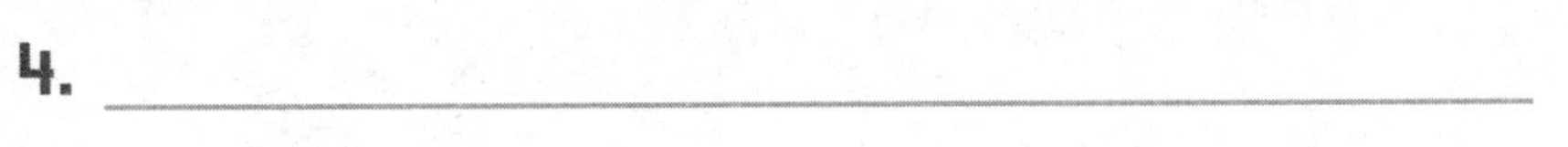

4. ______________________________

____

____

_____ ◯ _____ = _____

____

____

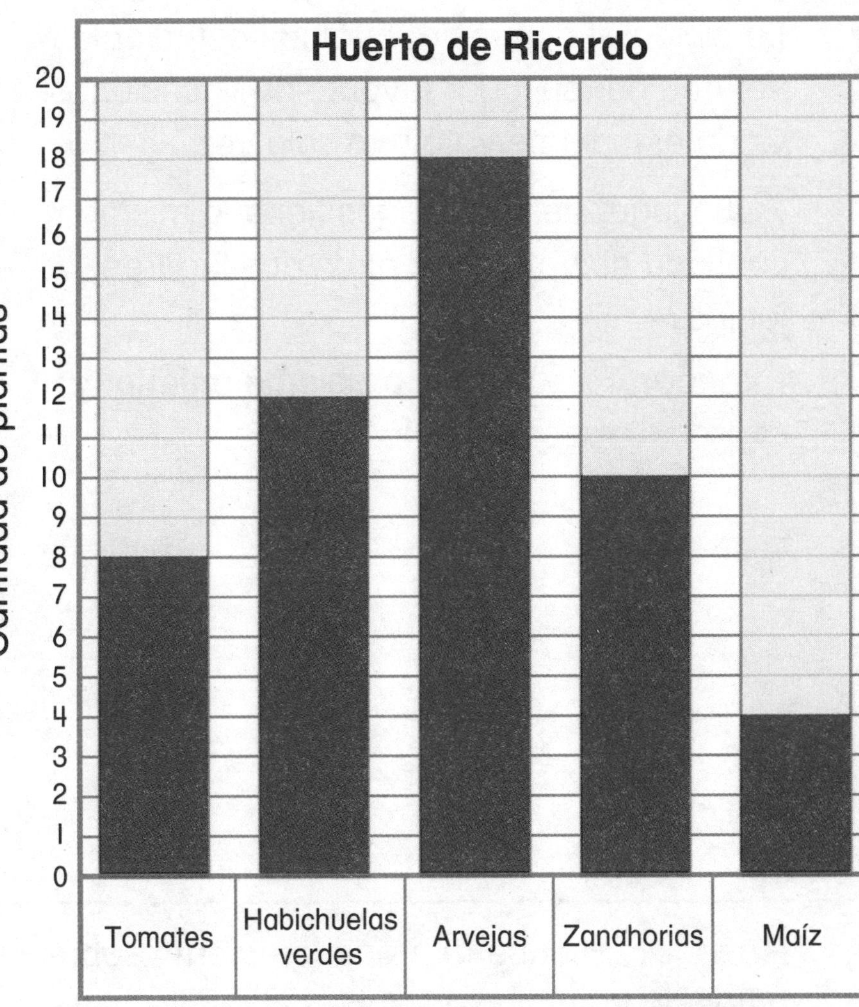

Usa el razonamiento para pensar sobre cómo se relacionan los números, las barras y las plantas.

Resolución de problemas

Tarea de rendimiento

¡Vacaciones!
La pictografía muestra cuántos estudiantes votaron por su lugar favorito de vacaciones. Cada estudiante votó una sola vez.

¿Qué lugar de vacaciones tiene la misma cantidad de votos que otros dos lugares juntos?

Votos por el lugar favorito de vacaciones	
Playa	✓✓✓✓✓✓✓✓✓✓✓
Montañas	✓✓✓✓✓✓✓
Ciudad	✓✓✓✓
Parque de diversiones	✓✓✓✓✓✓✓✓✓✓✓✓

Cada ✓ = 1 voto

5. **Explicar** Resuelve el problema anterior y explica tu razonamiento.

6. **Entender** ¿Cuántos estudiantes votaron en total? Indica cómo lo sabes.

7. **Razonar** Escribe tu propio problema sobre los datos de la gráfica. Luego, resuélvelo.

Nombre ______________________________

Actividad de práctica de fluidez

Trabaja con un compañero. Señala una pista y léela.

Mira la tabla de la parte de abajo de la página y busca la pareja de esa pista. Escribe la letra de la pista en la casilla que corresponde.

Halla una pareja para cada pista.

Puedo...
sumar y restar hasta 100.

I can also be precise in my work.

Pistas

A La diferencia es menor que 16.

B La suma es igual a 43 + 25.

C La diferencia es igual a 75 – 46.

D La suma es igual a 53 + 20.

E La diferencia es igual a 96 – 19.

F La suma es igual a 75.

G La suma está entre 60 y 65.

H La diferencia está entre 25 y 28.

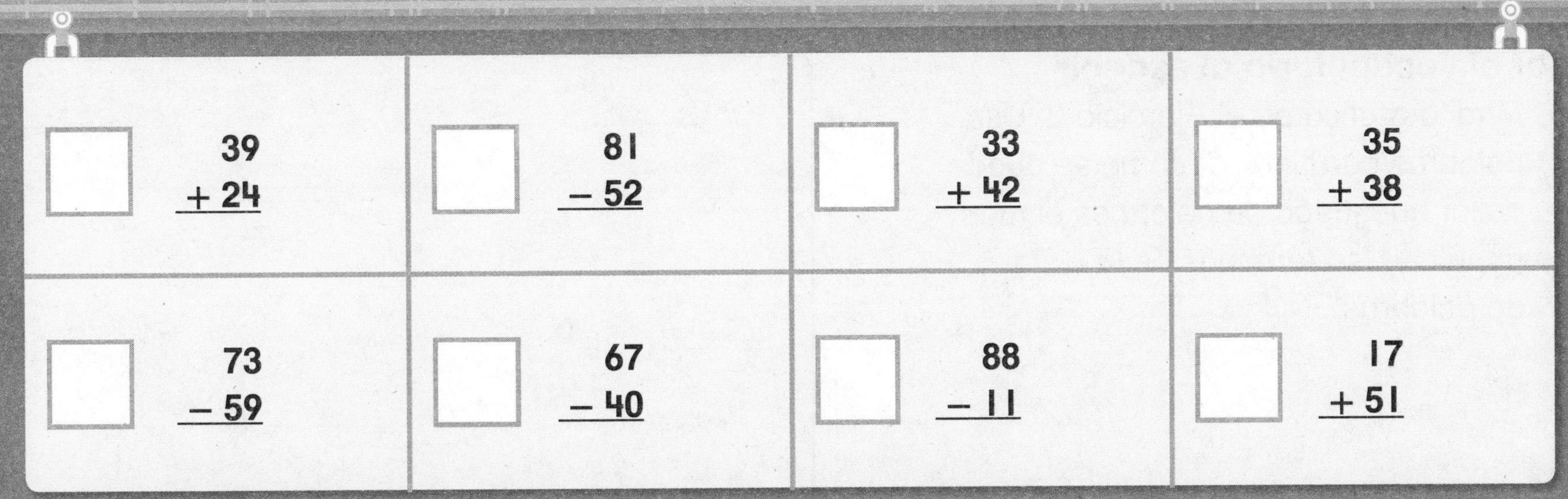

☐ 39 + 24	☐ 81 – 52	☐ 33 + 42	☐ 35 + 38
☐ 73 – 59	☐ 67 – 40	☐ 88 – 11	☐ 17 + 51

TEMA 15 Repaso del vocabulario

Glosario

Lista de palabras
- datos
- diagrama de puntos
- gráfica de barras
- pictografía
- símbolo

Comprender el vocabulario

Rotula cada representación de datos. Escribe *diagrama de puntos, gráfica de barras* o *pictografía.*

1.

Actividades favoritas

Actividad	Cantidad de estudiantes
Música	3
Danza	4
Arte	1
Teatro	6

0 1 2 3 4 5 6
Cantidad de estudiantes

____

2.

Juegos de pelota favoritos	
Béisbol	🯅🯅
Fútbol	🯅🯅🯅🯅🯅🯅🯅🯅
Tenis	🯅🯅🯅🯅

Cada 🯅 = 1 estudiante

____

3.

Longitudes de los modelos

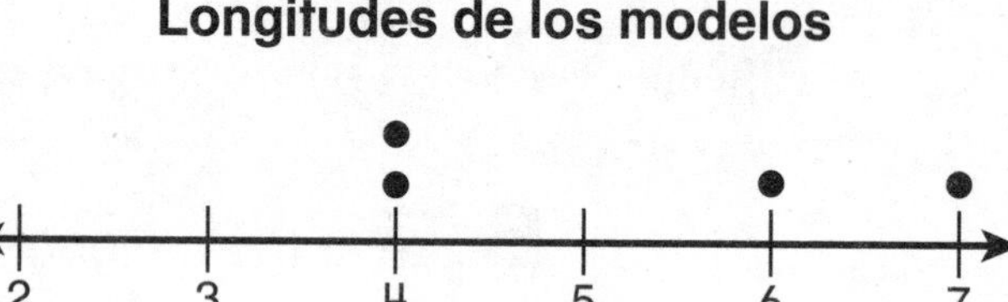

____

Usar el vocabulario al escribir

4. Mira la gráfica en el Ejercicio 2. Usa palabras para indicar cómo se puede hallar qué juego de pelota es el más popular. Usa términos de la Lista de palabras.

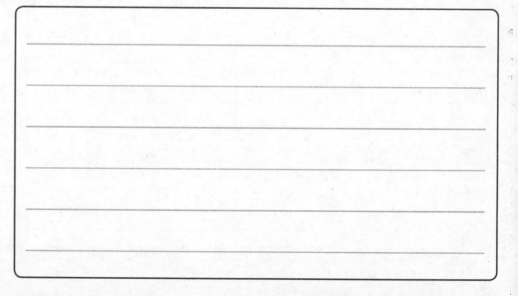

Nombre ______________________

Grupo A ______________________

TEMA 15

Refuerzo

Los diagramas de puntos muestran y organizan datos. Usa una regla de pulgadas. Mide la longitud del carro de juguete. Luego, anota la medida en la tabla.

Juguete	Longitud en pulgadas
Carro	3
Avión	5
Muñeca	5
Bloques	1

Coloca un punto sobre el número que muestra la longitud de cada juguete.

Longitudes de los juguetes

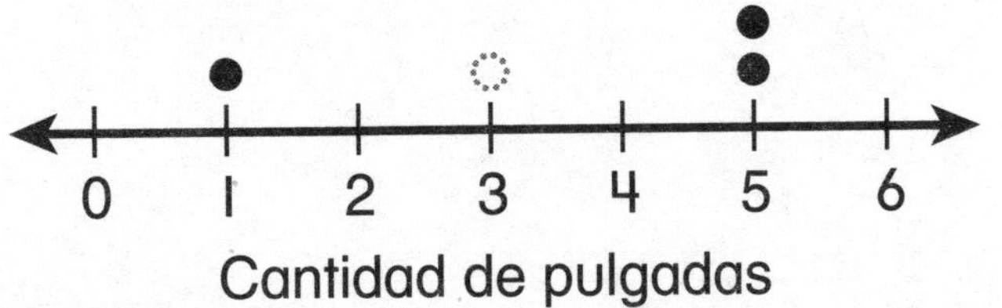

Completa la tabla y muestra los datos en un diagrama de puntos.

1. Usa una regla de pulgadas. Mide la longitud del lápiz. Luego, anota la medida en la tabla.

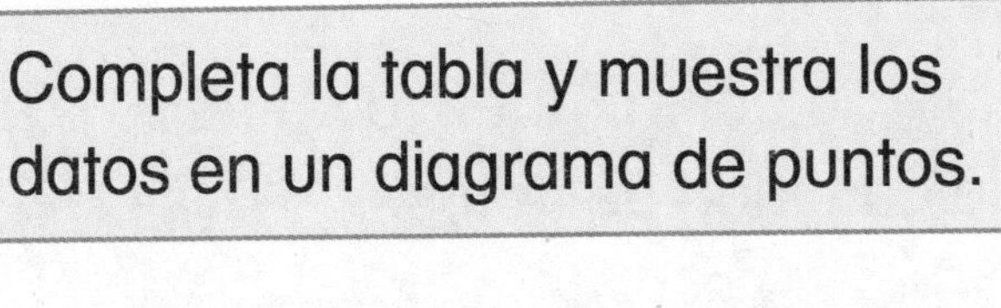

Objeto	Longitud en pulgadas
Lápiz	
Engrapadora	6
Tijeras	6
Borrador	3

2. Haz un diagrama de puntos para mostrar las longitudes.

Longitudes de los objetos

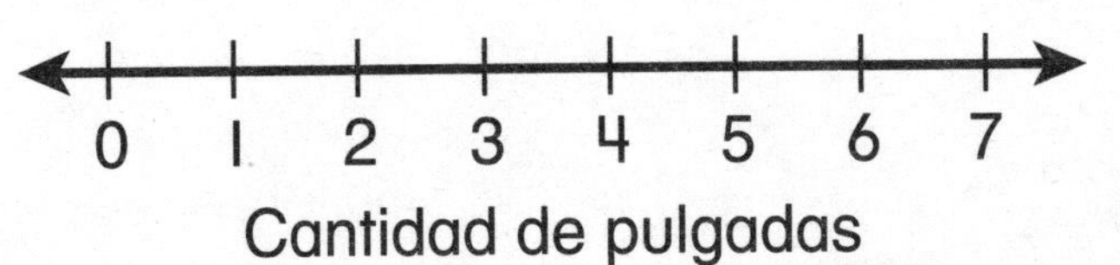

Grupo B

Puedes hacer una gráfica de barras para mostrar los datos de una tabla.

Los estudiantes votaron por su nuez favorita. La tabla muestra la cantidad de votos.

Nuez favorita	
Maní	7
Almendra	4
Nuez de cajú	5

Colorea un segmento de barra por cada voto en la gráfica de barras.
Luego, usa la gráfica para resolver el problema.

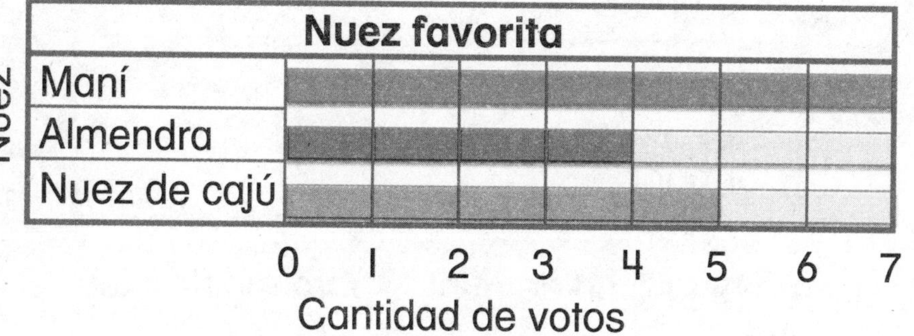

¿Cuántos estudiantes votaron? 16

Usa la tabla para completar la gráfica de barras. Luego, resuelve los problemas.

3.

Yogur favorito	
Limón	3
Vainilla	7
Plátano	6

Yogur favorito

Sabor

Limón

Vainilla

Plátano

0 1 2 3 4 5 6 7

Cantidad de votos

4. ¿Cuántos estudiantes más que los que votaron por plátano votaron por vainilla? _____

5. ¿Cuántos estudiantes menos que los que votaron por vainilla votaron por limón? _____

Nombre ______________________________

Grupo C ______________________________

TEMA 15

Refuerzo (continuación)

Una pictografía usa dibujos o símbolos para mostrar datos.

La tabla de conteo muestra los votos por animales marinos favoritos.

Animales marinos favoritos	
Ballena	卌 |
Delfín	||
Foca	||||

Usa los datos para hacer una pictografía. Cada 웃 representa 1 voto.

Animales marinos favoritos	
Ballena	웃웃웃웃웃웃
Delfín	웃웃
Foca	웃웃웃웃

Cada 웃 = 1 voto

¿Qué animal marino tiene la menor cantidad de votos?

dolphin

Usa la tabla de conteo para completar la pictografía. Luego, resuelve los problemas.

6.

Pájaros favoritos	
Urraca azul	卌
Tordo	卌 |||
Gaviota	卌 卌

Pájaros favoritos	
Urraca azul	
Tordo	
Gaviota	

Cada 🐦 = 1 voto

7. ¿Cuántos votos obtuvo la gaviota?

______

8. ¿Qué pájaro obtuvo la menor cantidad de votos?

____

Grupo D

Hábitos de razonamiento

Razonar

¿Qué significan los símbolos?

¿Cómo se relacionan los números del problema?

¿Cómo puedo escribir un problema verbal usando la información que me dieron?

¿Cómo se relacionan los números de mi problema?

¿Cómo puedo usar un problema verbal para mostrar lo que significa una ecuación?

Usa la pictografía para resolver los problemas. Cada estudiante votó una vez.

Deporte de invierno favorito	
Esquiar	❄❄❄❄❄❄❄
Snowboarding	❄❄❄❄❄❄❄❄❄❄
Patinar	❄❄❄❄❄❄❄❄
Pescar en el hielo	❄❄❄❄

Cada ❄ = 1 voto

9. ¿Cuántos estudiantes menos que los que escogieron *snowboarding* escogieron pescar en el hielo? _____

10. Escribe y resuelve tu propio problema sobre los datos.

____

____

_____ ◯ _____ = _____

____

Nombre ______________________________________

1. Pamela tiene 5 monedas de 1¢, 2 monedas de 5¢, 8 monedas de 10¢ y 9 monedas de 25¢. Muestra estos datos en la siguiente gráfica de barras. Dibuja las barras.

Colección de monedas de Pamela

Moneda										
Monedas de 1¢										
Monedas de 5¢										
Monedas de 10¢										
Monedas de 25¢										
	0 1	2	3	4	5	6	7	8	9	10

Cantidad de monedas

2. Usa la gráfica de barras que hiciste. Pamela gasta 5 monedas de 10¢ para comprar una manzana. ¿Cuántas monedas de 10¢ le quedan a Pamela ahora?

Ⓐ 13

Ⓑ 5

Ⓒ 3

Ⓓ 0

3. ¿Son correctas las oraciones sobre la pictografía? Escoge Sí o No.

Actividad de campamento favorita	
Manualidades	 웃웃웃
Natación	 웃웃웃웃웃
Tiro con arco	 웃웃
Tenis	 웃웃웃웃웃웃

Cada 웃 = 1 estudiante

7 estudiantes votaron por tenis. ○ Sí ○ No

16 estudiantes votaron en total. ○ Sí ○ No

2 estudiantes más que los que votaron por manualidades votaron por natación. ○ Sí ○ No

3 estudiantes menos que los que votaron por manualidades votaron por tenis. ○ Sí ○ No

4. ¿Cuántos boletos más que León vendió Kendra?

Ⓐ 5

Ⓑ 6

Ⓒ 11

Ⓓ 17

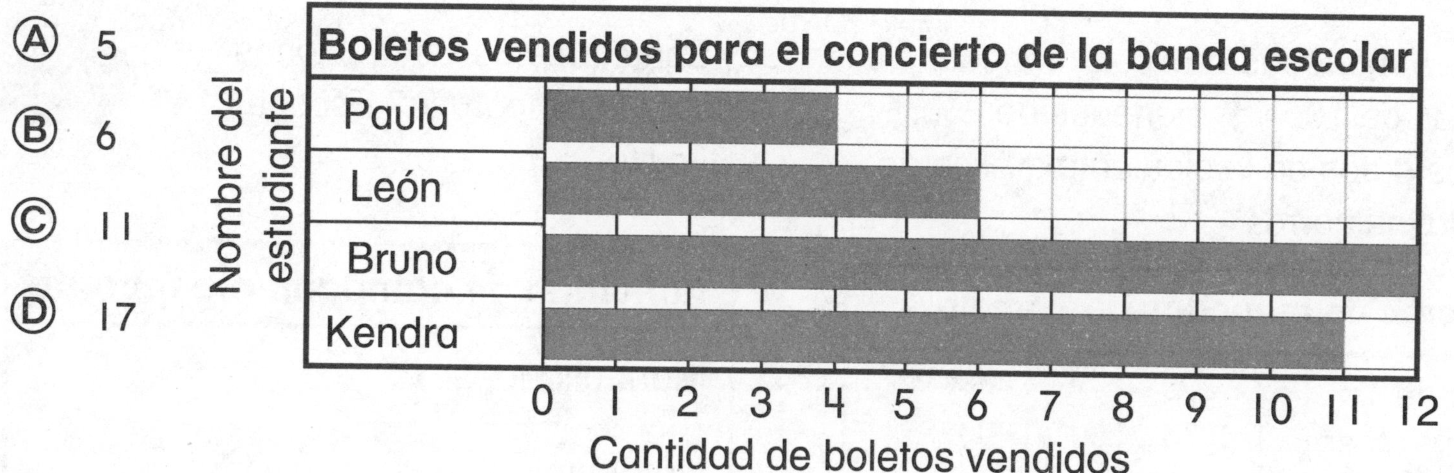

---

5. Completa la tabla y el diagrama de puntos.

A. Usa una regla de centímetros. Mide la longitud del crayón al centímetro más cercano. Escribe la longitud en la siguiente tabla.

Longitudes en centímetros			
5	7	7	8
4	7	5	

B. Usa los datos de la tabla para completar el diagrama de puntos.

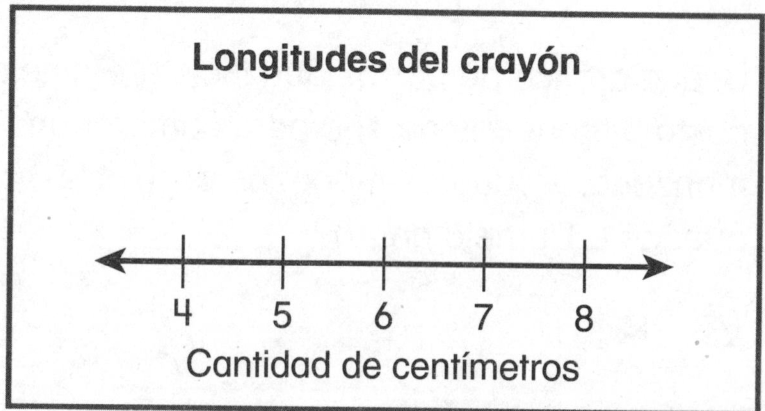

¿Cuál es la diferencia de longitud entre el crayón más corto y el más largo?

______

6. Santiago hace una pictografía usando los datos de la tabla de conteo. ¿Cuántos símbolos debe dibujar en la última fila?

Fruta favorita	
Manzana	IIII
Plátano	卌 I
Pera	I
Naranja	卌

Fruta favorita	
Manzana	☺ ☺ ☺ ☺
Plátano	☺ ☺ ☺ ☺ ☺ ☺
Pera	☺
Naranja	

Cada ☺ = 1 estudiante

Ⓐ 3 Ⓑ 4 Ⓒ 5 Ⓓ 6

---

7. María obtiene estampillas nuevas cada mes. La gráfica de barras muestra la cantidad de estampillas que colecciona cada mes.

¿Qué enunciados son verdaderos? Escoge todos los que apliquen.

- ☐ María colecciona 1 estampilla más que en abril en mayo.
- ☐ María colecciona 2 estampillas menos que en julio en junio.
- ☐ María colecciona 11 estampillas en total en mayo y junio.
- ☐ María colecciona una estampilla adicional cada mes de mayo a julio.
- ☐ María colecciona la mayoría de las estampillas en junio.

8. Usa la tabla de conteo para completar la pictografía. Luego, usa la pictografía para resolver los problemas.

Flor favorita	
Rosa	𝍸 I
Margarita	III
Tulipán	𝍸
Azucena	𝍸 III

Flor favorita	
Rosa	
Margarita	
Tulipán	
Azucena	

Cada ✿ = 1 voto

¿Cuántos estudiantes votaron por la azucena? _____

¿Qué flor es la menos favorita? ___________

---

9. Usa el diagrama de puntos y las tarjetas numéricas para completar las oraciones.

3 4 5 7

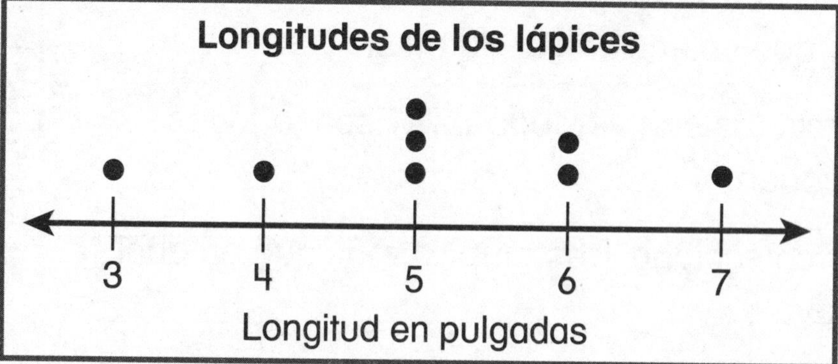

Hay 3 lápices que miden _____ pulgadas de longitud.

El lápiz más largo mide _____ pulgadas de longitud.

El lápiz más corto mide _____ pulgadas de longitud.

La diferencia entre el lápiz más corto y el lápiz más largo es _____ pulgadas.

Nombre ______________________________

Encuestas escolares

Algunos estudiantes hicieron una encuesta a sus compañeros.

Jorge pidió a sus compañeros que votaran por su almuerzo favorito. La siguiente tabla muestra los resultados.

Almuerzo favorito	
Taco	5
Pizza	8
Hamburguesa	9
Ensalada	6

1. Usa la tabla para completar la gráfica de barras.

Almuerzo favorito

Almuerzo									
Taco									
Pizza									
Hamburguesa									
Ensalada									
	1	2	3	4	5	6	7	8	9

Cantidad de estudiantes

2. Usa la tabla del almuerzo favorito para completar la pictografía.

Almuerzo favorito	
Taco	
Pizza	
Hamburguesa	
Ensalada	

Cada ✔ = 1 estudiante

3. Usa las gráficas que hiciste para responder a las siguientes preguntas.

¿Cuántos estudiantes escogieron ensalada como su almuerzo favorito? _____

¿Cuántos estudiantes menos que los que escogieron hamburguesa escogieron taco?

_____ estudiantes menos

¿Cómo cambiaría la gráfica de barras si dos estudiantes más escogieran taco?

____

____

4. Escribe y resuelve un cuento de matemáticas sobre las gráficas del almuerzo favorito que hiciste.

Parte A

Usa la gráfica de barras o la pictografía sobre almuerzos favoritos para escribir un problema-cuento de matemáticas. El problema debe incluir la suma o la resta.

____

____

____

____

Parte B

Resuelve tu problema-cuento de matemáticas. Explica cómo resolviste el problema.

____

____

____

____

____

____

____

5. Gloria pidió a sus compañeros que midieran la longitud de sus libros de cuentos favoritos en pulgadas. Luego, anotó las medidas en la siguiente tabla.

Longitudes de los libros en pulgadas			
12	9	8	10
6	10	11	9
10	9	9	12
12	10	7	7

Parte A

Usa la tabla para hacer un diagrama de puntos.

Parte B

¿Cuál es la diferencia entre la longitud del libro más largo y el más corto?

_____ pulgadas

Fotografías

Every effort has been made to secure permission and provide appropriate credit for photographic material. The publisher deeply regrets any omission and pledges to correct errors called to its attention in subsequent editions.

Unless otherwise acknowledged, all photographs are the property of Savvas Learning Company LLC.

Photo locators denoted as follows: Top (T), Center (C), Bottom (B), Left (L), Right (R), Background (Bkgd)

1 (TL) Africa Studio/Fotolia, (TC) Africa Studio/Fotolia, (TR) karandaev/Fotolia, (BL) Lori Martin/Shutterstock; (BR) An Nguyen/Shutterstock, **3** (T) 123RF, (C) Sean Pavone/Shutterstock, (B) Trinet Uzun/Shutterstock; **4** (Bkgrd) Russo Photography/ Shutterstock, (T) Sergey Sarychev/Shutterstock, (C) Lesinka372/ Shutterstock, (B) Corinna Huter/Shutterstock, 123RF; **57** (TL) Shadowmac/Shutterstock, (TR) Rose Thompson/Shutterstock, (BL) Tory Kallman/Shutterstock, (BR) Jo Crebbin/Shutterstock; **59** (T) Steve Byland/Shutterstock, (B) Islavicek/Shutterstock; **60** (T) Smileus/Shutterstock, (B) 123RF; **89** (L) FiCo74/Fotolia; (R) Antonio Scarpi/Fotolia, **91** (T) Pisaphotography/Shutterstock, (C) Aviation Images/Alamy Stock Photo, (B) Lazyllama/Shutterstock; **92** (Bkgrd) 123RF, S_Rouse/Shutterstock; **133** Beboy/ Shutterstock; **135** (T) Echo/Juice Images/Getty Images, (B) Peter Leahy/Shutterstock; **136** (T) Universal Images Group North America LLC/Alamy Stock Photo, (B) Charles O. Cecil/Alamy Stock Photo; **185** Deborah Benbrook/Fotolia; **187** (T) Cturtletrax/iStock/Getty Images, (C) Inxti/Shutterstock, (B) Horizon International Images Limited/Alamy Stock Photo; **188** (Bkgrd) Evgeny Atamanenko/Shutterstock, (T) Nisakorn Neera/Shutterstock, (B) Thomas M Perkins/Shutterstock; **233** GlebStock/Shutterstock; **235** (T) Joe McDonald/Corbis Documentary/Getty Images, (B) Hero Images Inc./Alamy Stock Photo; **236** (T) Charles Wollertz/123RF, (B) Vchal/Shutterstock; **277** Paylessimages/Fotolia; **279** (T) Kiselev Andrey Valerevich/ Shutterstock, (C) Mr. Ned Klezmer/Shutterstock, (B) IrinaK/ Shutterstock; **280** (Bkgrd) Mikhail Zahranichny/Shutterstock; Good Shop Background/Shutterstock; **325** Ambient Ideas/ Shutterstock; **327** (T) Chuck Pefley/Alamy Stock Photo, (B) Masterchief_Productions; **328** (B) (T) Will Hart/PhotoEdit, Christopher Villano/Image Source/Alamy Stock Photo; **331** B Brown/Shutterstock; **363** B Brown/Shutterstock; **367** B Brown/Shutterstock; **373** Es0lex/Fotolia; **375** (T) Christos Georghiou/Shutterstock, (C) Gilles Barbier/imageBROKER/Alamy Stock Photo, (B) Brian J. Skerry/National Geographic/Getty Images; **376** (Bkgrd) People Image Studio/Shutterstock, (T) Fashion iconography/Shutterstock; (B) Brandon Alms/ Shutterstock; **429** Tonyz20/Shutterstock; **431** (T) Karin Hildebrand Lau/Alamy Stock Photo, (B) Richard Paul Kane/ Shutterstock; **432** (T) CharlieTong/Getty Images, (B) Corey Rich/ Aurora Photos/Alamy Stock Photo; **469** Klagyivik Viktor/ Shutterstock; **471** (T) Felix Lipov/Shutterstock, (C) Skynesher/ Vetta/Getty Images, (B) Stephen Vincent/Alamy Stock Photo; **472** (Bkgrd) Sergiy Bykhunenko/Shutterstock, Gino Santa Maria/ Shutterstock; **505** Ant Clausen/Fotolia; **507** (T) Peter Bernik/ Shutterstock, (B) Westlee Jay Appleton/Shutterstock; **508** (T) Samuel Borges Photography/Shutterstock, (B) Steven Hogg/ Shutterstock; **557** Yurakr/Shutterstock; **559** (T) EFesenko/ Shutterstock, (C) Franck Boston/Shutterstock, (B) Creeed/ Shutterstock; **560** (Bkgrd) SuriyaPhoto/Shutterstock; Studio Kiwi/ Shutterstock, **568** StudioSmart/Shutterstock; **605** Bonita R. Cheshier/Shutterstock; **607** (T) Angelo Ferraris/ Shutterstock, (B) Tanawat Palee/Shutterstock; **608** (B) Naramit/ Shutterstock; (T) Business stock/Shutterstock, **628** Lledó/Fotolia; **637** (R) Ivonne Wierink/Fotolia, (L) Karichs/Fotolia; **639** (T) Karamysh/Shutterstock, (C) Noxnorthys/Shutterstock, (B) Gabriele Maltinti/Shutterstock; **640** (Bkgrd) Bowie15/123RF, Koya979/Shutterstock